ЯПОНСКИЕ СВЕЧИ

ГРАФИЧЕСКИЙ АНАЛИЗ ФИНАНСОВЫХ РЫНКОВ

STEVE NISON

JAPANESE CANDLESTICK CHARTING TECHNIQUES

A Contemporary Guide to the Ancient Investment Techniques of the Far East

NEW YORK INSTITUTE OF FINANCE

New York • London • Toronto • Sydney • Tokyo • Singapore

СТИВ НИСОН

ЯПОНСКИЕ СВЕЧИ

Графический анализ финансовых рынков

Перевод с английского

PRO

2025

Редактор О. Мальцев

Нисон С.

Н69 Японские свечи : Графический анализ финансовых рынков / Стив Нисон ; Пер. с англ. — Альпина ПРО, 2025. — 290 с.

ISBN 978-5-6042882-0-7

Умение «читать» свечные графики – ценнейший навык для любого человека, торгующего на бирже или на валютном рынке Forex. По форме отдельной свечи, моменту ее возникновения и комбинации, которую она образует с соседними элементами, можно с высокой вероятностью предсказывать дальнейшие движения рынка, выявлять точки разворота трендов, находить подтверждения сигналам других индикаторов, а значит заключать сделки именно тогда, когда это нужно, избегая ошибок. И в этом нет никакой магии – лишь вековые наблюдения за психологией трейдеров.

Когда-то Стив Нисон первым в доступной форме и с многочисленными примерами рассказал западному миру о японских свечах. Перед вами обновленное издание его классической книги, адресованной как новичкам в трейдинге, так и профессионалам.

ISBN 978-5-6042882-0-7 (рус., твердая обложка)
ISBN 978-5-206-00529-5 (рус., мягкая обложка)
ISBN 978-5-9614-4054-6 (рус., EPUB)
ISBN 0-13-931650-7 (англ.)

Оглавление

Часть II

ПРАВИЛО МНОЖЕСТВА ТЕХНИЧЕСКИХ ПРИЕМОВ

Предисловие

能ある鷹は爪を隠す

Умный ястреб прячет свои когти.

Хотите ли вы познакомиться с системой технического анализа, которая столетиями оттачивалась на Востоке, но до конца XX в. оставалась почти неизвестной на Западе? С системой удобной, эффективной и настолько универсальной, что она прекрасно сочетается с другими техническими инструментами? Если так, значит эта книга для вас.

Свечные графики не только старше других разновидностей биржевых графиков, например баровый или крестики-нолики, — они позволяют лучше понимать, что происходит на рынках, и точнее прогнозировать грядущие движения цен. Кроме того, они чрезвычайно интересны и даже забавны сами по себе: чего стоят одни только выразительные свечные термины, такие как «завеса из темных облаков», «вечерняя звезда» или «повешенный».

Хотя многочисленные примеры, которые будут рассмотрены ниже, относятся в основном к американскому рынку, свечной анализ с таким же успехом можно применять для любых других финансовых инструментов. Вы можете быть инвестором, спекулянтом или хеджером, торговать на фондовом, срочном, валютном, товарном рынках — умение распознавать сигналы свечей пригодится вам везде, где работает технический анализ.

Свечной анализ можно использовать как самостоятельный метод прогнозирования или же в дополнение к тем техническим инструментам, к которым вы, возможно, уже привыкли. А если раньше вы никогда не видели свечных графиков — тоже не беда: работая над текстом, я исходил из того, что большинству читателей они будут незнакомы.

Прочитав первую часть этой книги, вы научитесь находить на графиках и правильно интерпретировать более 50 типов свечей и их комбинаций (свечных моделей). Прочитав вторую часть, вы сможете комбинировать разные подходы к прогнозированию цен, чтобы добиваться наилучших результатов. Вряд ли знакомство со свечным анализом расставит для вас все точки над «i», но оно совершенно точно откроет новые грани трейдинга и технического анализа: отныне на рынке вам будет помогать «свет» японских свечей.

ГЛАВА 1

ВВЕДЕНИЕ

始めは大事

Самое важное — это начало.

Немного истории

В декабре 1989 г. я написал первую статью о свечных графиках, с большим интересом встреченную читателями в США. Как оказалось, в тот момент я был одним из немногих американцев, знакомых с древней методикой японского свечного анализа. Затем я опубликовал еще ряд статей, провел множество презентаций, организовал учебные курсы и давал интервью в разных штатах. В начале 1990 г. вышел буклет с короткими выдержками из моей диссертации «Графические методы анализа рынка». Несмотря на то что там содержались лишь базовые сведения о японских свечах, буклет тоже оказался весьма востребованным: за несколько следующих месяцев инвестиционный банк Merrill Lynch, выступавший в качестве издателя, получил на него больше 10 000 заказов.

Как я узнал о японских свечах

Я часто спрашивал себя, почему система, придуманная в Японии столетия назад, на Западе так долго оставалась неизвестной? Может быть, японцы старались сохранить ее в тайне или же информация о ней по каким-то другим причинам не поступала в Соединенные Штаты? Я не знаю точного ответа, но мне потребовались годы исследований, чтобы собрать воедино все то, о чем будет рассказано в этой книге. Возможно, другим исследователям просто не хватило настойчивости и терпения, чтобы сложить из разрозненных фактов целостную картину. А несколько раз мне просто везло.

Так, в 1987 г. я познакомился с японским брокером, женщиной. Однажды, когда я находился в ее офисе, она просматривала подборку графиков японских акций (на этих графиках уже тогда использовались свечи, а не бары, как было принято на Западе). «Посмотри, окно!», — воскликнула она, указывая на одну из страниц. Я поинтересовался, что она имеет в виду, и понял, что «окно» — это то же самое, что гэп (ценовой разрыв) в западном техническом анализе: в США было принято говорить, что «закрылся гэп», а в Японии — что «закрылось окно». От этого же брокера я услышал другие необычные слова и выражения, связанные со свечами, такие как «дожи» или «завеса из темных облаков». Все это меня крайне заинтересовало, и несколько следующих лет я провел за изучением той информации по свечному анализу, которую только мне удавалось найти.

А находить ее было нелегко: в США по этой теме еще почти ничего не публиковалось. После общения с японским брокером я пробовал экспериментировать со свечами, вручную вычерчивая графики и анализируя их. Затем в библиотеке Ассоциации технических аналитиков я наткнулся на книгу «Анализ цены акции в Японии» (Analysis of Stock Price in Japan), переведенную с японского. Свечам в ней отводилось всего десять страниц, но у меня, по крайней мере, появился хоть какой-то материал на английском.

Спустя еще несколько месяцев ко мне попало другое англоязычное издание, уже гораздо сильнее повлиявшее на мою дальнейшую профессиональную деятельность. Офис-менеджер из Ассоциации технических аналитиков Шелли Лебек привезла из Японии книгу Сейки Шимицу «Японский график графиков» (The Japanese Chart of Charts) в переводе Грега Николсона. Мало того, что она была на английском, — о свечных графиках в ней рассказывалось на 70 страницах! Читая ее, я чувствовал себя странником в пустыне, который добрался, наконец, до оазиса после долгого изнурительного пути.

Хотя книга и представляла собой настоящий кладезь знаний, непросто было вникнуть в ее суть. Во-первых, стиль изложения местами был весьма туманным, что объяснялось, вероятно, особенностями перевода, — а ведь мне нужно было овладеть необычной японской терминологией. Во-вторых, книга была написана уже довольно давно, 25 годами ранее, да и адресована более искушенному в свечном анализе японскому читателю. Но, по крайней мере, у меня появился довольно обширный справочный материал по свечам.

Я месяцами носил эту книгу с собой, перечитывал, делал пометки, пытался применить описанные в ней методы анализа на графиках, которые чертил от руки. Я постоянно обдумывал изложенные в книге идеи и постигал терминологию. В одном мне, несомненно, повезло: мне помогал сам автор Сейки Шимицу, отвечавший на множество моих вопросов. Хотя мистер Шимицу и не говорит по-английски, переводчик Грег Николсон любезно согласился быть нашим посредником в переписке по факсу.

Для того чтобы лучше разобраться в свечном анализе, я стал искать трейдеров, которые применяют его на практике и согласились бы поделиться драгоценным опытом. Так я познакомился с японским трейдером Морихико Гото. С ним мы часами обсуждали историю и использование свечных графиков, и это было крайне увлекательно!

Также я организовал перевод большого объема японской литературы о свечах, хотя это было и непросто. Во-первых, предстояло раздобыть оригинальные книги, а во-вторых, отыскать переводчика, который не только владеет японским, но и разобрался бы в тонкостях свечного анализа. По некоторым данным, тогда во всей Америке насчитывалось меньше 400 профессиональных переводчиков с японского*. Но мне повезло: я познакомился с уникальным человеком — директором Центра иностранных языков в Нью-Йорке Ричардом Солбергом, американцем, который в совершенстве знал японский язык и при этом владел навыками технического аналитика. Он делал прекрасные переводы, а также помогал доставать литературу о свечах, изданную в Японии. С его помощью я собрал, возможно, самую крупную в США коллекцию книг о свечном анализе.

До выхода в свет моей первой статьи в конце 1989 г. лишь немногие информационные агентства транслировали данные биржевых торгов в виде свечных графиков. В дальнейшем их число увеличивалось с каждым годом, что свидетельствовало о растущей популярности свечного анализа в Америке и других западных странах.

Почему свечной анализ вызывает большой интерес?

После публикации своих статей я получил огромное число звонков и писем из разных уголков земного шара с просьбами прислать более подробную информацию. Есть множество причин высокого интереса к свечному анализу, я назову лишь несколько:

1. Японские свечи универсальны, и ими успешно могут пользоваться как профессионалы, но и трейдеры-новички.
2. История свечного анализа насчитывает несколько столетий, на протяжении которых от постоянно оттачивался методом проб и ошибок.
3. Японцы придумали яркие, запоминающиеся названия для различных типов свечей и их комбинаций. Приобщившись к японской терминологии, вы вряд ли сможете без нее обходиться.
4. В Японии давно знали о западных методах технического анализа, а вот на Западе — почти ничего о японских. В каком-то смысле западный мир берет реванш, получив, наконец, возможность применять японские свечи наряду с привычными инструментами.

* Hill, Julie Skur. That's Not What I Said, Business Tokyo, August 1990, pp. 46–47.

5. Использование свечных графиков вместе с другими средствами технического анализа значительно повышает ваши шансы на успех — это ситуация win-win.

Что читатель найдет в этой книге?

Как уже упоминалось, первая часть книги посвящена построению и интерпретации более чем 50 разновидностей свечей и свечных моделей, а во второй рассказывается о том, как сочетать между собой разные методы технического анализа — именно при таком подходе раскрывается вся сила свечных графиков, и именно так поступаю я сам.

Имейте в виду, что схематические изображения свечей, которые вы встретите на иллюстрациях, — это всего лишь образцы, помогающие быстрее усвоить материал. Внешний вид тех же самых свечей и моделей на реальных графиках может несколько отличаться от идеала, что не мешает им давать достоверные рыночные сигналы. Вы увидите это в многочисленных примерах, которые я привожу на протяжении всей книги.

Когда будете решать, сложилась на графике та или иная свечная модель или нет, вы всегда будете действовать несколько субъективно. Но это же можно сказать и о любом другом методе технического анализа. Например, считать ли пробитым уровень поддержки в $400, если цена фьючерса опускается ниже этой отметки внутри дня, или все-таки сначала нужно дождаться закрытия торгов? А если цена закрытия не дотянет до $400 символические 10 центов, пробьет она уровень или нет? Ответы на эти вопросы зависят от темперамента трейдера, его рыночной философии и склонности к риску. Так и здесь: образцы и примеры в этой книге помогут вам усвоить базовые принципы распознавания различных рыночных сигналов, но конечное решение всегда будет оставаться за вами.

Я уверен, что принцип действия любого рыночного индикатора лучше всего объяснять на примерах из практики, и в этой книге им отводится много места. Вы встретите графики различных акций, облигаций, металлов, валют, биржевых индексов, но большинство примеров относится к фьючерсному рынку, с которым я чаще всего имел дело. Это будут графики разных временных интервалов (таймфреймов) — внутридневные, недельные, месячные, ну а чаще всего дневные. Запомните, что принципы формирования свечей и свечных моделей всегда одинаковы — вне зависимости от таймфрейма.

В конце книги публикуются два глоссария: первый содержит термины свечного анализа, а также схематические образцы свечей и моделей, а второй — описание других многочисленных технических инструментов, упоминаемых в различных главах.

Иногда в японских источниках встречаются разные определения для одних и тех же терминов. Например, один автор пишет, что для формирования модели «завеса из темных облаков» требуется, чтобы цена открытия рынка превышала цену закрытия предыдущего дня (см. главу 4), а другие авторы считают, что торги должны начаться на отметке выше предыдущего максимума. В техническом анализе, учитывая его субъективность, определения всегда зависят от опыта и уровня подготовки того, кто их дает. В таких ситуациях я выбирал для этой книги те варианты, при которых выдаваемый свечами сигнал сработает с большей вероятностью. Так, «завеса из темных облаков» предвещает разворот тренда и формируется на вершине. Очевидно, что медвежья тенденция будет выражена сильнее, если рынок начнет падать после открытия на рекордных отметках, а не просто выше цены закрытия, поэтому в данном случае я выбрал второе определение.

Кроме того, большая часть японских текстов, которые я изучил, отличалась отсутствием четкости. Отчасти это может объясняться присущей японцам склонностью выражаться туманно. Такая особенность японского характера уходит корнями в эпоху феодализма, когда самурай мог отсечь голову любому простолюдину, заподозрив, что тот относится к нему без должного почтения. Предугадать, что именно хотел услышать самурай от простолюдина, порой было трудно, так что расплывчатые ответы, вероятно, спасли в то время немало голов. Впрочем, главную причину нечеткости изложения я склонен усматривать в другом: технический анализ — скорее искусство, чем наука, в нем есть ориентиры, но нет строгих правил, а значит может и не быть четких определений.

Тем не менее из-за этой нечеткости некоторые идеи, изложенные в книге, отражают не только точку зрения японских авторов, но и мои собственные взгляды. Например, если японский источник утверждает, что свеча должна «превзойти» предыдущую, чтобы сигнализировать о наметившейся бычьей тенденции, то слово «превзойти» я заменяю на «закрыться выше», поскольку считаю, что цена закрытия гораздо важнее ценового максимума, достигнутого внутри дня. Или, например, в японской литературе многие графические модели признаются особенно значимыми, если возникают в «зоне высоких цен» или «зоне низких цен» — очевидно, что такие оценки во многом субъективны.

Основные недостатки

Как уже говорилось, распознавание различных типов свечей и свечных моделей на реальных графиках не лишено субъективности, что можно считать слабым местом свечного анализа, хотя этот же недостаток присущ и всем остальным техническим инструментам. С другой стороны, субъективность может сыграть вам на руку, ведь, набираясь опыта, вы сами сможете определять, какие сигналы свечей работают на вашем конкретном рынке лучше всего, и, соответственно, у вас появится преимущество над теми, кто не потратил на изучение рыночной специфики так много времени и сил.

Определенные сложности связаны и с тем, что для формирования свечи необходимо знать ее цену закрытия, о чем будет рассказано ниже. Следовательно, приходится либо дожидаться этой цены, либо реагировать на получаемый сигнал заранее, когда свеча еще продолжает формироваться. А возможно, вы предпочтете и вовсе отложить решение до появления следующей цены открытия, чтобы убедиться в достоверности сигнала. Эта особенность свечных графиков тоже не является чем-то уникальным: на цены закрытия опираются многие системы технического анализа, особенно построенные на базе скользящих средних. Срабатывание таких систем — одна из причин, по которым в последние минуты биржевых сессий нередко наблюдается всплеск торговой активности.

Иногда для проверки сигнала, возникающего на дневном графике, я не дожидаюсь завершения торгов, а вместо этого сверяюсь с графиком часовых свечей. Допустим, на дневном графике вырисовывается бычья свечная модель, но для ее завершения необходимо знать, на какой отметке завершится биржевая сессия. Если основной рыночный тренд в этот период восходящий, и на часовом свечном графике я тоже замечаю бычий сигнал, то совершаю покупку, не дожидаясь дневной цены закрытия.

Наконец, еще одним недостатком свечного анализа можно считать то, что с его помощью невозможно определять цель движения цены. Для этого приходится либо использовать другие технические инструменты, такие как уровни поддержки и сопротивления или уровни коррекции Фибоначчи, либо, открывая позиции по сигналам свечей, держать их открытыми до возникновения противоположных сигналов. В любом случае свечной анализ лучше использовать вместе с другими техническими инструментами, обязательно учитывая общую ситуацию, складывающуюся на рынке. Свечи позволяют получать много полезной информации, но иногда они все-таки не срабатывают: в техническом анализе нельзя добиться 100%-ной точности прогнозов.

Прежде чем продолжить рассказ о японских свечах, специально для новичков в трейдинге я коротко остановлюсь на техническом анализе как таковом, однако не буду углубляться в детали и отсылаю всех, кого они заинтересуют, к превосходной книге Джона Мэрфи «Технический анализ фьючерсных рынков» (Technical Analysis of the Futures Markets)[*]. Если же эта тема вам уже знакома, то можете пропустить следующие несколько страниц, поскольку они никак не связаны с дальнейшим изложением.

Важность технического анализа

По сравнению с фундаментальным анализом технический имеет как минимум пять важных преимуществ. Во-первых, фундаментальный анализ не учитывает психологию трейдеров, от которой движения цен порой зависят даже сильнее, чем от финансовых показателей, рыночных коэффициентов, экономических прогнозов и т.д. Один грамм эмоций может стоить дороже килограмма фактов. Как заметил экономист Джон Мейнард Кейнс, «нет ничего более гибельного, чем рациональная инвестиционная политика в нашем иррациональном мире»[**]. Технический анализ — единственный способ измерить этот «иррациональный», эмоциональный компонент, присутствующий на всех рынках.

Вот одна забавная история о том, как сильно психология трейдеров может влиять на поведение рынка. Это отрывок из книги Боба Тамаркина «Новые Гэтсби» (The New Gatsbys), место действия — Чикагская биржа (Chicago Board of Trade).

> «Цены на соевые бобы резко пошли вверх: в районе соевого пояса в штате Иллинойс свирепствовала засуха, и если она не закончится в ближайшее время, то на рынке будет ощущаться острая нехватка бобов. <…> Внезапно в оконное стекло ударили несколько капель дождя. “Посмотрите! — закричал кто-то. — Дождь!” Более 500 пар глаз обратились к большим окнам. В Чикаго действительно шел дождь. Капли стучали по стеклам все сильнее и, наконец, превратились в ливень.
>
> “Продаю! Покупаю! Покупаю! Продаю!” — крики трейдеров сливались в рев, не уступавший раскатам грома за окнами, и цена на соевые бобы сначала медленно поползла вниз, а затем обрушилась, как тропический ливень на землю.
>
> В Чикаго шел проливной дождь, но ведь никто не выращивает сою в Чикаго. В сердце соевого пояса, в трех сотнях миль к югу, небо

---

[*] Мэрфи Джон Дж. Технический анализ фьючерсных рынков. Теория и практика. — М.: Альпина Паблишер, 2011. — 616 с.

[**] Smith, Adam. The Money Game, New York, NY: Random House, 1986, p. 154.

> оставалось синим, солнце сияло и по-прежнему было очень сухо. Но даже если дождь и не орошал соевые поля, он шел в головах у трейдеров, и именно это имело значение. Ни один фактор не значит ровным счетом ничего, пока рынок на него не отреагирует. В игре участвуют мнения и эмоции»*.

Чтобы убедиться в том, насколько значима психология масс, задумайтесь, что происходит, когда мы расплачиваемся деньгами за еду или одежду? Почему в обмен на клочок бумаги или кусочек металла, которые сами по себе не стоят почти ничего, можно получить реальные материальные ценности? Причина — единая для всех психология: люди берут деньги, поскольку знают, что и сами всегда смогут обменять их на нужные вещи. Если эта массовая психология перестанет работать, то деньги превратятся в ничто.

Второе преимущество технического анализа — в том, что он помогает придерживаться дисциплинированной торговли и побороть эмоции, одного из главных врагов всех трейдеров. Как только вы начинаете заключать реальные сделки, эмоции сразу же занимают место у руля, а разум и объективность превращаются в пассажиров. Если не верите, попробуйте сначала поторговать на демо-счете, ничем не рискуя, а затем перейдите к торговле на собственные деньги. Вы очень быстро заметите, как сильно на ваших действиях стали отражаться эмоциональное напряжение и страх проигрыша — обычно это прямо пропорционально вложенной сумме. Инструменты технического анализа возвращают объективность на водительское место: они будут подсказывать, когда войти в рынок, когда из него выйти, на каких отметках устанавливать стоп-лоссы. Технический анализ учит лучше взвешивать риски и рациональнее управлять капиталом.

К сожалению, человек склонен видеть рынок таким, каким ему хочется, а не таким, каков он на самом деле. Допустим, трейдер покупает, и после этого цена падает. Закроет ли он позицию с убытком? Зачастую этого не происходит, даже если не остается ни малейшей надежды на рост: трейдер начинает цепляться за любые фундаментальные новости, поддерживающие веру в то, что цена еще двинется в нужном ему направлении.

Возможно, рынок пытается сообщить трейдеру нечто важное, ведь рынки общаются с нами, а мы можем расшифровывать их сигналы с помощью технического анализа. Что, если бычья торговая идея уже полностью себя исчерпала, и цены могут не только не восстановиться, но и продолжить падение? Наш герой, возможно, просто закрывает глаза и уши, не желая воспринимать неприятную для него информацию без эмоций. Если я не ошибаюсь, первым, кто сказал, что целое лучше видится издалека, был известный трейдер начала XX в. Джесси Ливермор.

* Tamarkin, Bob. The New Gatsbys, Chicago, IL: Bob Tamarkin, 1985, pp. 122–123.

Технический анализ позволяет как бы сделать шаг назад и шире взглянуть на рыночную ситуацию, объективнее принимая решения.

Третье преимущество технического анализа — он работает, даже если вы не до конца в него верите. Порой технические факторы становятся главной причиной движения цен, и раз уж они сами по себе влияют на поведение рынка, то следует их учитывать.

В-четвертых, хотя чисто теоретически цена всегда должна формироваться на рынке независимо от того, какой она была в прошлом, в действительности это не совсем так. Процесс ценообразования зависит от психологии людей, которые помнят предыдущие цены и опираются на них, принимая те или иные решения. С одной стороны, только люди решают, куда будут двигаться цены, но с другой — сами цены иногда диктуют, какими будут действия людей. Цена является главным предметом изучения в техническом анализе, и тот, кто пренебрегает техническими инструментами, просто забывает об этом.

В-пятых, анализ поведения цены — это самый простой и доступный способ понять, что происходит с балансом спроса и предложения. Широкая публика может еще не знать каких-то фундаментальных новостей, но высока вероятность, что они уже заложены в цену. Ведь тот, кто первым получает доступ к важной информации, обычно заранее начинает покупать или продавать. Когда же эта информация становится общедоступной, рынок зачастую реагирует на нее сдержанно, поскольку к тому моменту успевает ее отыграть.

ГЛАВА 2

ИСТОРИЧЕСКИЕ ПРЕДПОСЫЛКИ

古きを訪ねて新しきを知る

Изучая прошлое, мы познаем настоящее.

В данной главе рассказывается о том, каким образом в Японии несколько веков назад зародился технический анализ. Эта история содержит немало захватывающих эпизодов, но если вам не терпится поскорее добраться до сути дела, т.е. до принципов построения и применения свечей, то можете ее пропустить или, например, вернуться к ней позже.

Одним из тех, кто первым в Японии начал использовать прошлые цены для предсказания будущих цен, был легендарный Мунэхиса Хомма*, который нажил огромное состояние, торгуя рисом в 1700-х гг. Но прежде чем рассказать об этом незаурядном человеке, мне хотелось бы остановиться на экономическом положении Японии времен торговых успехов Хоммы. Мы рассмотрим период с конца XVI в. до середины XVIII в., когда 60 разрозненных японских провинций объединились в процветающее государство.

Весь XVI в. в стране шли непрерывные войны, и повсюду царил хаос, поскольку каждый крупный феодал (даймё, в буквальном переводе — «большое имя») стремился подчинить себе соседние территории. Позже это столетие стали называть сэнгоку дзидай, или эпохой воюющих провинций. И вот к началу 1600-х гг. три выдающихся генерала — Нобунага Ода, Хидэёси Тоётоми и Иэясу Токугава — смогли, наконец, создать единое государство, потратив на это более 40 лет. Их отвага и подвиги были воспеты в японском фольклоре. Например, одна из поговорок гласит: «Нобунага истолок рис, Хидэёси замесил тесто, а Иэясу съел лепешку». Это означает, что все три генерала внесли вклад в объединение Японии, но сегуном стал последний — Иэясу Токугава, чья семья правила страной с 1615 г. по 1867 г. (этот период называют эпохой сегуната Токугавы).

---

* Иногда его имя пишется как Сокю, а фамилия — Хонма: дело в том, что одни и те же японские иероглифы можно трактовать по-разному, поэтому окончательный выбор остается за переводчиком.

Неудивительно, что войны, столетиями раздиравшие Японию, нашли отражение в терминологии свечного анализа. Названия многих свечей, которые вы найдете в книге, напоминают о поле битвы: «ночная и утренняя атаки», «три наступающих солдата», «линии контратаки», «надгробие» и т.д. Если вдуматься, от трейдера требуется владеть навыками, необходимыми для победы в сражении: нужно быть стратегом, психологом, не бояться соперничества, уметь вовремя отступать — и, разумеется, быть удачливым.

Относительная стабильность, которую обеспечивала централизованная феодальная система, возглавляемая Токугавой, создавала благоприятную среду для роста аграрной экономики, и, что еще важнее, расширения внутренней торговли. К XVII в. на смену многочисленным замкнутым провинциальным рынкам пришел общенациональный рынок.

Уже упомянутый генерал Хидэёси Тоётоми видел столицей тогдашней Японии — Осаку и всячески поддерживал ее становление как торгового и финансового центра. Благодаря удобному доступу к морю (а в те времена путешествие по суше занимало много времени, было опасным и дорогим) Осака стала перевалочным пунктом, через который проходило множество товаров изо всех уголков страны, из-за чего ее иногда называли «кухней Японии». Постоянно пополнявшиеся запасы на обширных складах помогали сглаживать колебания цен, связанные с перебоями в поставках из отдельных регионов.

Жизнь в Осаке была пронизана стремлением извлечь выгоду, в то время как в других городах коммерция считалась презренным занятием. В Японии существовала иерархия из четырех сословий: наивысшим были военные, за ними шли земледельцы, затем ремесленники и, наконец, торговцы. Только в XVIII в. последним удалось разрушить этот социальный барьер. Примечательно, что даже в конце XX в. традиционным приветствием в Осаке оставалось «Мокари-макка», что означает «получаете ли вы прибыль?».

Житель этого города Дзёдоя Кейан обеспечивал поставки для армии Хидэёси — одного из трех генералов-объединителей. Кейан проявил недюжинные способности в той сфере, которая сейчас называется логистикой, а также в контроле над ценами. Его двор играл настолько важную роль на рисовом рынке, что именно там возникла первая в Японии рисовая биржа. Сам Кейан сильно разбогател — как оказалось впоследствии, даже слишком сильно. В 1705 г. *бакуфу* (военное правительство, возглавляемое сегуном) конфисковало все его состояние, обвинив его в чрезмерной роскоши, не соответствующей социальному статусу. Бакуфу не без причин тревожило растущее влияние отдельных дельцов. Так, в 1642 г. вместе с несколькими представителями власти торговцы попытались установить жесткий контроль над рынком риса. Наказание было суровым: имущество провинившихся конфисковали, детей казнили, а самих отправили в ссылку.

Биржевой рисовый рынок, зародившийся при дворе Дзёдои Кайана, окончательно сложился в конце XVII в. с появлением в Осаке рисовой биржи Дожимы. Поначалу торговля на ней велась самим рисом, а после 1710 г. — так называемыми *рисовыми купонами*, то есть складскими расписками, которые выпускала и принимала сама биржа.

Торговля рисом стала основой экономического процветания Осаки, на ее бирже работало свыше 1300 рисовых дилеров. Поскольку в то время в Японии не существовало валютного стандарта (все попытки ввести твердую валюту проваливались из-за махинаций с качеством монет), рис часто использовался как инструмент для расчетов. Нуждавшийся в деньгах феодал отправлял излишки урожая в Осаку, где их помещали на склад на его имя. Взамен он получал рисовый купон, который можно было обменять на другой товар, то есть фактически продать. Из-за финансовых проблем многие даймё продавали купоны в счет будущего урожая (крестьяне отдавали им по 40–60% собранного риса). Иногда заложенным таким образом оказывался урожай на несколько лет вперед.

Рисовые купоны, продаваемые в счет ожидавшихся поставок, стали первыми фьючерсами в истории человечества, а рисовая биржа Дожимы, на которой они торговались, — первой фьючерсной биржей. Иногда их еще называли «пустыми рисовыми купонами», поскольку они не были обеспечены реальным рисом на складах. Некоторое представление о том, насколько популярной была в то время фьючерсная рисовая торговля, дают следующие цифры: в 1749 г. число пустых рисовых купонов, обращавшихся на рынке Осаки, было эквивалентно 110 000 тюков риса (торги велись в тюках), в то время как реально во всей Японии насчитывалось только 30 000 тюков.

В такой обстановке начинал свою деятельность Мунэхиса Хомма, прозванный «богом рынков». Он родился в 1724 г. в семье, о богатстве которой свидетельствует поговорка того времени: «Я никогда не стану Хоммой, мне достаточно того, что я удельный князь». Когда Мунэхиса возглавил семейное дело в 1750 г., на первом этапе он занялся торговлей на рисовой бирже в портовом городе Саката, который являлся региональным центром рисового рынка. О родном городе основоположника свечного анализа напоминает выражение «правила Сакаты», которое нередко встречается в японских источниках.

После смерти отца именно Мунэхисе было поручено управление семейным капиталом, несмотря на то что он являлся младшим сыном, а в ту эпоху наследником обычно становился старший. Причиной, возможно, послужили его необыкновенные коммерческие способности, которые рано успели себя проявить. С деньгами семьи Хомма отправился на рисовую биржу Дожимы в Осаке и начал там торговать фьючерсами на рис.

Семья Хоммы имела огромные рисовые плантации и благодаря влиятельности обладала подробной информацией о ситуации на рынке риса. Мунэхиса организовал собственную систему связи: в условленное время он расставлял людей на крышах домов на всем пути от Осаки до Сакаты, и они флагами передавали по цепочке сигналы. Кроме того, в течение многих лет он вел наблюдения за погодой и записывал результаты, а чтобы лучше изучить психологию инвесторов, анализировал колебания рисовых цен вплоть до того времени, когда биржа еще находилась при дворе Дзёдои Кейана.

Такой подход к биржевой торговле позволил Мунэхисе Хомме добиться колоссальных успехов в Осаке и начать торговать еще и на региональной бирже в Эдо (ныне Токио). Он нажил гигантское состояние благодаря настоящему таланту трейдера: говорят, например, что однажды он провел 100 успешных биржевых сделок подряд.

Авторитет Мунэхисы Хоммы был настолько велик, что в Эдо о нем сложили песню с такими словами: «Когда в Сакате (то есть на родине Хоммы) солнечно, в Дожиме (на рисовой бирже в Осаке) облачно, а в Курамаэ (на бирже Курамаэ в Эдо) идет дождь». Иными словами, когда в Сакате хороший урожай, цены на рис падают на бирже Осаки и обрушиваются в Эдо. Эта песня характеризует влияние Хоммы на рисовый рынок.

Мунэхиса Хомма умер в 1803 г. В последние годы жизни он был финансовым советником правительства и получил почетный титул самурая. Торговые принципы, применявшиеся Хоммой на рисовом рынке и описанные им в двух книгах, легли в основу свечного анализа, который в наши дни получил распространение по всему миру.

ЧАСТЬ I

ОСНОВЫ

ГЛАВА 3

ПОСТРОЕНИЕ ЯПОНСКИХ СВЕЧЕЙ

櫓櫂がなくて舟で渡れぬ

Без весел нельзя отправляться в путешествие на лодке.

Различия между баровым и свечным графиками заметить нетрудно, хотя и тот, и другой содержат одинаковую информацию о ценах. При использовании свечей плоский, двухмерный баровый график как бы становится трехмерным: кажется, будто свечи пытаются покинуть пределы страницы, создавая стереоскопическую картину рынка. Сравните рисунки 3.1 и 3.2 — свечной график явно производит более яркое впечатление.

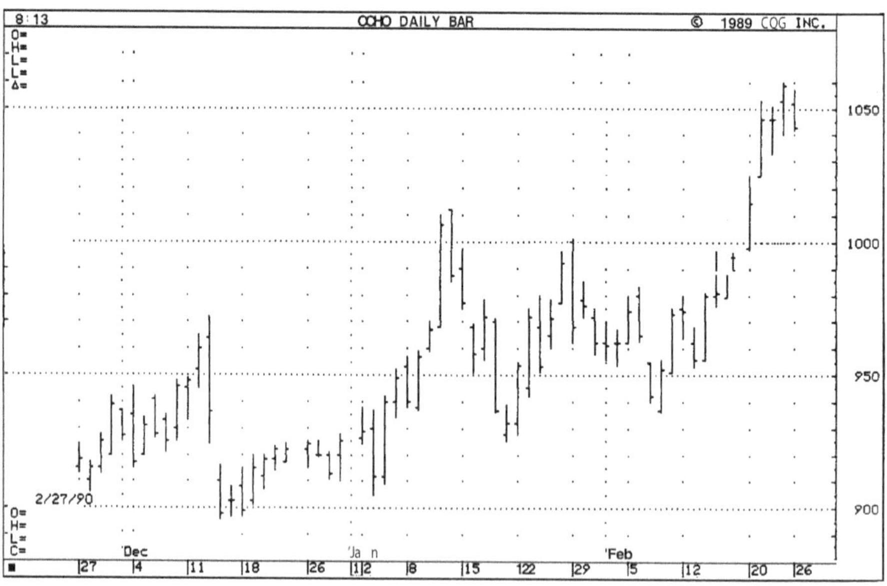

Рис. 3.1. Какао, дневной баровый график

Рис. 3.2. Какао, дневной свечной график

Для построения дневного барового графика необходимо знать цены открытия (open) и закрытия (close), а также максимальную (high) и минимальную (low) цены торговых сессий. Концы вертикальной линии каждого бара соответствуют дневным минимуму и максимуму. С левой стороны от вертикальной линии ставится горизонтальная черточка, отражающая цену открытия торгов, а с правой — еще одна, отражающая цену закрытия.

На рисунке 3.3 показаны баровый и свечной графики, которые построены на основе одних и тех же исходных данных. Широкая часть свечи называется *телом* (real body) и охватывает ценовой диапазон между ценами открытия и закрытия. Если тело свечи черное (то есть заполненное), значит цена закрытия была ниже цены открытия торгов, если белое (пустое) — наоборот, торги завершились на отметке выше той, на которой начались.

Тонкие линии над телом свечи и под ним называются *тенями* (shadows), они отражают ценовые экстремумы дня. Высшая точка *верхней тени* (upper shadow) соответствует максимальной цене, а низшая точка *нижней тени* (lower shadow) — минимальной. Нетрудно догадаться, почему эти графики называются свечными: внешне они действительно напоминают свечи с торчащими из них фитилями. Если у свечи отсутствует верхняя тень, то говорят, что у нее *срезана вершина* (shaven head), если нижняя — что *срезано основание* (shaven bottom). Японцы считают, что самую важную информацию о движении цены

Период времени	Откр.	Макс.	Мин.	Закр.
1	20	30	15	25
2	25	25	10	15
3	30	35	15	20
4	45	50	35	40
5	25	40	25	35

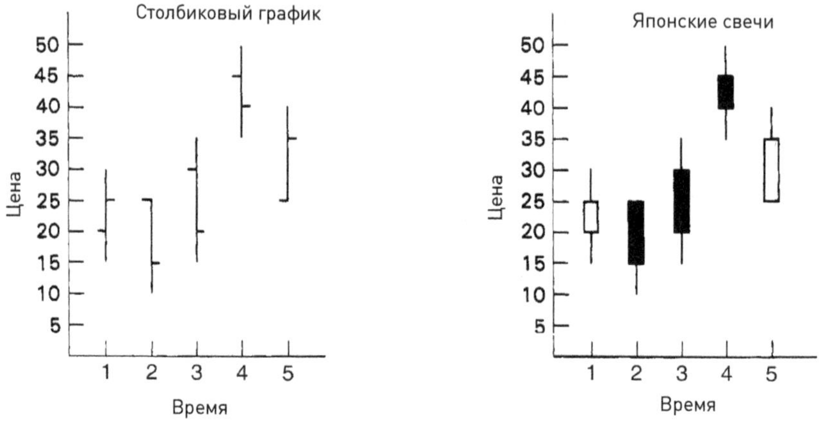

Рис. 3.3. Баровый и свечной графики

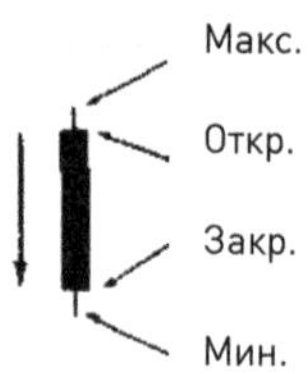

Рис. 3.4. Черная свеча

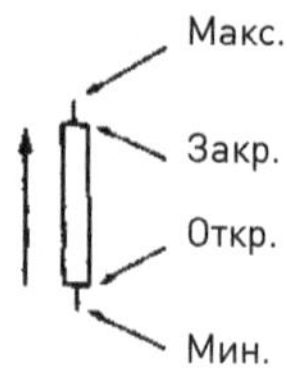

Рис. 3.5. Белая свеча

Рис. 3.6. Волчки

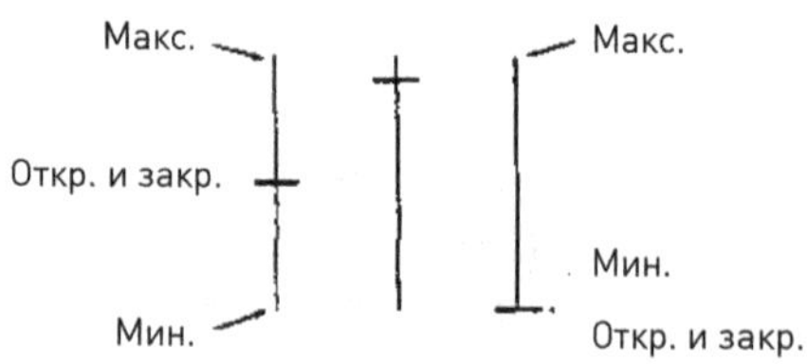

Рис. 3.7. Примеры дожи

передает тело свечи, тени же в свечном анализе рассматриваются как дополнительные, менее значимые детали.

На рисунках 3.4–3.7 представлены различные типы свечей. Длинная черная свеча на рисунке 3.4 соответствует медвежьему периоду, при котором торги открываются вблизи максимальных отметок дня, а закрываются в районе дневного минимума. В свою очередь длинная белая свеча, изображенная на рисунке 3.5, характерна для бычьего рынка: в данном случае цена тоже колеблется в широком диапазоне, но открытие торгов происходит недалеко от минимальной цены, а закрытие — в районе максимальной. На рисунке 3.6 показаны так называемые *волчки* (spinning tops) — свечи с малым размером тела, свидетельствующие о том, что между быками и медведями происходила упорная борьба. Сами по себе волчки нейтральны, если возникают в пределах узкого торгового коридора, однако они начинают играть важную роль, когда соседствуют с некоторыми другими свечами (мы поговорим об этом в разделах о таких свечных моделях, как звезды и харами). В данном случае у волчков короткие тени, но это не имеет значения: главной отличительной чертой волчка является его маленькое тело, которое может быть как черным, так и белым. Наконец, на рисунке 3.7 вы можете видеть варианты такой разновидности свечей, как *дожи* (doji). Тело у дожи полностью отсутствует — оно превратилось в горизонтальную линию, при этом длина теней может быть разной.

Для формирования дожи нужно, чтобы цены открытия и закрытия торговой сессии совпадали либо почти совпадали. Дожи играют настолько важную роль в свечном анализе, что в книге мы уделим им особое внимание (см. главу 8 «Магические дожи»).

Свечные графики выглядят более красочно, если использовать на них яркие контрастные цвета, например, заменив белые свечи красными, как это принято делать в Японии. Возможно, некоторым читателям знакомы выражения «линия инь» и «линия янь». Так называют черную и белую японские свечи в Китае. В самой же Японии о черной свече говорят «ин-сен» (черная линия, in-sen), а о белой — «ё-сен» (белая линия, yo-sen).

Не случайно в свечном анализе особое значение придается ценам открытия и закрытия, ведь именно они соответствуют двум самым эмоциональным периодам торговой сессии. Японская пословица гласит: «Первый утренний час управляет всем днем». Так и период открытия рынка задает вектор дальнейшего движения цен: к этому моменту все вечерние новости уже бывают отфильтрованы и осмыслены, и все формирующиеся на рынке тенденции как бы сходятся в единой временной точке. Чем сильнее эмоции, овладевшие трейдером, тем раньше он постарается заключить сделку, будь то покупка, продажа или открытие новых позиций для хеджирования старых.

У потенциальных покупателей и продавцов после утреннего всплеска торговой активности появляются некие ценовые ориентиры, от которых уже можно отталкиваться, планируя дальнейшие сделки. Торговлю на бирже нередко сравнивают с участием в сражении, и если продолжать эту аналогию, то можно сказать, что начало сессии позволяет трейдерам предварительно оценить расстановку сил на поле боя. Иногда в этот момент крупные участники рынка пытаются специально сдвинуть цены в ту или иную сторону, выставляя большие заявки на покупку или продажу. Японцы называют это утренней атакой — обратите внимание, что здесь возникает очередная военная аналогия.

Что же касается цены закрытия, то в ряде случаев именно от нее зависит срабатывание маржин-коллов по открытым позициям, поэтому последние минуты торгов тоже связаны с сильным эмоциональным напряжением на рынке. За ценой закрытия пристально следят технические аналитики, поскольку она, во-первых, может подтвердить формирование на графике той или иной модели, а во-вторых, используется во многих технических инструментах, таких как скользящие средние. Если в момент закрытия торгов или чуть раньше на биржу выставляется крупная заявка на продажу или покупку, чтобы воздействовать на цену, то японцы называют это ночной атакой.

Рисунки 3.4–3.7 демонстрируют, как на внешний вид свечи влияют соотношения между ценами открытия и закрытия, максимума и минимума. А теперь давайте посмотрим, как свечи и их комбинации позволяют прогнозировать движения рынка.

ЯПОНСКИЕ СВЕЧИ: ТЕРМИНОЛОГИЯ И ЭМОЦИИ

Технический анализ — пожалуй, единственный способ оценить психологическое состояние рынка, и эмоционально окрашенные названия свечных моделей как нельзя лучше отражают результаты этой оценки. Услышав такие выражения, как «завеса из темных облаков» или «повешенный», можно ли подумать, что на рынке царит радостное оживление? Вряд ли. И речь в обоих случаях действительно идет о медвежьих сигналах. Не исключено, конечно, что после их появления пессимистичный настрой сменится более оптимистичным. Скажем, увидев завесу из темных облаков, покупатели могут попытаться поддержать рынок, защищая свои позиции от обесценения. С другой стороны, и медведи могут усилить давление, если к тому располагают другие факторы.

В этой книге описываются графические модели, со многими из которых, вероятно, вы познакомитесь впервые. Но яркие образные названия, придуманные японцами, не только забавно звучат, но и позволяют легко определять, является та или иная модель бычьей либо медвежьей. Например, в главе 5 рассказывается о моделях «вечерняя звезда» и «утренняя звезда». Даже не зная, как они выглядят и при каких условиях образуются на графике, нетрудно догадаться, что первая из них является медвежьим рыночным сигналом, а вторая — бычьим, ведь вечерняя звезда появляется на небосводе при приближении сумерек, а утренняя предшествует восходу солнца.

ГЛАВА 4

МОДЕЛИ РАЗВОРОТА

一寸先は闇

До темноты остается всего один дюйм.

Технические аналитики ищут на графиках сигналы, которые указывали бы на изменения в психологии трейдеров, а значит и на смену рыночного тренда. Такими сигналами являются *модели разворота* (reversal patterns), которые в западном техническом анализе включают в себя, например, двойные вершины и основания, островные вершины и основания, дни разворота, модель «голова и плечи».

Термин «модели разворота» не совсем точен, ведь, услышав это выражение, можно подумать, что старая тенденция резко прекращается и сразу же возникает противоположная ей новая. Но такая картина наблюдается не всегда: обычно разворот тренда происходит медленно, поэтапно, по мере того как меняется психология участников торгов. Сигнал разворота указывает, что старая тенденция, скорее всего, прекратится, но на смену ей необязательно придет противоположная — и это очень важно уяснить. Представьте себе автомобиль, который едет со скоростью 30 миль/ч. Зажигаются красные сигналы тормозов, и он останавливается. Красный свет — своего рода индикатор разворота, который говорит о том, что предыдущий тренд (движение автомобиля вперед) скоро закончится. Однако теперь, когда машина встала, захочет ли водитель ехать в обратном направлении, останется ли он на месте, или, может быть, снова поедет вперед? Без дополнительных сигналов ответить на эти вопросы мы не сможем.

На рисунках 4.1–4.3 вы найдете примеры поведения рынка после появления сигнала разворота на вершине. Цены могут некоторое время двигаться в боковом диапазоне и лишь затем перейти к снижению, как на рисунке 4.1, а в другой ситуации вместо этого может возобновиться рост (см. рис. 4.2), хотя иногда случается и так, что восходящий тренд действительно сразу же переходит в нисходящий (см. рис. 4.3).

Логично было бы называть модели разворота моделями изменения тенденции, и у меня было искушение так и поступить в данной книге. Я не стал этого делать во избежание расхождений с прочей литературой по техническому анализу, но еще раз обращаю ваше внимание, что «модель разворота» далеко не всегда предвещает разворот.

Рис. 4.1. Разворот на вершине

Рис. 4.2. Разворот на вершине

Рис. 4.3. Разворот на вершине

Умение распознавать такие модели на графиках является ценным навыком, ведь трейдеру всегда важно понимать, какой тренд складывается на рынке. Индикаторы разворота служат своего рода дорожными знаками, которые предупреждают: «Осторожно: тенденция меняется». Они означают, что необходимо скорректировать торговую стратегию в соответствии с новыми реалиями: может быть, закрыть старые позиции, а может, открыть новые — мы еще обсудим это в последующих главах.

Одно из ключевых правил заключается в том, что открывать новые позиции по сигналу разворота следует только тогда, когда он соответствует направлению основного тренда. Предположим, что модель разворота на вершине образуется на бычьем рынке, то есть в период длительного роста котировок.

Не следует открывать короткие позиции только на основании медвежьего разворотного сигнала, а вот длинные позиции лучше всего закрыть. Однако тот же самый сигнал, появившись в период нисходящего большого тренда, был бы уже достаточным основанием для открытия «шортов».

Начав рассказывать о моделях разворота, я неслучайно сразу же углубился в детали: большинство индикаторов свечного анализа являются как раз разворотными. Давайте обратимся к первым двум из них — свечам «молот» и «повешенный».

Молот и повешенный (Hammer and Hanging Man)

На рисунке 4.4 показаны свечи с длинными нижними тенями и маленькими телами, находящимися в верхней части ценового диапазона. Удивительная особенность этих свечей заключается в том, что они могут быть как бычьими, так и медвежьими в зависимости от рыночной тенденции в момент их возникновения на графике. Если тренд нисходящий, то следует ожидать его завершения, а свеча в этом случае будет называться молотом (см. рис. 4.5). Интересно, что ее японское назва-

Рис. 4.4. Свечи «молот» и «повешенный»

Рис. 4.5. Молот

Рис. 4.6. Повешенный

ние — *такури*, что в буквальном переводе означает нечто вроде «попытки измерить глубину, нащупывая дно ногой».

Если точно такая же свеча возникает в период подъема цен, то она говорит о вероятном завершении бычьего тренда (см. рис. 4.6) и носит зловещее название «повешенный», поскольку, находясь на вершине графика, действительно может напомнить висящего человека с болтающимися ногами.

Кому-то покажется странным, что один и тот же тип свечей бывает и бычьим и медвежьим сигналом, но ведь и в западном техническом анализе есть аналогичные инструменты. Так, если модель разворота «остров» образуется на графике после продолжительной восходящей тенденции, то она предупреждает о грядущем снижении котировок, а если в период нисходящего тренда — то о вероятном росте.

Молот и повешенного можно узнать по трем признакам:

1. Тело свечи находится в верхней части ценового диапазона. Цвет тела не важен.
2. Нижняя тень должна быть в два раза длиннее тела.
3. Верхняя тень должна отсутствовать или быть очень короткой.

Чем длиннее нижняя тень, чем короче верхняя тень и чем меньше тело, тем сильнее бычий сигнал молота или медвежий сигнал повешенного. Хотя тела свечей в обоих случаях могут быть и белыми и черными, у молота с белым телом немного ярче выражен бычий характер, а у повешенного с черным телом — медвежий. Белое тело молота означает, что в течение торговой сессии цены стремительно падали, но к ее закрытию поднялись в район дневных максимумов, что свидетельствует об усилении бычьих настроений. Черное тело повешенного говорит о том, что рынок не смог вернуться к отметкам, на которых начинал день, и значит можно ожидать дальнейшего снижения.

Прежде чем реагировать на повешенного, очень важно дождаться дополнительных медвежьих сигналов, ведь эта разновидность свечи возникает на рынке, который полон бычьей энергии. Торги в день ее образования открываются вблизи максимальных отметок, но затем происходит масштабная распродажа, после которой к концу сессии цена поднимается ближе к отметкам открытия. Из этого еще нельзя делать вывод, что повешенный обязательно окажется сигналом разворота

Рис. 4.7. Соевое масло, дневной график, 1990 г.

на вершине. Тем не менее его возникновение говорит о том, что рынок стал восприимчивым к атакам продавцов. Если на следующий день торги начнутся ниже тела повешенного, то покупавшие по ценам открытия или закрытия предыдущего дня останутся с убыточными позициями.

Основное правило при появлении этого типа свечи звучит так: чем больше гэп вниз между ценой открытия следующего дня и телом повешенного, тем выше вероятность, что на графике образовалась вершина. Другим медвежьим подтверждением может служить возникающая в этот день свеча черного цвета с ценой закрытия ниже, чем у повешенного.

Рисунок 4.7 наглядно показывает, что одинаково выглядящие свечи бывают как медвежьими сигналами, так и бычьими. В данном случае и у повешенного (свеча от 3 июля), и у молота (свеча от 23 июля) тело черное, но цвет не имеет большого значения.

На рисунке 4.8 также видна двойственная природа этих свечей. В середине апреля появление повешенного предупредило об окончании ралли, стартовавшего с бычьего молота 2 апреля. Кроме того, в середине марта на графике сформировалась свеча, которую можно считать разновидностью повешенного. Тело у нее находится в верхней части дневного диапазона, верхняя тень почти отсутствует, а нижняя хотя и довольно длинная, но не превышает длину тела в два раза. Медвежий характер этого сигнала подтвердило то, что на следующий день торги завершились на отметке ниже предыдущей цены закрытия. Как видно на графике, восходящая тенденция после этого прервалась, то есть сигнал оказался верным, хотя повешенный и отличался от идеала.

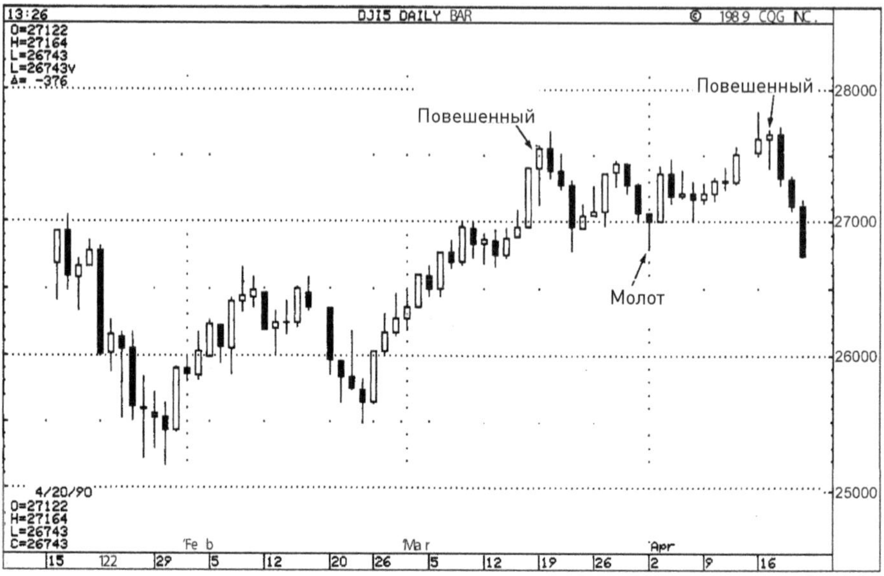

Рис. 4.8. Индекс Dow Jones Industrials, дневной график, 1990 г.

Все-таки инструменты свечного анализа, как и других графических методов, подчиняются определенным закономерностям, а не строгим правилам. Данный пример показывает, что длина нижней тени у повешенного необязательно должна быть вдвое больше тела, чтобы свеча служила сигналом разворота. Однако чем длиннее нижняя тень, тем совершеннее будет модель.

На рисунке 4.9 вы найдете серию бычьих молотов, обозначенных номерами от 1 до 4 (свеча 2 считается молотом, несмотря на наличие у нее крохотной верхней тени). Обратите внимание на сигналы к покупке, появившиеся в начале 1990 г. Накануне цены обновляли минимумы, достигнув отметок июля 1989 г. — периода, когда на графике образовался молот 2. На какое-то время мяч оказался в руках медведей, однако нисходящая тенденция не получила продолжения: два бычьих молота (3 и 4) указывали, что медвежья атака не удалась и быки перехватывают инициативу. У молота 3 длина нижней тени не превышала тело в два раза, как требуется, однако вслед за ним на графике возник более совершенный молот 4, который подтвердил высокую вероятность разворота рынка в основании.

На рисунке 4.10 молоты 1 и 3 являются основаниями, а молот 2 сигнализировал о завершении нисходящего тренда и начале бокового движения. А вот молот 4 не сработал. В этой связи я хотел бы обратить внимание на важную особенность всех графических моделей, о которых говорится в этой книге: их всегда следует рассматривать с учетом предыдущей динамики цен. Посмотрите еще раз на молот 4: накануне

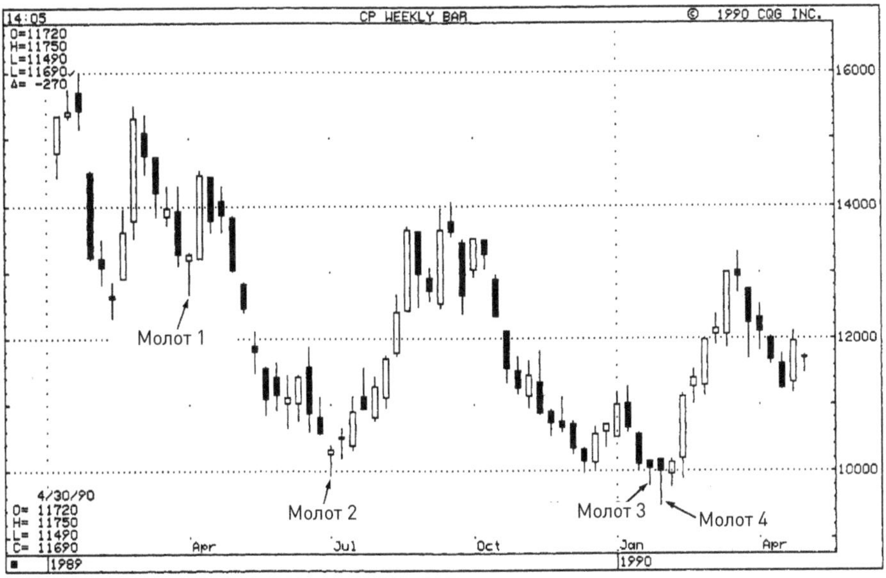

Рис. 4.9. Медь, недельный график

на графике появилась свеча с чрезвычайно ярко выраженным медвежьим признаком — длинным черным телом со срезанными вершиной и основанием. Торги начались на максимальных отметках дня и завершились на минимальных, что свидетельствовало о набирающем силу движении вниз. Кроме того, молот 4 пробил старый уровень поддержки от 24 января, и это тоже служило медвежьим сигналом. Учитывая оба этих фактора, стоило дождаться подтверждения того, что быки вновь контролируют ситуацию, прежде чем реагировать на молот 4. Например, таким подтверждением послужила бы белая свеча на следующий день с ценой закрытия выше, чем у молота.

Внутридневные свечные графики строятся аналогично дневным и недельным. Например, часовые свечи отражают максимумы, минимумы, цены открытия и закрытия каждого часа. Рассмотрите внимательно молот на рисунке 4.11, возникший в первый час торгов 11 апреля. Как и молот 4 на рисунке 4.10, он образовался после гэпа вниз, но в данном случае за ним последовала белая свеча с ценой закрытия выше, чем у самого молота, что подтвердило завершение нисходящего тренда.

Еще одна свеча, напоминающая молот, сформировалась на этом графике 12 апреля. Однако не стоит забывать, что молот — это модель разворота в основании, то есть он образуется тогда, когда на рынке существует нисходящий тренд, пусть даже незначительный. В данном случае такого тренда не было, поэтому молотом эта свеча не является. Ее нельзя считать и повешенным, ведь тогда она должна была бы

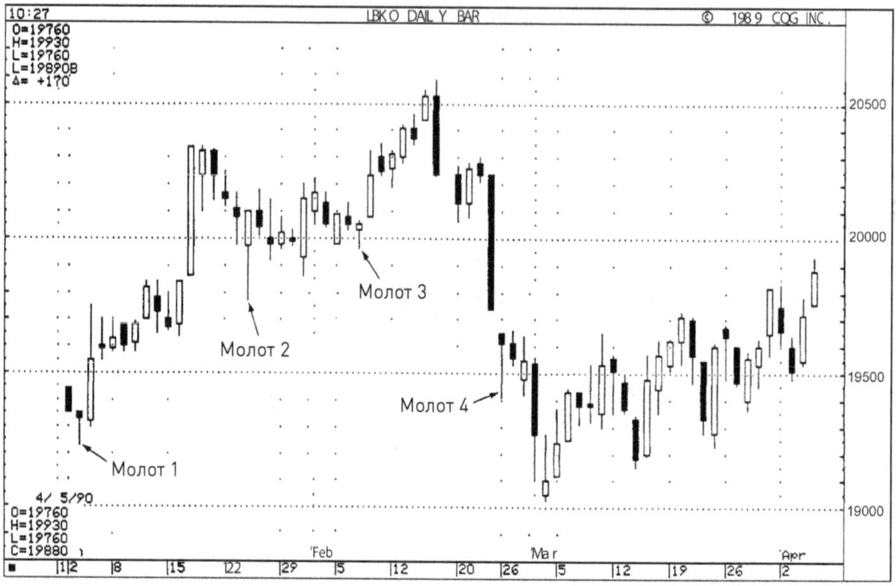

Рис. 4.10. Пиломатериалы, дневной график, 1990 г.

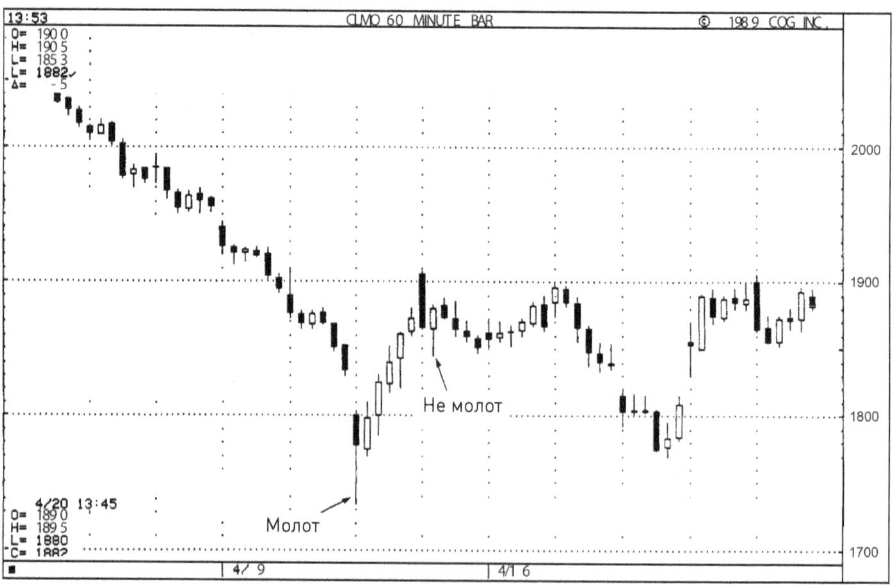

Рис. 4.11. Нефть, часовой график, 1990 г.

предвещать завершение восходящей тенденции и возникнуть вблизи максимальных отметок предыдущей черной свечи. Этого также не произошло.

На рисунке 4.12 вы найдете классический пример молота — без верхней тени, с маленьким телом и длинной нижней тенью, во много раз превышающей размеры тела. Эта свеча образовалась в результате длительного снижения, которое началось несколькими месяцами ранее, и успешно предсказала его окончание.

На рисунке 4.13 приведен идеальный пример повешенного. В момент его возникновения рынок открылся с гэпом вверх и обновил максимумы, но уже на следующий день торги начались с гэпа вниз, и все, кто совершал покупки по ценам предыдущего открытия или закрытия, остались с убыточными позициями.

На рисунке 4.14 ралли, продолжавшееся с начала февраля, прервалось после появления двух идущих друг за другом повешенных. Этот график доказывает важность дополнительных сигналов для подтверждения смены сложившегося тренда. Одним из таких сигналов, напомню, служит открытие рынка на следующий день на отметке ниже тела повешенного. Обратите внимание, что после возникновения первого повешенного ближайшие торги начались выше его тела, то есть подтверждающего сигнала не возникло. А вот за вторым повешенным последовало подтверждение: цена открытия оказалась ниже его тела, и поле этого рынок двинулся вниз.

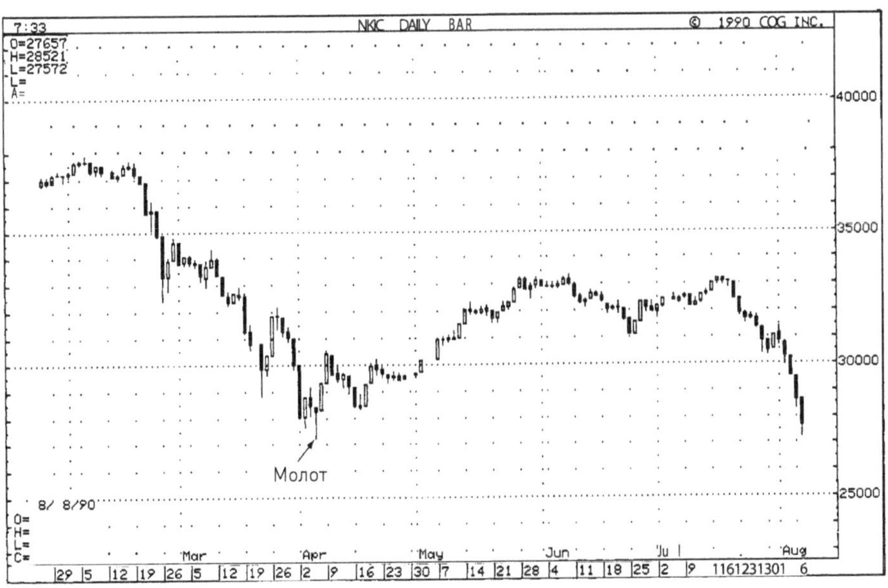

Рис. 4.12. Индекс Nikkei, дневной график, 1990 г.

Рис. 4.13. Серебро, дневной график, 1990 г.

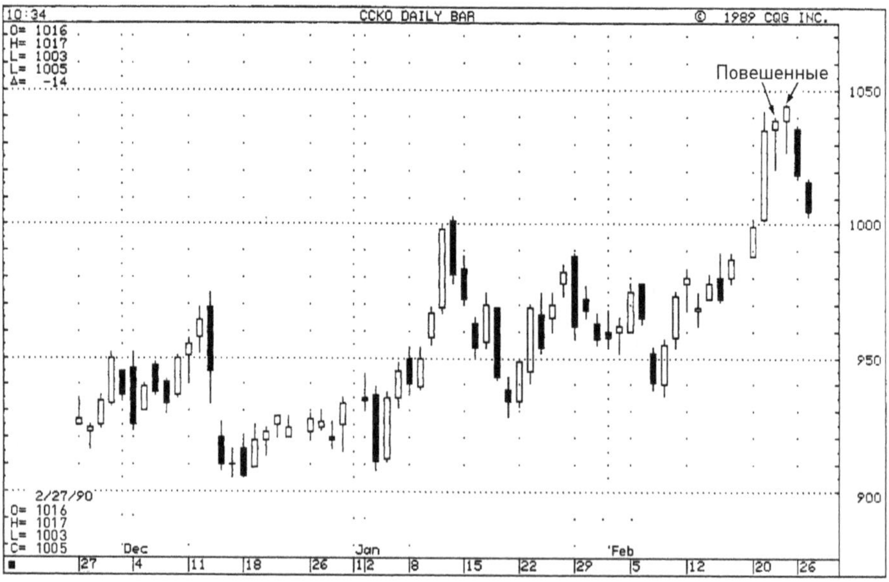

Рис. 4.14. Какао, дневной график, 1990 г.

Рис. 4.15. Индекс доллара, недельный график (повешенный)

Рисунок 4.15 иллюстрирует еще один способ убедиться, что рынок действительно готов к снижению, — проверить, не идет ли следом за повешенным черная свеча, у которой цена закрытия ниже, чем у повешенного. Так, свечи 1, 2 и 3 представляют собой серию повешенных. Однако в первых двух случаях отсутствие подтверждающих сигналов свидетельствовало о том, что восходящая тенденция остается достаточно сильной. А вот после повешенного 3 сформировалась черная свеча: хотя открылся рынок практически на прежнем уровне, цена закрытия оказалась уже гораздо ниже, поэтому все, кто совершал покупки неделей ранее, ушли в минус.

На рисунке 4.16 показано чрезвычайно резкое повышение цен на апельсиновый сок в конце 1989 г. — начале 1990 г., которое прервалось после того, как на графике возник повешенный. Этот пример подтверждает, что модель разворота необязательно предвещает смену тренда на противоположный: как уже отмечалось в главе 3, она лишь сигнализирует о завершении предыдущего тренда. В данном случае восходящая тенденция сменилась боковым движением, но не перешла в снижение. Еще один повешенный возник на этом графике в июле, и вот здесь уже события развивались иначе — характер рынка резко поменялся с бычьего на медвежий.

На рисунке 4.17 можно видеть классического повешенного, возникшего в мае, — с очень маленьким телом, длинной нижней тенью и отсутствующей верхней тенью. Черное тело свечи, появившейся на следующий день, свидетельствовало об истинности медвежьего

Рис. 4.16. Апельсиновый сок, недельный график

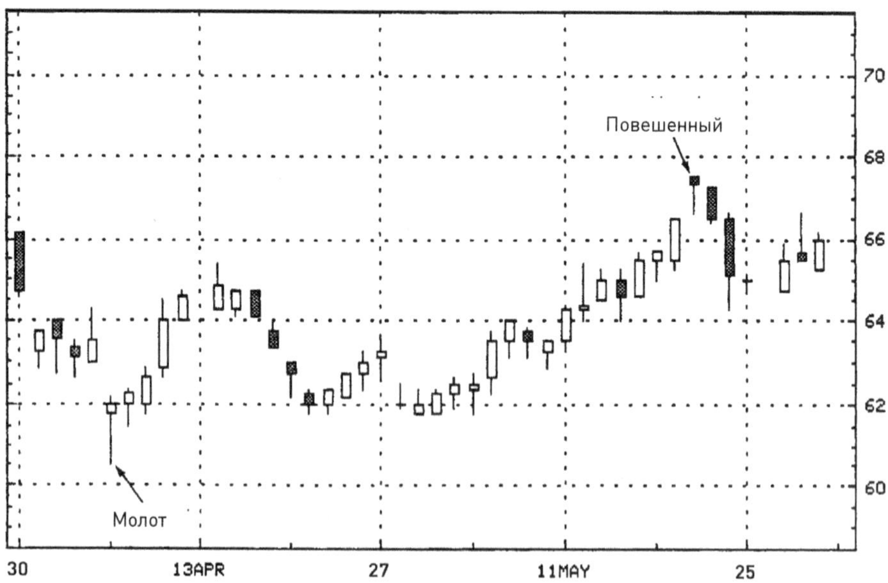

Рис. 4.17. Акции American Airlines, дневной график, 1989 г.

сигнала и о том, что настало время закрывать длинные позиции. Также обратите внимание на бычий молот, который возник на этом графике в начале апреля.

Модель поглощения (Engulfing Pattern)

Как отмечалось выше, молот и повешенный — это отдельно взятые свечи, предупреждающие о смене рыночной тенденции. Однако большинство других сигналов, возникающих на свечных графиках, представляют собой комбинации из нескольких свечей. Так, *модель поглощения* — один из ключевых сигналов разворота — состоит из двух свечей, которые, как правило, окрашены в разные цвета.

На рисунке 4.18 показана *бычья модель поглощения*. Во время нисходящего тренда появляется свеча с бычьем белым телом, которое перекрывает собой черное тело предыдущей свечи, как бы поглощает его. Это свидетельствует о том, что давление покупателей стало превосходить давление продавцов. В свою очередь на рисунке 4.19 приведена *медвежья модель поглощения*, в которой белое тело первой свечи полностью перекрывается следующим за ним черным телом второй. Эта модель возникает в период растущего рынка и является сигналом разворота на вершине.

Модель поглощения должна отвечать трем критериям:

1. На рынке должен наблюдаться ярко выраженный восходящий или нисходящий тренд, хотя бы краткосрочный.
2. Тело второй свечи должно перекрывать собой тело первой (при этом поглощения тени может и не происходить).
3. Цвет второго тела должен отличаться от цвета первого. Исключение возможно лишь в том случае, если первая свеча имеет настолько мизерное тело, что напоминает дожи или является дожи. Таким образом, если после продолжительного нисходящего тренда крохотное белое тело поглощается другим белым

Рис. 4.18. Бычья модель поглощения

Рис. 4.19. Медвежья модель поглощения

телом, но очень большим, можно говорить о сигнале разворота в основании. При восходящей тенденции поглощение очень маленького черного тела большим черным будет служить сигналом разворота на вершине.

В западном техническом анализе ближайшим аналогом модели поглощения является *день разворота* (reversal day). Это день, когда во время восходящей (или нисходящей) тенденции достигается новый ценовой максимум (минимум), однако завершаются торги на отметке ниже (выше), чем цена закрытия предыдущего дня. Впрочем, модель поглощения позволяет даже тогда получать сигналы о грядущей смене тренда, когда о наступлении дня разворота говорить не приходится. Это будет видно, например, по рисункам 4.21, 4.22 и 4.23.

Ниже перечислены факторы, повышающие вероятность изменения рыночной тенденции после того, как на графике возникает модель поглощения:

1. Если первая свеча модели имеет очень короткое тело, а вторая — очень длинное. Это свидетельствует о том, что старая тенденция ослабевает, а новая набирает силу.
2. Если модель поглощения образуется после длительного тренда либо, наоборот, после резкого движения рынка. В первом случае многие потенциальные покупатели уже успели занять длинные позиции (или продавцы — открыть короткие), поэтому вряд ли следует ожидать большого числа новых покупок (продаж), которые необходимы для поддержания тенденции в силе. Во втором случае рынок становится очень чувствительным к фиксации прибыли, которая весьма вероятна после быстрого роста или падения цен накануне.
3. Если вторая свеча модели поглощения возникает на фоне высокого объема торгов. Это может быть признаком ситуации, которую иногда называют «выпуск пара» (blow off): сразу после резкого скачка котировок рынок также быстро откатывается назад. К вопросам взаимосвязи между моделями свечного анализа и объемами торгов мы еще вернемся в главе 15.
4. Если вторая свеча модели поглощения перекрывает собой сразу несколько предыдущих тел.

На рисунке 4.20 можно увидеть, как две идущие подряд свечи (за недели, начавшиеся 15 мая и 22 мая) образовали бычью модель поглощения, а затем в последние недели июля возникла медвежья модель. Наконец, еще одна модель поглощения, на сей раз бычья, образовалась в сентябре и послужила отправной точкой для длительного ралли.

На графике нефти, который приведен на рисунке 4.21, отчетливо видны бычьи и медвежьи модели поглощения. В конце 1985 г.

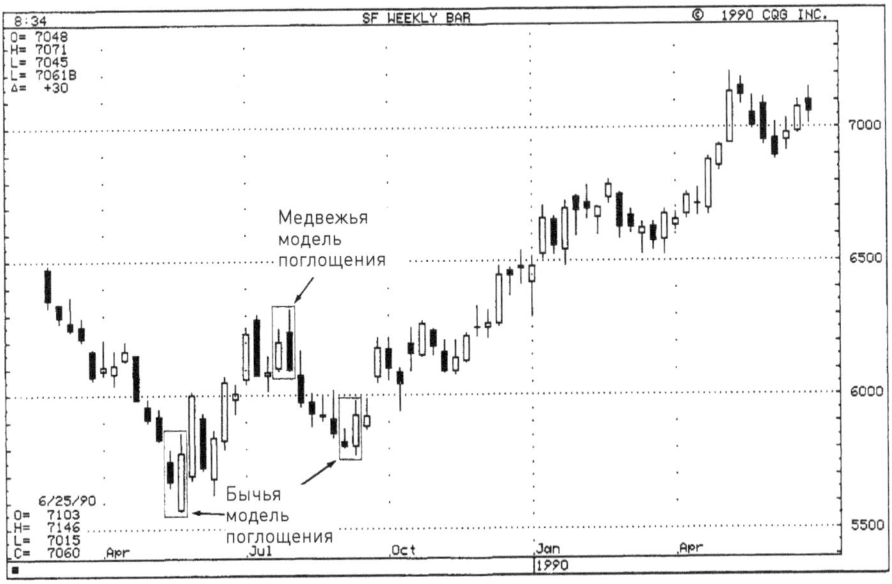

Рис. 4.20. Швейцарский франк, недельный график

произошло резкое 20-долларовое падение цены, после чего в марте и апреле 1986 г. две свечи образовали бычью модель поглощения. Стартовавшее с нее ралли продолжалось до возникновения медвежьей модели поглощения в середине 1987 г., а затем сменилось нисходящей тенденцией, которая, в свою очередь, завершилась небольшой бычьей моделью поглощения в начале 1988 г. Затем в течение пяти месяцев наблюдалось боковое движение цены.

Телу черной свечи, которая возникла в феврале 1990 г., не хватило 8 тиков для поглощения январского белого тела, и, следовательно, идеальная модель поглощения в данном случае не сложилась. Но повторюсь, что свечной анализ, как и другие технические инструменты, допускает некоторые отступления от правил (и поэтому в нем всегда есть доля субъективности). Гораздо разумнее было не игнорировать это сочетание свечей, а рассматривать его в качестве сигнала о развороте тренда.

На этом рисунке медвежьи модели поглощения в 1987 г. и 1990 г. демонстрируют свое преимущество над индикатором «день разворота», поскольку только они сигнализировали о грядущей смене тренда. Цена свечи должна подняться до нового максимума и лишь затем упасть, чтобы возник день разворота на вершине (или, как в данном случае, месяц разворота на вершине). Но здесь черные свечи не достигали предыдущих ценовых максимумов, и, следовательно, разворот можно было предсказать только по медвежьим свечным моделям.

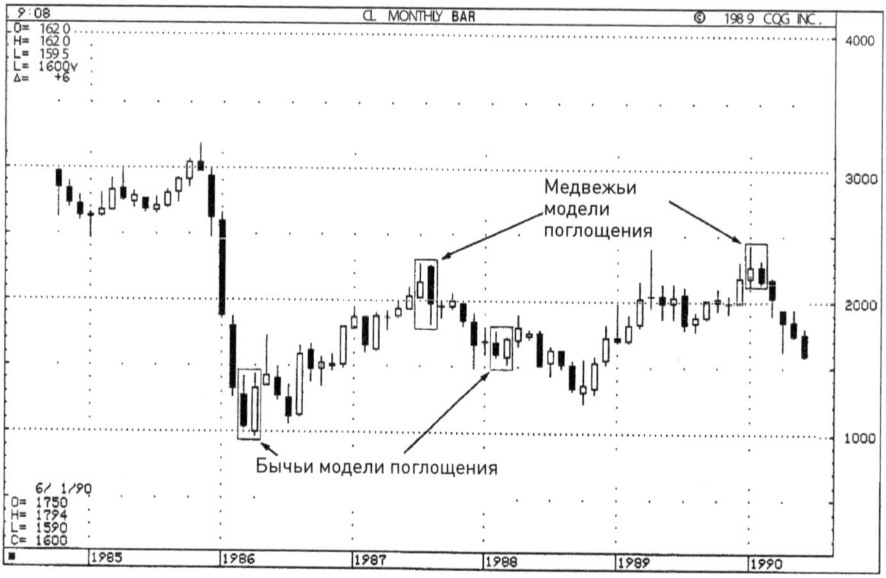

Рис. 4.21. Нефть, месячный график

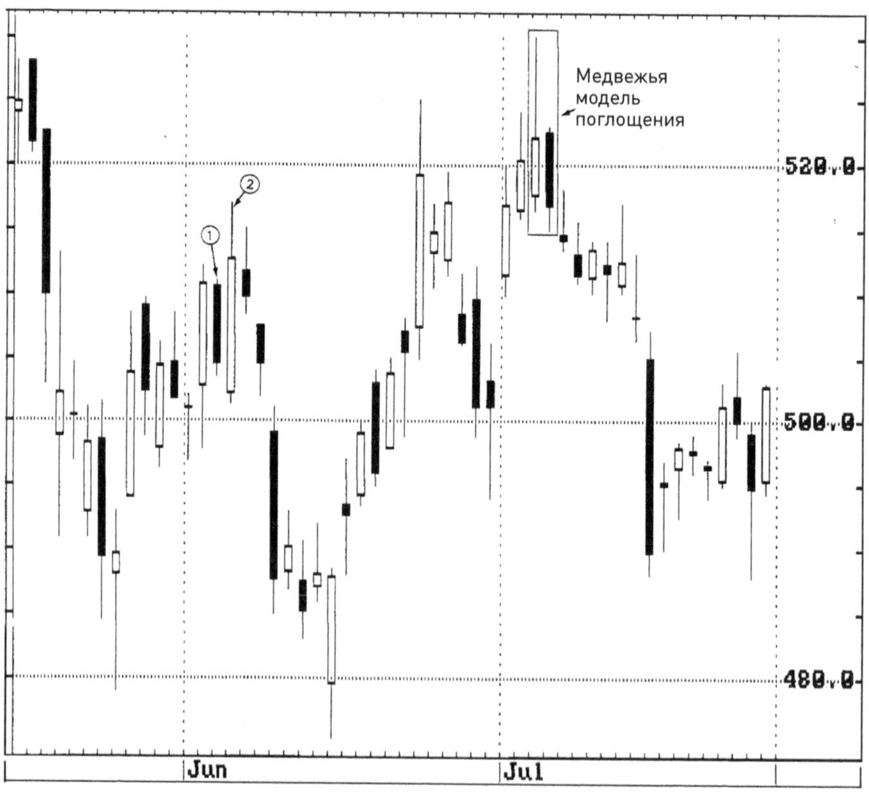

Рис. 4.22. Платина, дневной график, 1989 г.

Пример на рисунке 4.22 тоже говорит о превосходстве свечей над баровыми графиками. Обратите внимание на динамику цен 7 и 8 июля, которые не являлись днями разворота, поскольку тогда не было зафиксировано новых ценовых рекордов. В то же время на свечном графике возникла медвежья модель поглощения — сигнал о вероятной смене тренда.

На этом же графике свечи 1 и 2, появившиеся в начале июня, напоминают бычью модель поглощения. Но эта модель является индикатором разворота тренда в основании, а значит формируется на падающем рынке (или иногда у нижней границы бокового торгового диапазона). В данном случае рынок не демонстрировал снижения, поэтому не следовало предпринимать никаких действий после появления этой комбинации свечей.

Рисунок 4.23 содержит серию медвежьих моделей поглощения, первая из которых прервала восходящий тренд и направила рынок в боковой коридор на несколько месяцев, а вторая — лишь ненадолго прервала наблюдавшееся в то время ралли. Медвежьи модели поглощения 3, 4 и 5 дали сигналы о развороте тренда, которые невозможно было уловить альтернативным способом: во всех этих случаях вторая свеча модели не достигала ценового максимума, поэтому не могла считаться неделей разворота.

Завеса из темных облаков (Dark-Cloud Cover)

Следующая модель разворота называется *завеса из темных облаков* (см. рис. 4.24). Она тоже состоит из двух свечей, возникает после восходящего тренда или у верхней границы бокового коридора и является сигналом разворота на вершине. В первый день на графике формируется свеча с длинным белым телом, а во второй торги открываются на отметке выше предыдущего дневного диапазона (т.е. цена открытия превышает верхнюю тень первой свечи). Однако завершается вторая сессия снижением в район дневного минимума, который должен находиться в границах предыдущего белого тела. Чем сильнее черная свеча перекрывает белую, тем выше вероятность разворота. Некоторые японские аналитики считают, что таким образом должно перекрываться не меньше половины белого тела. Если этого не происходит, то, вероятно, стоит подождать дополнительных подтверждений медвежьему сигналу завесы из темных облаков.

Причины медвежьего характера этой модели вполне понятны. Она образуется в период восходящего тренда, когда быки полностью контролируют ситуацию: на графике возникает убедительная белая свеча, а следующие торги начинаются с гэпа вверх. Но вот ралли прерывается, и более того — сессия завершается вблизи или на уровне дневного

Рис. 4.23. Соя, недельный график

Рис. 4.24. Завеса из темных облаков

минимума, который лежит значительно ниже предыдущей цены закрытия. После этого держатели длинных позиций должны будут дважды подумать о том, стоит ли им сохранять свои портфели. А у того, кто ждал подходящего момента для открытия коротких позиций, появляется хороший ориентир для установки стоп-приказов — это максимальная цена второй свечи в модели «завеса из темных облаков».

Вот факторы, которые при появлении этой модели усиливают ее медвежий характер:

1. Чем сильнее тело черной свечи перекрывает тело белой, тем выше вероятность образования вершины. Обратите внимание, что при полном перекрытии сформируется медвежья модель поглощения. Завесу из темных облаков можно сравнить с частичным солнечным затмением, а модель поглощения — с полным, следовательно, последняя является более сильным сигналом разворота. Но если на графике после этого возникает длинная белая свеча, у которой цена закрытия превышает максимумы завесы из темных облаков или медвежьей модели поглощения, это может говорить о продолжении ралли.
2. Медвежий сигнал более выражен, если завеса из темных облаков образуется после длительного восходящего тренда, и при этом у обеих входящих в нее свечей отсутствуют верхняя и нижняя тени. То есть у белой свечи цена открытия лежит на уровне дневного минимума, цена закрытия — дневного максимума, а у черной цена открытия соответствует максимальной отметке за день, а цена закрытия — минимальной.
3. Если черная свеча завесы из темных облаков открывается выше важного уровня сопротивления, а закрывается ниже него, значит быки не в силах контролировать рынок.
4. Большой объем торгов во время открытия рынка на второй день дополнительно сигнализирует, что взлет котировок может быстро закончиться. Предположим, что цены начинают падать, как только большое число новых покупателей взошло на борт корабля. Вряд ли пройдет много времени, прежде чем они осознают, что оказались на борту «Титаника». Наверняка они начнут закрывать позиции — как и те, кто покупал раньше и успел поучаствовать в ралли. При этом для фьючерсных трейдеров дополнительным медвежьим сигналом должно служить значительное увеличение открытого интереса.

Рисунок 4.25 демонстрирует, чем отличаются друг от друга завеса из темных облаков и медвежья модель поглощения. Две свечи, появившиеся в июне 1989 г., образуют завесу из темных облаков: за свечой с длинным белым телом идет свеча с длинным черным телом, которое берет начало от нового локального максимума и завершается вблизи недельного минимума, перекрывая значительную часть белого тела. После формирования завесы из темных облаков рост рынка приостановился, но настоящее падение началось спустя еще несколько недель, когда материализовалась медвежья модель поглощения. Если в первом случае перекрытие свечей было частичным, то во втором — полным.

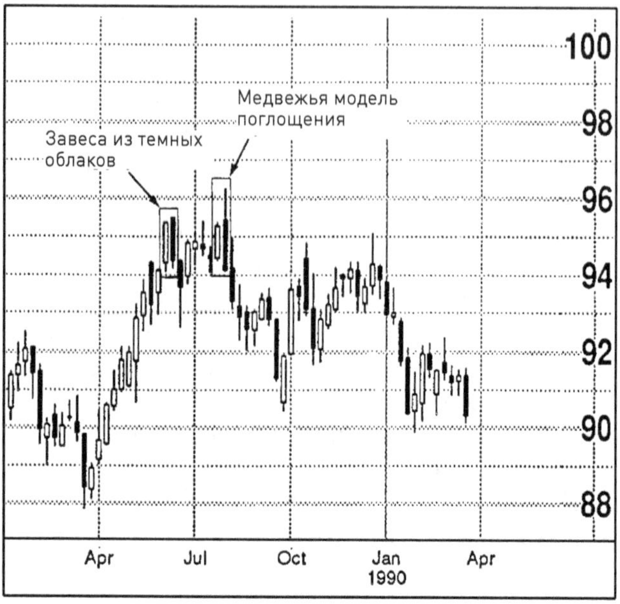

Рис. 4.25. Муниципальные облигации США, недельный график

На рисунке 4.26 вы найдете три завесы из темных облаков, причем все они подтверждаются другими медвежьими сигналами. Рассмотрим каждую из них отдельно.

1. Модель 1 несколько отличается от идеальной завесы из темных облаков, поскольку у нее цена открытия черного тела соответствует максимуму предыдущего дня, а не превышает его. Это был только предупредительный сигнал, который тем не менее следовало рассматривать как негативный фактор. Данная модель, кроме того, говорит о неудачной попытке быков прорвать сопротивление на уровне февральских максимумов.

2. В этом случае помимо завесы из темных облаков был другой повод уделить особое внимание отметке $21. Одна из аксиом технического анализа гласит, что пробитый уровень поддержки в дальнейшем нередко становится сопротивлением. Поддержка в районе $21 была пробита 9 марта, и теперь именно здесь оказался уровень сопротивления. Рынок протестировал его в первые дни апреля, образовав завесу из темных облаков (в главе 11 мы еще вернемся к теме взаимозаменяемости поддержки и сопротивления).

3. Формирование этой модели тоже сопровождалось неудачной попыткой преодолеть уровень сопротивления, заданный ценовыми максимумами в конце апреля.

Во всех указанных примерах медвежья завеса из темных облаков возникала на графике в районе уровней сопротивления. Очень полезно

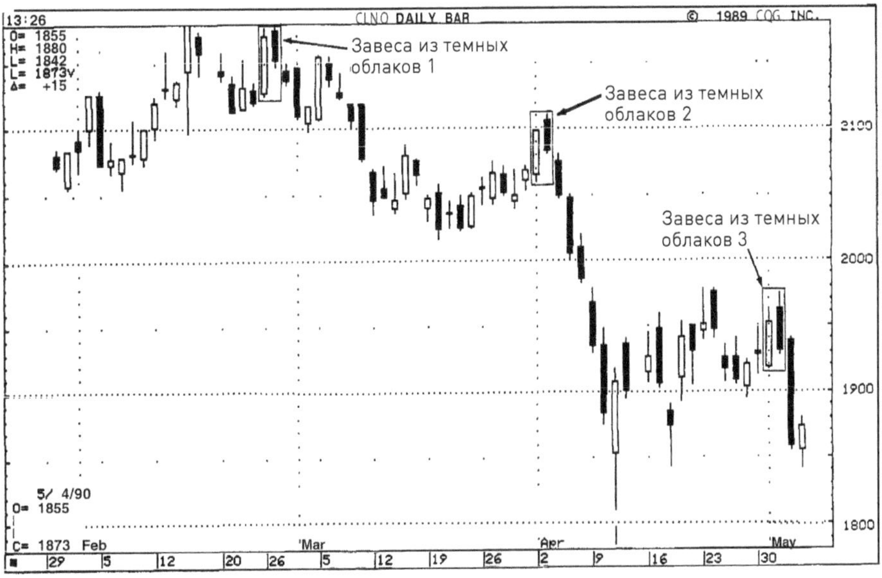

Рис. 4.26. Нефть, дневной график, 1990 г.

бывает пользоваться подходом, при котором различные технические индикаторы подтверждают друг друга. Именно такой тактике будет посвящена вторая часть этой книги: в ней подробно рассматривается совместное использование японских свечей и других инструментов технического анализа.

На рисунке 4.27 завеса из темных облаков 1 в начале марта прервала двухнедельное ралли, и затем неделю продолжалась коррекция. Позже в апреле образовались еще две завесы из темных облаков: первая из них предупреждала, что резкий рост предыдущих двух дней, вероятно, подошел к концу, а вторая послужила предвестником ярко выраженного медвежьего тренда. Неслучайно именно она оказалась наиболее сильным негативным сигналом, учитывая психологию рынка в момент ее появления.

Как отмечалось выше, медвежий характер завесы из темных облаков объясняется открытием торгов во второй день на новой максимальной отметке, а закрытием — гораздо ниже максимумов предыдущего дня. Что произойдет, если во второй день цена открытия побьет рекорды не просто последних дней или недель, а нескольких месяцев, но не сможет удержаться на достигнутом уровне? Это будет крайне негативным сигналом, что и произошло в данном случае. Цена открытия черной свечи завесы из темных облаков 3 превысила максимальные отметки по меньшей мере трех последних месяцев, затем рынок пошел вниз, и к концу дня большая часть белого тела оказалась перекрытой черным.

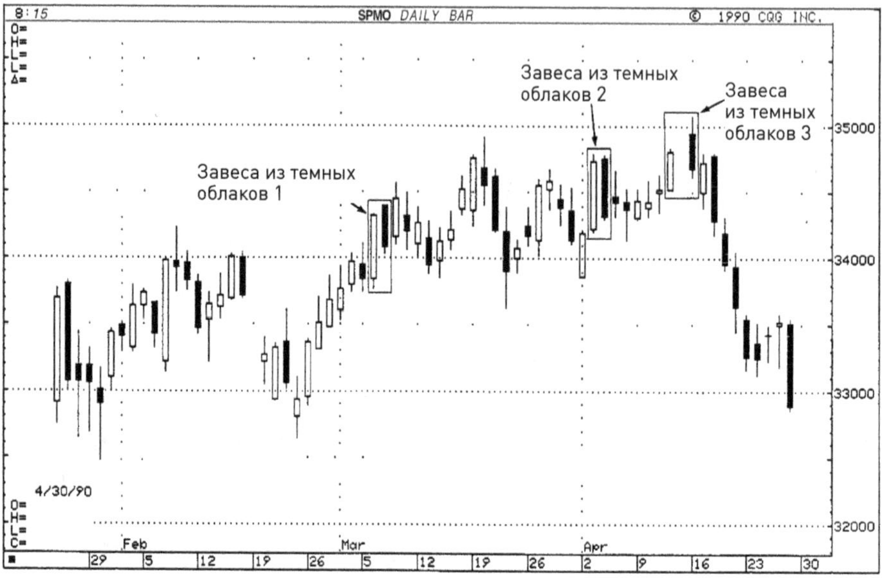

Рис. 4.27. Индекс S&P, дневной график, 1990 г.

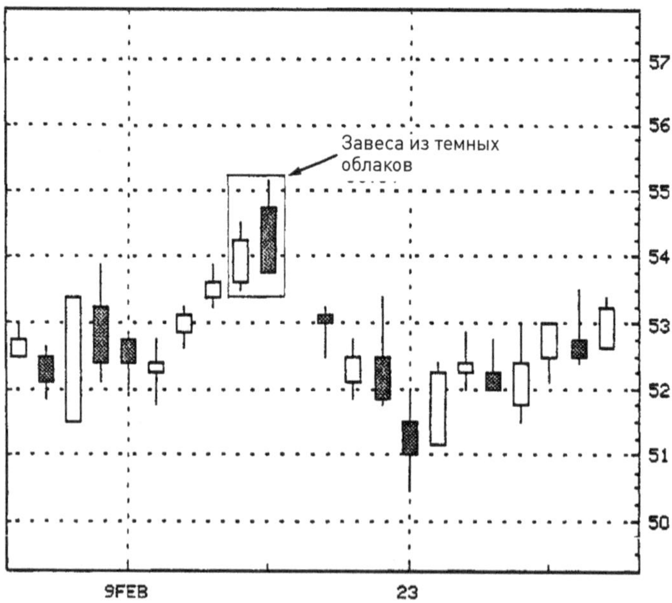

Рис. 4.28. Акции Bristol Myers, дневной график, 1990 г.

На рисунке 4.28 повышение цены, начавшееся 10 февраля, резко остановилось с появлением в середине месяца завесы из темных облаков.

Просвет в облаках (Piercing Pattern)

Когда я выступаю перед аудиторией и рассказываю о медвежьей модели «завеса из темных облаков», меня обычно спрашивают, есть ли в свечном анализе аналогичная модель, но с бычьим характером. Да, есть, и она называется *просвет в облаках*. Если завеса из темных облаков сигнализирует о развороте на вершине, то ее противоположность — о развороте в основании (см. рис. 4.29). Просвет в облаках появляется на падающем рынке и состоит из двух свечей, у первой из которых тело черное, а у второй — длинное белое. Во второй день открытие торгов происходит на отметках значительно ниже минимумов предыдущей сессии, но затем цена повышается, образуя тело, перекрывающее не меньше половины тела предыдущей свечи.

Модель «просвет в облаках» внешне напоминает бычью модель поглощения, только в первом случае белое тело лишь частично перекрывает предшествующее черное, а во втором — целиком. Чем большая часть черного тела оказывается перекрытой, тем выше вероятность разворота в основании. Но если на графике затем появляется длинная черная свеча, у которой цена закрытия ниже минимумов, достигнутых при возникновении просвета в облаках или бычьей модели поглощения, то это будет означать, что сигнал разворота не сработал и нисходящий тренд, скорее всего, продолжится.

Психология рынка в момент образования просвета в облаках следующая: сначала на бирже господствует нисходящая тенденция, и появление медвежьей свечи с черным телом подтверждает ее силу, как и гэп вниз на открытии следующих торгов. Но потом цена начинает расти, и к концу дня не просто возвращается к предыдущей отметке закрытия, а поднимается значительно выше. Увидев, что рынок не смог удержаться на новых минимумах, медведи начинают задумываться о ликвидации открытых позиций, а трейдеры, ждавшие подходящего момента для покупок, — о начале активных действий.

У просвета в облаках выраженность медвежьего сигнала зависит от тех же самых факторов, что и у завесы из темных облаков (см. предыдущий раздел). Только в формулировках нужно сделать поправки с учетом внешнего отличия данных моделей. Обратите внимание, что у завесы из темных облаков, как отмечалось выше, черное тело необязательно должно перекрывать предыдущее белое тело более чем наполовину, хотя некоторые японские трейдеры и настаивают на этом. В отношении просвета в облаках правило гораздо жестче: белая свеча должна подниматься как минимум до половины тела черной свечи. Дело в том,

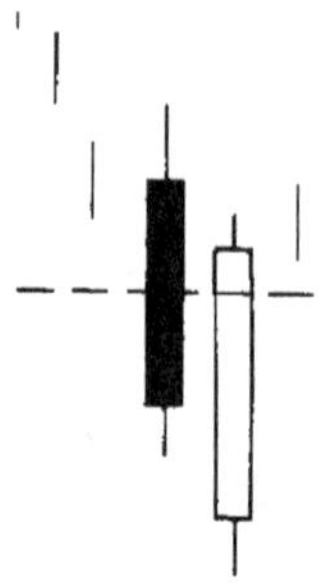

Рис. 4.29. Просвет в облаках

что похожие на просвет в облаках комбинации, у которых тело белой свечи перекрывает тело черной меньше чем наполовину, считаются самостоятельными свечными моделями. Они называются *ниже шеи* (on-neck), *на шее* (in-neck) и *толчок* (thrusting pattern) и в отличие от просвета в облаках являются медвежьими сигналами (см. рис. 4.30–4.32).

Как видите, просвет в облаках, модели «ниже шеи», «на шее» и «толчок» отличаются друг о друга только степенью пересечения белого и черного тел. В модели «ниже шеи» в день формирования белой свечи торги завершаются вблизи минимальной цены предыдущего дня, а в модели «на шее» — чуть выше цены закрытия. В обоих этих случаях белые свечи обычно имеют маленькое тело. В модели «толчок» у белой свечи тело длиннее и оно перекрывает часть черного, однако не достигает его середины.

Если после образования любой из трех медвежьих моделей котировки опускаются ниже минимума белой свечи, это означает, что настало время продавать. Но имейте в виду, что модель «толчок» на рисунке 4.32 является медвежьей только на падающем рынке, а на растущем она будет бычьей. Кроме того, эта модель будет носить бычий характер, если в течение нескольких дней она возникает на графике дважды.

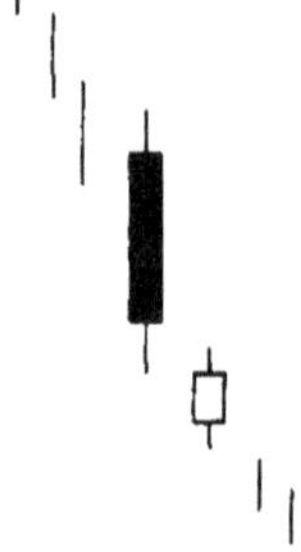

Рис. 4.30. Модель «ниже шеи»

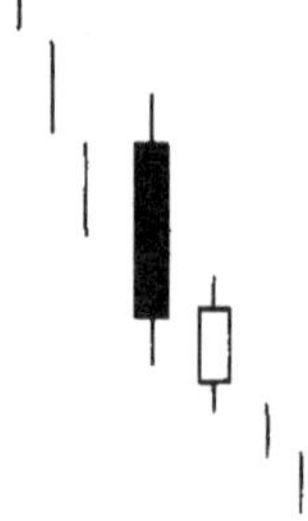

Рис. 4.31. Модель «на шее»

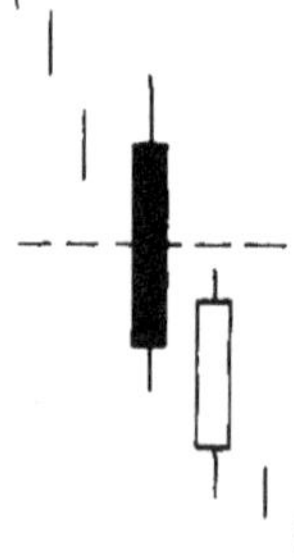

Рис. 4.32. Модель «толчок»

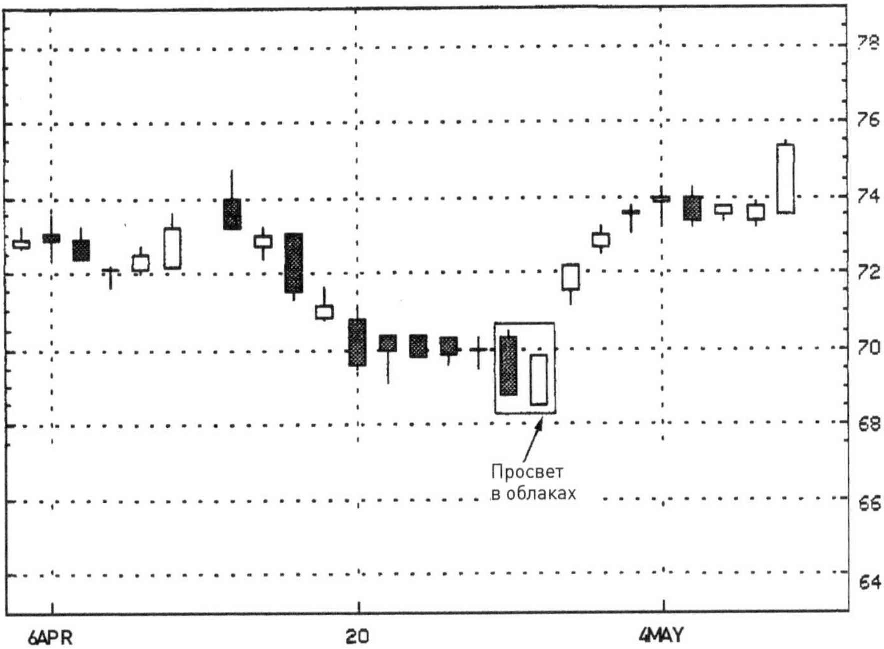

Рис. 4.33. Акции Boeing, дневной график, 1990 г.

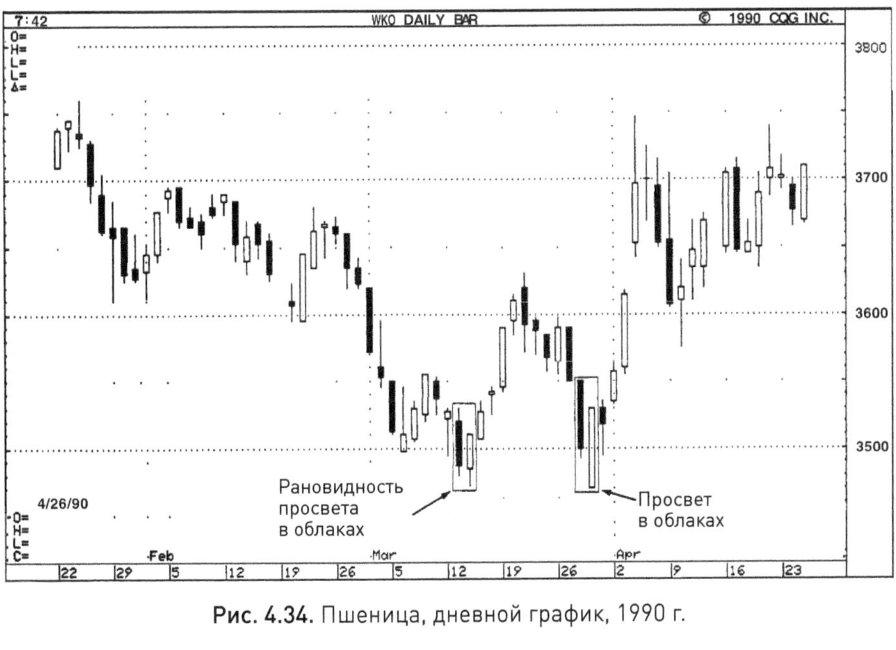

Рис. 4.34. Пшеница, дневной график, 1990 г.

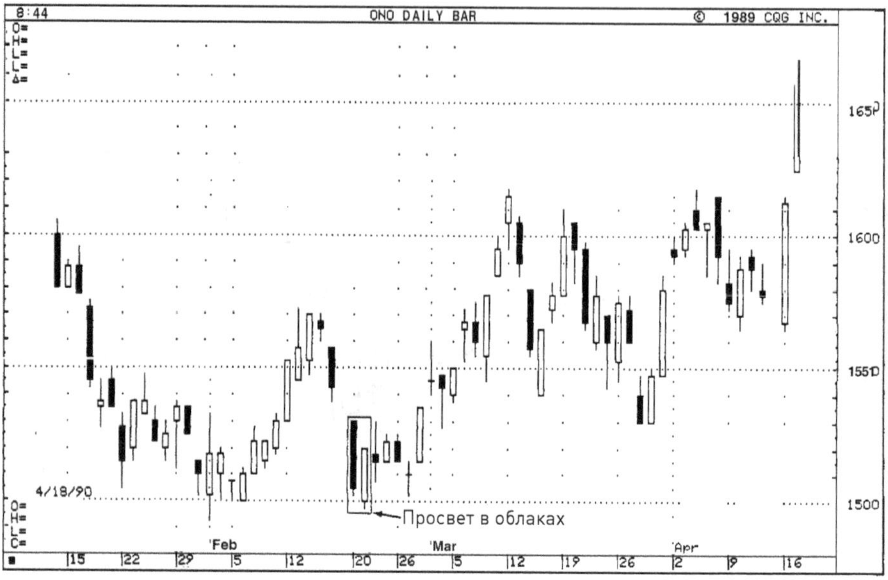

Рис. 4.35. Овес, дневной график, 1990 г.

Рис. 4.36. Иена, месячный график

Необязательно запоминать названия всех трех моделей, представленных на рисунках 4.30–4.32. Достаточно запомнить, что для появления сигнала разворота в основании белая свеча должна перекрыть предыдущую черную больше чем наполовину.

Длинная черная свеча на рисунке 4.33 означает, что 27 апреля медведям удалось продавить рынок до новых минимумов. На открытии следующих торгов цена опустилась еще ниже, но ненадолго. К закрытию торговой сессии на графике сформировалась белая свеча, поднявшаяся выше середины предыдущей черной. Таким образом, эти две свечи от 27 и 28 апреля образовали бычий просвет в облаках.

На рисунке 4.34 показан классический просвет в облаках, появившийся на графике в конце марта. После свечи с длинным черным телом возникла очень сильная белая свеча со срезанными основанием и вершиной. Цена в этот день на открытии обновила минимум, а к концу торгов поднялась до максимальных отметок, и в итоге белая свеча перекрыла черную больше чем наполовину. Игроки на понижение потеряли контроль над рынком, и падение цен, начавшееся с медвежьей модели поглощения от 19 и 20 марта, остановилось.

На этом же графике вы можете видеть еще одну разновидность просвета в облаках, образовавшуюся 13 и 14 марта. Здесь комбинация свечей несколько отличается от идеального варианта: у белой свечи цена открытия лежит ниже тела черной свечи, но все-таки выше минимальных отметок предыдущей сессии. Тем не менее вторая свеча перекрыла больше половины первой, так что данную комбинацию все равно следовало рассматривать как признак того, что нисходящий тренд ослабевает.

Рисунок 4.35 демонстрирует, как знание свечных моделей может помочь аналитику быстро оценить ситуацию на рынке. В конце февраля 1990 г. один брокер спросил меня, что я думаю о перспективах цен на овес. Я почти не слежу за этими ценами, но, взглянув на свечной график, представленный на данном рисунке, я предположил, что нисходящая тенденция, скорее всего, завершилась. Почему? Я заметил, что 20 и 21 февраля на графике сложилась почти классическая модель «просвет в облаках». Также я заметил, что формирование этой модели совпало с тестированием поддержки на уровне более ранних февральских минимумов — это повышало шансы на формирование двойного основания.

На рисунке 4.36 можно заметить, что нисходящая тенденция, начавшаяся с медвежьей модели поглощения в конце 1984 г., завершилась в середине 1987 г. формированием просвета в облаках. Этот сигнал разворота в основании не привел к восстановлению рынка, но очевидно, что давление продавцов ослабло. Еще почти год торги шли в боковом диапазоне, и лишь затем началось ралли.

ГЛАВА 5

ЗВЕЗДЫ (STARS)

用人に飽きはない

Осторожность никогда не помешает.

Одними из самых удивительных в свечном анализе являются модели разворота, в которые входит *звезда*. Так называется свеча с маленькими телом, возникающая после свечи с большим телом с образованием гэпа между телами (см. рис. 5.1). При этом не имеет значения, перекрывают ли друг друга тени свечей и какой у звезды цвет. Звезда появляется на вершине или в основании, в последнем случае ее иногда называют «капля дождя». Имеется особое название и у звезды, у которой почти отсутствует тело, — *звезда дожи* (см. рис. 5.2).

Появление звезды, особенно звезды дожи, предупреждает о возможном завершении предыдущего тренда. Так, если на бычьем рынке звезда возникает после длинной белой свечи, значит силы быков и медведей достигли некоего равновесия за счет ослабления позиций первых или усиления позиций вторых. Если же звезда образуется на медвежьем рынке, значит энергия, толкавшая цены вниз, ослабела, и падение вряд ли продолжится.

Звезды входят в состав четырех моделей разворота:

1) вечерняя звезда;
2) утренняя звезда;
3) звезда дожи;
4) падающая звезда.

Во всех этих моделях тело звезды может быть как белым, так и черным.

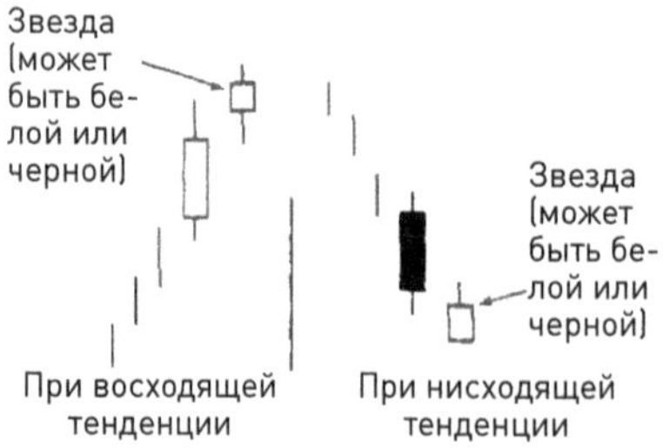

Рис. 5.1. Звезда при восходящей и нисходящей тенденциях

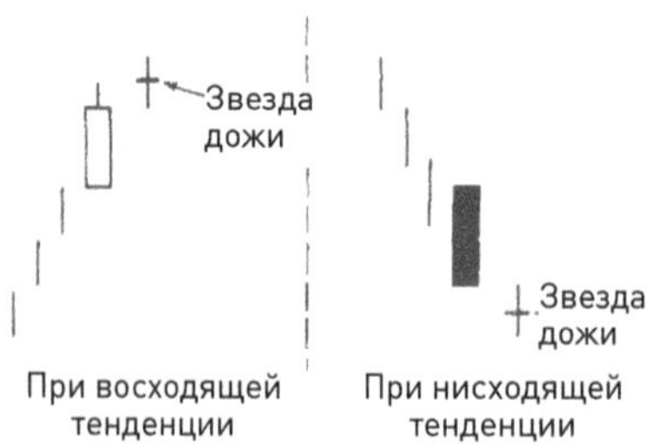

Рис. 5.2. Звезда дожи при восходящей и нисходящей тенденциях

Утренняя звезда (Morning Star)

Как самая яркая звезда на утреннем небосклоне — планета Меркурий — предвещает восход солнца, так и модель *утренняя звезда* сигнализирует о грядущем повышении цен (см. рис. 5.3). Она является сигналом разворота в основании и состоит из свечи с длинным черным телом, за которой с гэпом вниз идет свеча с маленьким телом (эта комбинация представляет собой основную часть модели), а за ней — свеча с белым телом, перекрывающим значительную часть черного тела первого дня.

Чтобы понять, почему формирование утренней звезды может говорить о завершении медвежьего тренда, нужно посмотреть на каждый из компонентов этой модели в отдельности. Когда возникает первая свеча, парадом явно командуют медведи, однако маленькое тело следующей свечи наводит на мысль о том, что давление продавцов ослабевает, и, наконец, появление сильного белого тела на третий день подтверждает это предположение. В идеале на графике должны образоваться гэпы до и после среднего тела, но в реальности второй гэп возникает редко, что, впрочем, не влияет на силу бычьего сигнала.

На рисунке 5.4 вы найдете утреннюю звезду, сформировавшуюся с 19 по 21 декабря. Начавшийся после нее подъем прекратился с появлением завесы из темных облаков 26 и 27 декабря. На рисунке 5.5 при образовании утренней звезды цены достигали многомесячного минимума. Обратите внимание, что черная свеча, идущая сразу за последней белой свечой утренней звезды, привела к образованию новой модели с медвежьим характером — завесы из темных облаков. Рост приостановился, тем не менее ниже минимумов утренней звезды рынок уже не опускался. На рисунке 5.6 показана одна из разновидностей утренней звезды: в нее входит не одна, а сразу три свечи с коротким телом. Примечательно, что третья свеча является молотом, а также образует с предыдущей свечой бычью модель поглощения.

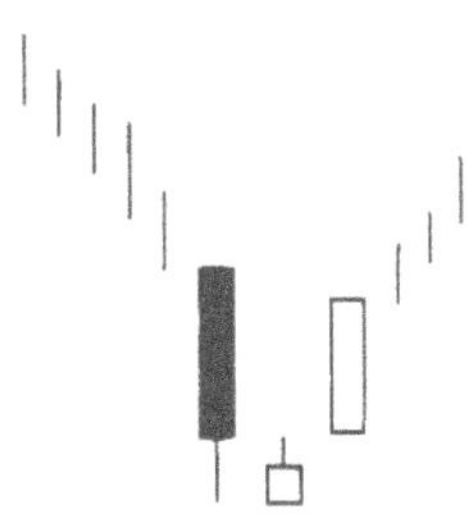

Рис. 5.3. Утренняя звезда

Рис. 5.4. Хлопок, дневной график, 1990 г.

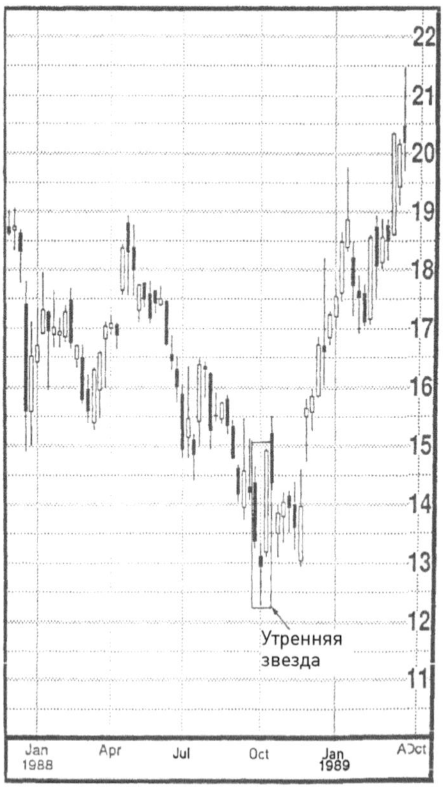

Рис. 5.5. Нефть, недельный график

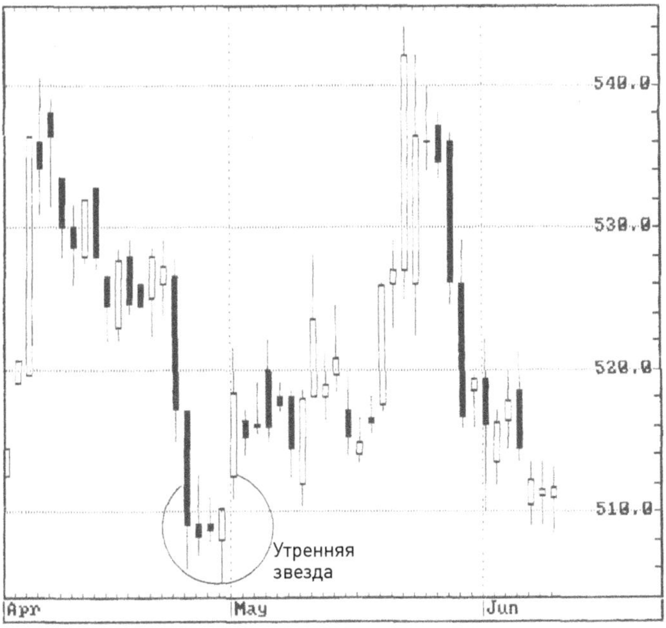

Рис. 5.6. Серебро, дневной график, 1990 г.

Вечерняя звезда (Evening Star)

Вечерняя звезда является медвежьим двойником утренней, ее название напоминает нам о планете Венера — первой яркой звезде на вечернем небосклоне, предвещающей наступление темноты. Поскольку вечерняя звезда служит сигналом разворота на вершине, она формируется, как правило, после восходящего тренда. Первая свеча этой модели имеет длинное белое тело, вторая — короткое тело любого цвета, а третья — черное тело, перекрывающее значительную часть белого (см. рис. 5.7). Обычно я сравниваю вечернюю звезду с переключающимся светофором: сначала светит зеленый сигнал (это бычье белое тело первой свечи), затем загорается желтый (предупреждающий знак средней свечи), и, наконец, его сменяет красный (третье черное тело подтверждает окончание бычьего тренда).

В идеальной вечерней звезде, как в идеальной утренней, должны возникать гэпы между телами первой и второй, а также второй и третьей свечей. Однако мой опыт показывает, что второй гэп в этих моделях наблюдается редко и не является обязательным — гораздо важнее то, насколько сильно черное тело третьей свечи перекрывает белое тело первой.

При первом взгляде на рисунок 5.7 можно подумать, что вечерняя звезда ничем не отличается от островной вершины — модели разворота в западном техническом анализе (см. рис. 5.8). Но при внимательном рассмотрении вы поймете, почему вечерняя звезда чаще

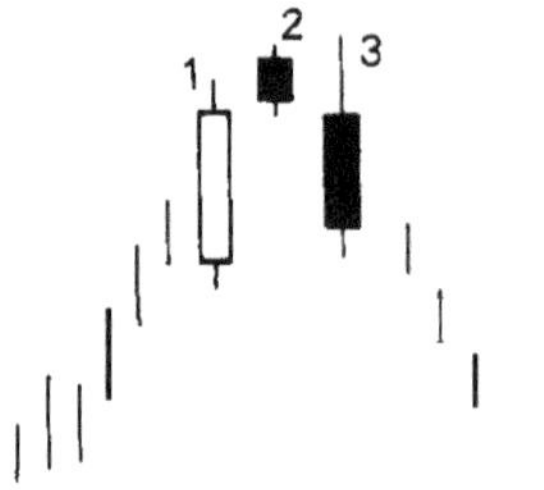

Рис. 5.7. Вечерняя звезда

Рис. 5.8. Островная вершина

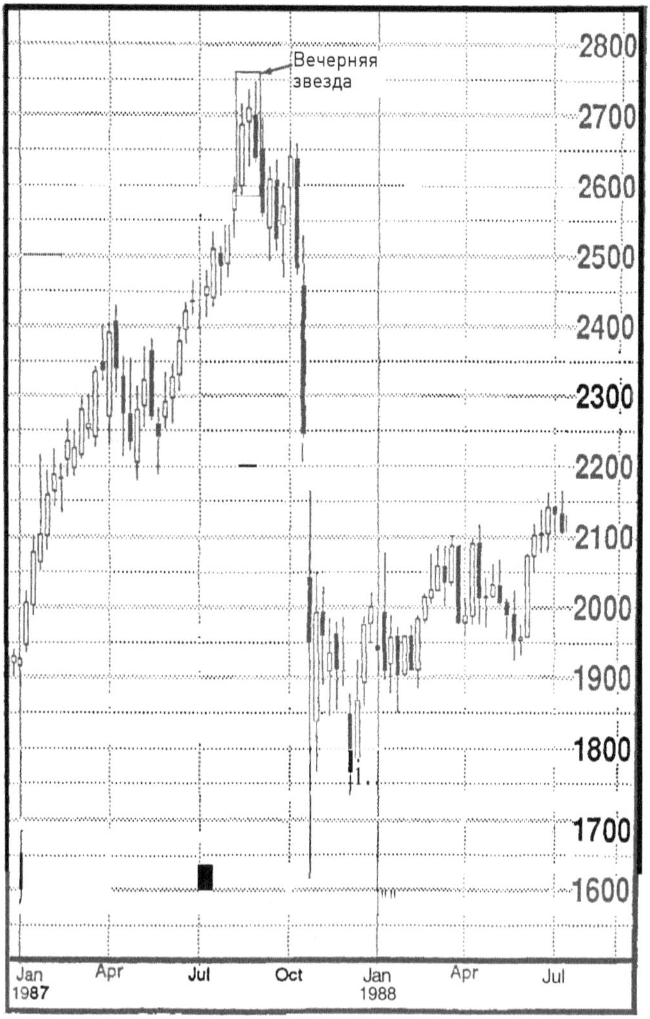

Рис. 5.9. Индекс Dow Jones, недельный график

предупреждает о прекращении тренда. У этой модели нижняя граница тела 2 должна находиться выше верхней границы тела 1 (то есть значение имеют цены открытия и закрытия рынка, а не минимумы и максимумы), в то время как у островной вершины минимальная цена второго дня должна превышать максимальные цены первого и третьего дней.

Вечерняя звезда на рисунке 5.9 возникла летом 1987 г., когда американский фондовый рынок достиг максимальных отметок, а затем обвалился. Интересно, заметили ли эту модель японские технические аналитики, которые, в отличие от западных, уже тогда прекрасно владели свечным анализом.

На рисунке 5.10 можно видеть, что за последний час торгов 5 сентября и первые два часа торгов следующей сессии сформировалась вечерняя звезда, которая при этом не является островной вершиной. Следовательно, сигнал разворота в данном случае можно было заметить только благодаря свечному анализу. Обратите также внимание на то, что подъем, завершившийся этой вечерней звездой, начался 4 сентября с появления утренней звезды.

Иногда вечерняя звезда образуется не в конце восходящего тренда, а в верхней части диапазона консолидации. В этом случае она тоже играет важную роль, если подтверждается каким-либо другим медвежьим сигналом. Например, на рисунке 5.11 вторая свеча вечерней звезды, возникшей в середине апреля, коснулась уровня сопротивления в районе $413, но не смогла его пересечь, что свидетельствовало о слабости быков. Кстати, ранее эта же самая отметка $413 служила уровнем

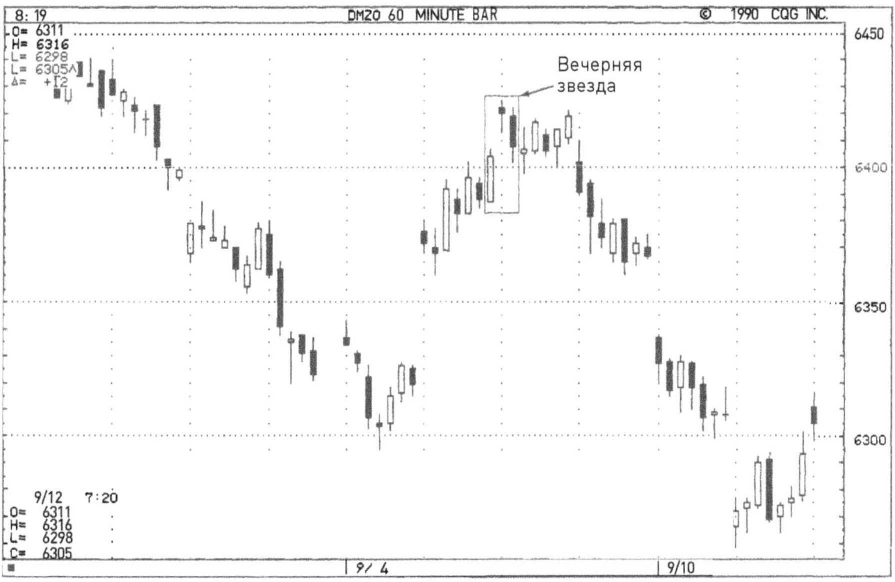

Рис. 5.10. Немецкая марка, часовой график, сентябрь 1990 г.

Рис. 5.11. Золото, дневной график, 1989 г.

Рис. 5.12. Пшеница, дневной график, 1990 г.

поддержки, а одно из важнейших правил технического анализа гласит, что старый уровень поддержки часто становится уровнем сопротивления, и наоборот (более подробно о поддержках и сопротивлениях мы еще поговорим в главе 11).

На рисунке 5.12 вы можете видеть две вечерних звезды. Та, что сложилась в середине декабря, имеет классический вид: открывает ее свеча с длинным белым телом, а закрывает — свеча с вытянутым черным телом. В отличие от нее вечерняя звезда в середине ноября выглядит необычно, поскольку ее первая и третьи свечи не имеют длинных тел, к тому же первое тело не является белым. И все-таки есть основания считать ее моделью разворота на вершине — не только потому, что внешне она немного напоминает вечернюю звезду, но и потому, что в нее входит медвежья свеча «повешенный» от 21 ноября. Открытие торгов на следующий день ниже тела повешенного подтвердило, что подъем цен подошел к концу.

Вот несколько факторов, повышающих вероятность того, что вечерняя или утренняя звезда достоверно предупреждает о развороте рынка:

1) если между телами первой и второй свечей, а также между телами второй и третьей свечей образуются гэпы;
2) если тело третьей свечи перекрывает значительную часть тела первой;
3) если при формировании первой свечи наблюдается небольшой объем торгов, а при формировании третьей — значительный, что говорит об ослаблении старого тренда.

НЕМНОГО ИСТОРИИ

Полные названия вечерней и утренней звезд в переводе с японского языка звучат как «вечерняя звезда трех рек» и «утренняя звезда трех рек». Сначала я связывал эти упоминания о трех реках исключительно с тем, что в состав обеих моделей входит по три свечи, однако истинное объяснение оказалось куда менее тривиальным.

Однажды Нобунага Ода, один из трех военачальников XVI в. — объединителей японских земель (см. главу 2), вел важную битву за богатую рисовую провинцию. Поскольку рис в то время считался главным мерилом благосостояния, за эти земли он готов был сражаться так же отчаянно, как их хозяева — защищать свои владения. В той провинции протекали три реки, и войскам предстояло их перейти. Сделать это было крайне трудно, но лишь тогда, когда попытка удалась, Нобунага смог отпраздновать тяжелую победу. Таким образом, «три реки» в названиях моделей разворота напоминают нам о сложных препятствиях, которые должен преодолеть рынок, чтобы изменилось направление тренда.

Звезды дожи (Doji Stars)

Если на растущем рынке свеча типа «дожи» образуется с гэпом вверх по отношению к телу предыдущей свечи или на падающем рынке — с гэпом вниз, то ее называют *звездой дожи*. Ее появление свидетельствует о том, что предыдущая тенденция может измениться, однако для подтверждения этого сигнала разворота нужно дождаться еще одной свечи. На растущем рынке у этой третьей свечи должно быть длинное черное тело, перекрывающее значительную часть белого тела первой свечи. Такая модель называется *вечерняя звезда дожи* (evening doji star, см. рис. 5.13) и является разновидностью модели «вечерняя звезда». Различие между ними в том, что у первой модели в центре находится свеча типа «дожи», а у второй — обычная свеча с маленьким телом. Вечерняя звезда дожи является более сильным сигналом.

Появление звезды дожи на растущем рынке часто предвещает разворот на вершине, но имейте в виду, что если сразу после этой свечи с гэпом формируется свеча с белым телом (то есть не возникает модели «вечерняя звезда дожи»), то медвежий сигнал не подтверждается.

В свою очередь, на падающем рынке звезда дожи образуется после свечи с черным телом и должна быть подтверждена следующей

Рис. 5.13. Вечерняя звезда дожи

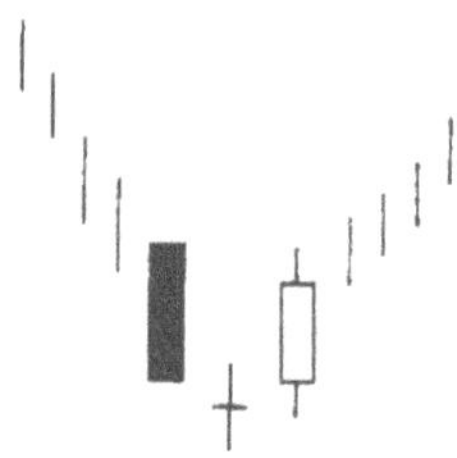

Рис. 5.14. Утренняя звезда дожи

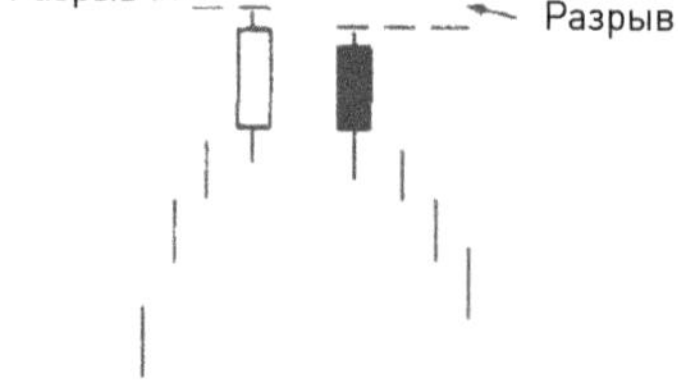

Рис. 5.15. Брошенный младенец при восходящей тенденции

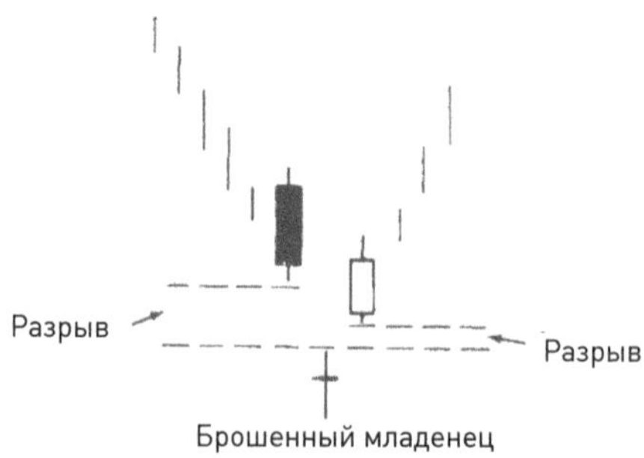

Рис. 5.16. Брошенный младенец при низходящей тенденции

за ней свечой с длинным белым телом, перекрывающей значительную черного. Такая модель предвещает разворот в основании и называется *утренняя звезда дожи* (morning doji star, см. рис. 5.14). Если вместо белой свечи появляется с гэпом свеча с черным телом, значит бычий сигнал не оправдался. В случае со звездами дожи всегда важно дожидаться одной или двух следующих свечей для подтверждения сигнала.

Иногда на растущем рынке звезда дожи формируется с гэпами между тенями до нее и после нее, образуя модель *брошенный младенец на вершине* (abandoned baby top, см. рис. 5.15). Это очень сильный сигнал разворота, но встречается он крайне редко. На падающем рынке может возникнуть модель, которая выглядит как зеркальное отражение брошенного младенца на вершине. Она называется *брошенный младенец в основании* (abandoned baby bottom, см. рис. 5.16), тоже является очень сильным сигналом разворота и тоже редко встречается на реальных графиках. Модели «брошенный младенец» подобны островным вершинам и основаниям, у которых центральная свеча представляет собой звезду дожи.

На рисунке 5.17 появление звезды дожи в начале июня остановило наблюдавшееся до этого снижение (напомним, что свеча считается звездой, даже когда ее тень перекрывает часть тела предыдущей свечи, как в данном примере). Следующая белая свеча подтвердила смену тренда и завершила формирование модели «утренняя звезда дожи».

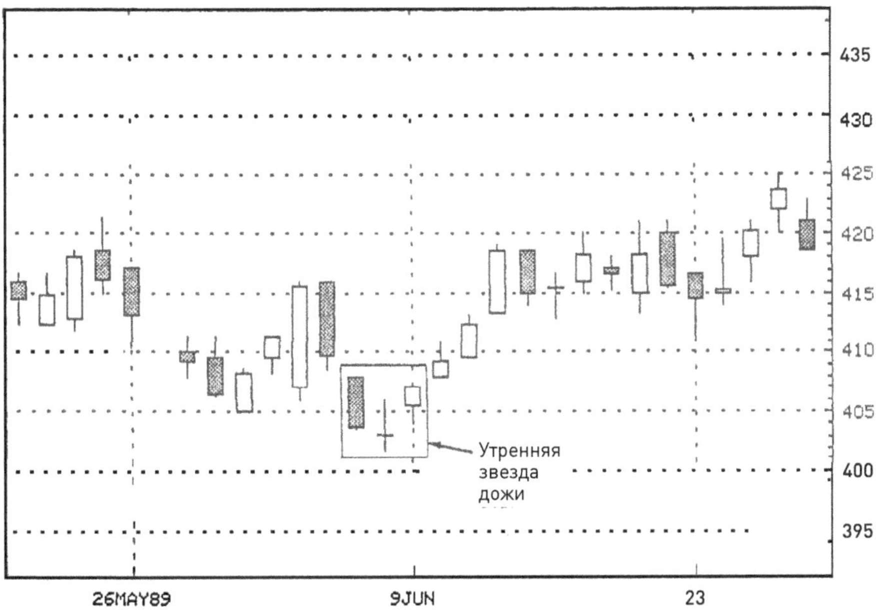

Рис. 5.17. Пшеница, дневной график, 1989 г.

Звезда дожи на рисунке 5.18 возникла в тот момент, когда цены пытались закрепиться ниже 85 центов — уровня поддержки, сложившегося в начале июля. Тот факт, что медведи не смогли удержать этот рубеж, дополнительно подтвердил бычий сигнал модели «утренняя звезда дожи», поэтому у трейдеров было сразу две причины ожидать разворота в основании.

На рисунке 5.19 вы найдете как вечернюю звезду дожи, так и обычную вечернюю звезду. Первая из этих моделей образовалась в период с марта по май 1986 г. и поставила финальную точку в ралли, наблюдавшемся в предыдущие месяцы. После этого началось падение, которое, в свою очередь, завершилось бычьей моделью поглощения. В дальнейшем цены вновь демонстрировали рост до возникновения вечерней звезды в середине 1987 г.

На рисунке 5.20 с формированием вечерней звезды дожи 17, 18 и 19 марта завершилось ралли, стартовавшее с молота неделей ранее. Этот пример наглядно показывает, что на реальных графиках внешний вид тех или иных свечных моделей может несколько отличаться от идеального из-за специфики конкретного рынка или финансового инструмента. В данном случае, как можно заметить, вторая свеча вечерней звезды дожи, строго говоря, не является звездой: ее тело расположено на уровне цены закрытия предыдущей свечи, а должно находиться выше. Но обратите внимание на то, что на этом конкретном графике цены открытия очень часто совпадают (или почти совпадают) с предыдущими ценами закрытия — такова особенность данного рынка.

Рис. 5.18. Кофе, дневной график, 1990 г.

Рис. 5.19. Фьючерс на долгосрочные британские гособлигации (Liffe Long Gilt), месячный график

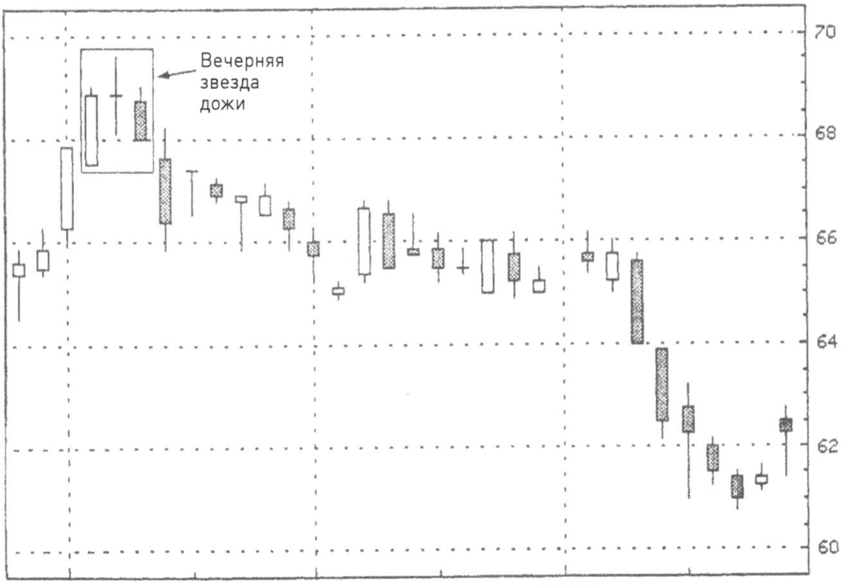

Рис. 5.20. Индекс Dow Chemical, дневной график, март–апрель 1990 г.

Поэтому здесь имело смысл смягчить требования к моделям, которые зависят от соотношения между этими ценами, в том числе к вечерней звезде дожи. Точно так же, наблюдая за тем или иным рынком или инструментом, вы сами сможете определить, какие модели и как именно могут отличаться от идеала в вашем случае.

Вечерняя звезда дожи, возникшая за несколько недель до обвала американского фондового рынка в 1987 г., тоже не вполне совпадала с идеальным вариантом этой модели: между ее первой и второй свечами отсутствовал гэп (см. рис. 5.21). Однако, как и в предыдущем примере, здесь следовало проявить гибкость, поскольку исторические данные

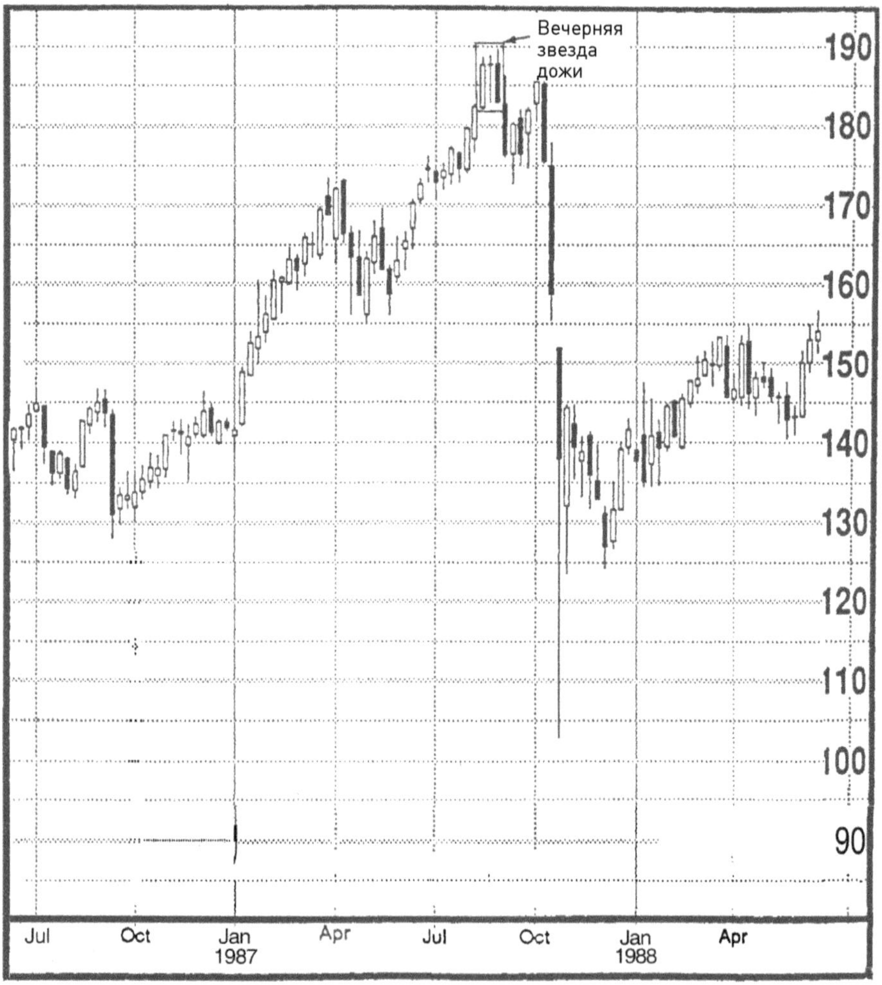

Рис. 5.21. Индекс NYSE, недельный график

свидетельствовали о том, что цены открытия рынка слишком часто совпадают или почти совпадают с предыдущими ценами закрытия.

На рисунке 5.22 показана необычная и довольно зловещая картина, в которой друг за другом сформировались сразу две вечерние звезды дожи: первую из них образовали свечи 1,2 и 3, а вторую — свечи 4,5 и 6.

Рис. 5.22. Серебро, дневной график, 1990 г.

Падающая звезда (Shooting Star)

Модель *падающая звезда* состоит из двух свечей и предупреждает о вероятном достижении вершины, но при этом она является более слабым сигналом разворота, чем вечерняя звезда. Если вы посмотрите на рисунок 5.23, то увидите, что внешний вид второй свечи этой модели действительно напоминает падение звезды, оставляющей след: тело у нее маленькое, находится в нижней части ценового диапазона, а верхняя тень длинная. Цвет тела значения не имеет. Формирование этой модели говорит о том, что рынок попытался, но не смог продемонстрировать устойчивый подъем: открытие произошло вблизи минимальных отметок сессии, затем цены быстро росли, но в итоге вернулись в район открытия.

В идеале между телами первой и второй свечей, составляющих падающую звезду, должен образоваться гэп, однако на практике его наличие не является обязательным, как будет показано в примерах, приводимых ниже.

Рис. 5.23. Падающая звезда

На рисунке 5.24 представлен график, на котором появление падающей звезды в начале апреля послужило сигналом прекращения восходящей тенденции.

На рисунке 5.25 можно найти несколько разновидностей падающей звезды, которые отличаются от ее классического внешнего вида. Рассмотрим каждый из них в отдельности.

1. В данном случае между телами двух свечей не возникло гэпа, но это не помешало получившейся модели своевременно предупредить о том, что быки теряют силы.
2. Здесь вторая свеча комбинации, как и полагается, имеет маленькое тело и длинную верхнюю тень. Но она не отвечает другому важному критерию — падающая звезда всегда возникает после восходящего тренда либо у верхней границы зоны консолидации. Таким образом, эту свечу следовало проигнорировать: ее появление в середине бокового диапазона всего лишь отражает нерешительность как быков, так и медведей.
3. О падающей звезде здесь напоминает только форма второй свечи, а гэп отсутствует. Но длинная верхняя тень этой свечи свидетельствует о том, что быки истощили силы, когда пытались штурмовать $6,18 — максимальную отметку начала августа, и в итоге к закрытию сессии цена понизилась почти до дневного минимума.
4. Эта падающая звезда похожа на третью: идеальной она не является, поскольку между телами ее свечей не возникло гэпа. Быки еще раз попытались подступиться к отметке $6,18 и снова потерпели фиаско, что подтвердило их слабость. Таким образом, четвертая звезда, как и третья, послужили медвежьими сигналами, несмотря на то что обе они выглядели неидеально. Как я уже отмечал в начале книги, на реальных графиках отдельные свечи и свечные модели могут отличаться от своих схематических изображений, так что всегда стоит рассматривать их с учетом сигналов других технических инструментов.
5. Можно восхищаться упорством быков, которые предприняли очередную попытку преодолеть уровень сопротивления в районе $6,18 и вновь отступили. Каждая новая неудача вблизи этой отметки заставляет задуматься: когда же игроки на повышение, наконец, сдадутся? Ответ становится очевидным с появлением следующей падающей звезды.

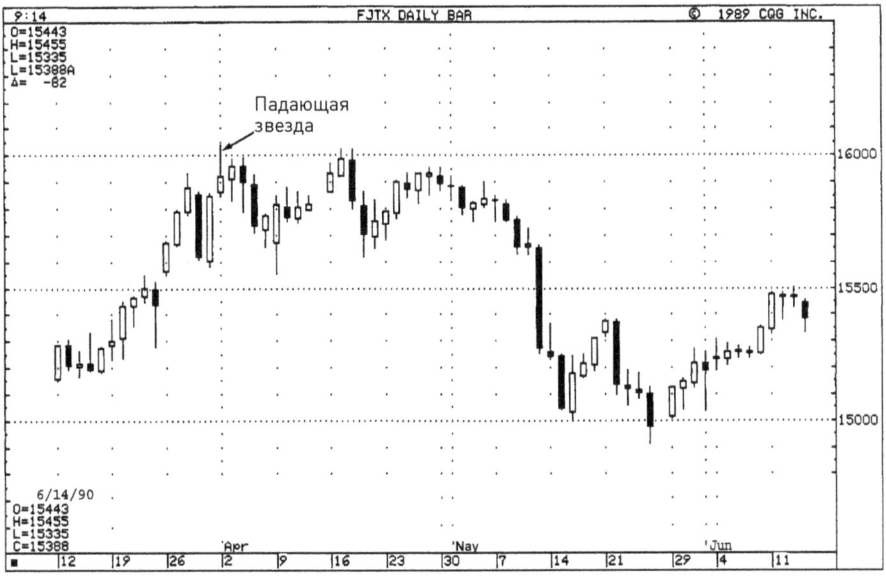

Рис. 5.24. Иена, дневной график, 1990 г.

6. Шестая модель представляет собой последнюю неудачную попытку роста, после которой цены демонстрируют падение, пока на графике не формируется молот.

На рисунке 5.26 вы найдете еще один пример падающей звезды, которая оказалась важным сигналом разворота несмотря на отсутствие гэпа между свечами. Здесь тоже важны условия ее появления на графике — она возникла в районе максимальных отметок третьего квартала 1989 г. и завершила ралли, наблюдавшееся после образования молота.

На рисунке 5.27 отмечена классическая модель «падающая звезда», сформировавшаяся в первый час торгов 29 мая. Последовавшее за ней

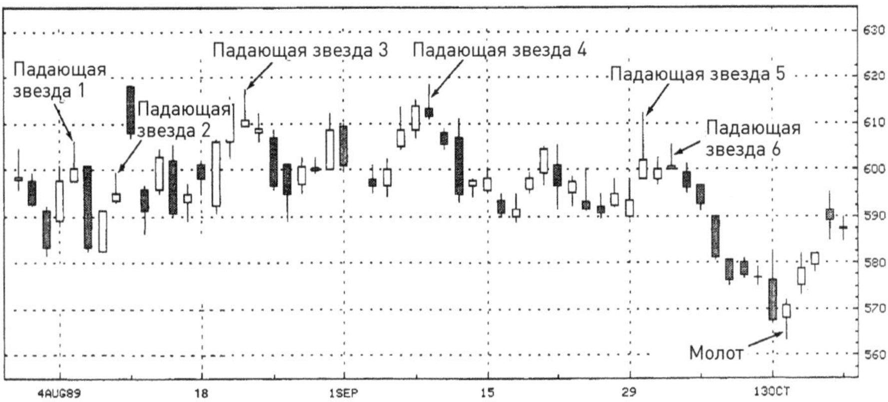

Рис. 5.25. Соя, дневной график, 1990 г.

Рис. 5.26. Индекс рынка облигаций США, недельный график

Рис. 5.27. Кукуруза, часовой график, декабрь 1990 г.

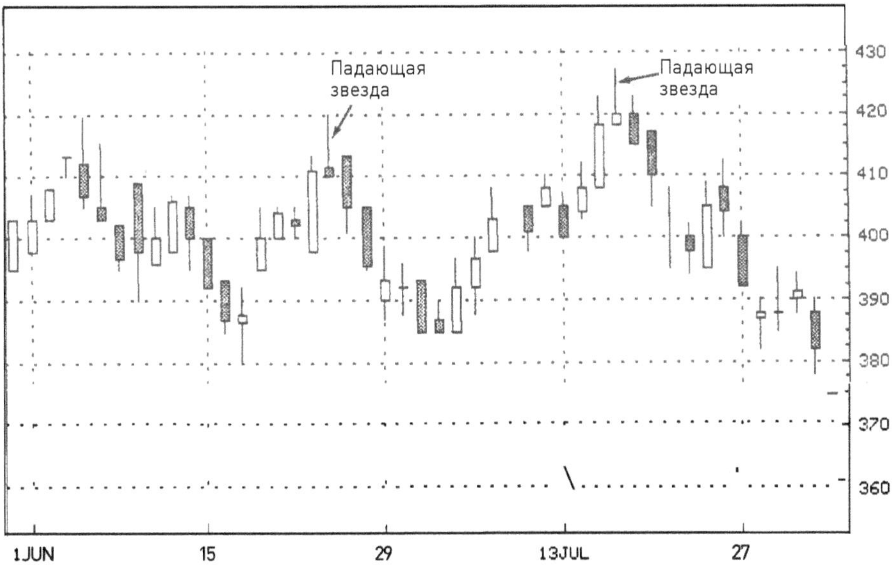

Рис. 5.28. Акции Barret Resources, дневной график, 1990 г.

Рис. 5.29. Индекс S&P, недельный график

понижение цен продолжалось до 4 июня и завершилось с возникновением бычьей модели поглощения.

На графике, приведенном на рисунке 5.28, падающая звезда образовалась дважды и оба раза послужила предвестником заметного снижения цен. На рисунке 5.29 та же модель появилась в момент безуспешной попытки преодолеть максимумы октября–ноября 1989 г., что можно было считать двойным предупреждением. На рисунке 5.30 вы найдете две падающие звезды, каждая из которых сигнализировала о завершении ценового ралли.

Рис. 5.30. Индекс Nikkei, недельный график

Перевернутый молот (Inverted Hammer)

Свеча *перевернутый молот*, строго говоря, не относится к числу звезд. Тем не менее мы рассмотрим ее в данном разделе из-за ее внешнего сходства со второй свечой модели «падающая звезда»: здесь тоже присутствует маленькое тело, расположенное в нижней части ценового диапазона, и есть длинная верхняя тень (см. рис. 5.31). Если падающая звезда является сигналом разворота на вершине, то перевернутый молот предупреждает о развороте в основании. Как и обычный молот, перевернутый возникает после нисходящего тренда.

Взгляните еще раз на график, приведенный на рисунке 5.27. Первая свеча бычьей модели поглощения, образовавшейся 4-5 июня, имеет такой же внешний вид, как падающая звезда (цвет тела значения не имеет). Эта свеча возникла во время снижения рынка и, таким образом, могла рассматриваться как бычий сигнал перевернутого молота.

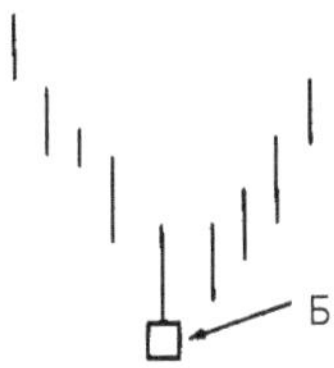

Рис. 5.31. Перевернутый молот

Всегда важно дождаться, чтобы следующая за перевернутым молотом свеча подтвердила его бычий характер. Таким подтверждением послужит, например, образование гэпа вверх между телами свечей (чем сильнее он будет — тем лучше) или появление сильной белой свечи, поднимающейся до локальных максимумов, как в рассмотренном примере.

В случае с перевернутым молотом важность подтверждающего сигнала связана с тем, что поведение цены, при котором происходит формирование этой модели, говорит о силе медведей: торги открываются на минимальных отметках сессии, затем какое-то время цены быстро растут, но в итоге быкам не удается закрепить успех, и закрытие происходит вблизи минимумов. Возникает вопрос, а почему вообще при таком пессимистичном сценарии перевернутый молот бывает бычьим сигналом разворота? Ответ связан с поведением рынка во время следующей сессии. Если она начинается выше тела перевернутого молота, значит те, кто открывал короткие позиции в районе предыдущих минимумов, терпят убытки, и чем дольше цена продержится на более высоких отметках, тем выше вероятность, что они захотят закрыть свои позиции. Это может спровоцировать подъем цен, который, в свою очередь, заставит задуматься о покупках «ловцов дна», что опять-таки приведет к усилению ралли.

На рисунке 5.32 с появлением падающей звезды 1 рынок перешел к боковому движению в широком диапазоне после резкого подъема накануне. Черная свеча после падающей звезды 3 подтвердила достижение вершины, поскольку она завершила формирование медвежьей модели поглощения. Последовавшее за этим снижение продолжалось до образования 27 и 28 марта просвета в облаках, который, в свою очередь, послужил стартовой площадкой для ралли, завершившегося падающей звездой 4. После этого рынок вновь перешел к снижению, и обратите внимание, что 21 апреля оно остановилось после возникновения перевернутого молота, который был подтвержден на следующий день более высокой свечой с белым телом. Если бы это тело оказалось немного длиннее, то можно было бы говорить о формировании бычьей модели «утренняя звезда»: ее образовали бы вместе с перевернутым молотом идущая перед ним свеча с черным телом и стоящая после него свеча с белым телом. Как можно заметить, после этого цены стали расти, пока путь им не преградила падающая звезда 5.

На рисунке 5.33 представлены еще два примера перевернутого молота, и в обоих случаях их бычий характер был подтвержден уверенным ростом рынка на следующий день. Кроме того, перевернутый молот 2 стал частью модели «утренняя звезда», имеющей бычий характер.

Рис. 5.32. Цинк, дневной график, 1990 г.

Рис. 5.33. Кофе, дневной график, 1990 г.

ГЛАВА 6

ДРУГИЕ МОДЕЛИ РАЗВОРОТА

臭い物に蓋

Прикрой крышкой то, что дурно пахнет.

Модели разворота, описанные в главах 4 и 5, — это сравнительно сильные сигналы изменения тренда. Их появление на графике говорит о том, что быки перехватывают инициативу у медведей (как в бычьей модели поглощения, моделях «утренняя звезда» и «просвет в облаках») или что медведи берут верх над быками (как в медвежьей модели поглощения, моделях «вечерняя звезда» и «завеса из темных облаков»). В этой главе рассказывается о нескольких индикаторах разворота, которые считаются менее значимыми. К ним относятся модель «харами», вершины и основания «пинцет», свечи «захват за пояс», модели «две взлетевшие вороны» и «контратака». Также мы снова поговорим о более сильных моделях разворота, а именно о кресте харами, трех черных воронах, трех горах, трех реках, пологой вершине, основании «сковорода», вершине и основании «башня».

Харами (Harami Pattern)

Модель *харами* состоит из свечи с маленьким телом (волчка), которое находится в границах сравнительно длинного тела предыдущей свечи (см. рис. 6.1). Древнее японское слово «харами» означает «беременная»: длинная свеча в данном случае — это «мать», а маленькая свеча — «ребенок», или «плод». Как уже отмечалось в главе 3, волчки в некоторых моделях играют важную роль, и одной из таких моделей как раз является харами, а другими — звезды, описанные в главе 5.

По внешнему виду харами является противоположностью модели поглощения: если в первом случае короткое тело следует за необычно длинным телом, то во втором — длинное как бы поглощает стоящее перед ним короткое. В модели поглощения цвет у свечей всегда отличается, а в харами он тоже часто не совпадает, но иногда все-таки бывает одинаковым. Различие между моделью поглощения и харами хорошо заметно, например, на рисунке 6.7.

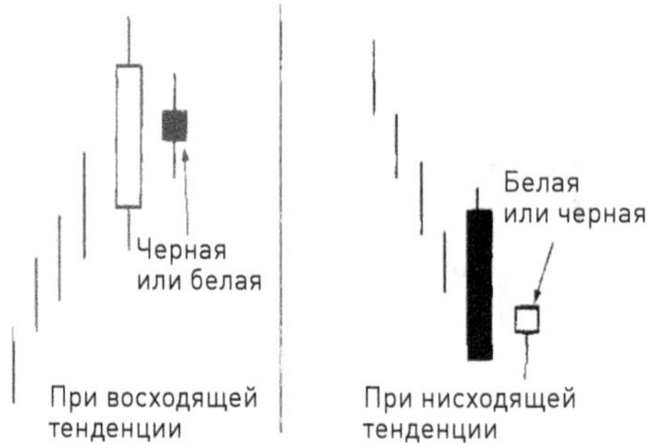

Рис. 6.1. Харами

Рис. 6.2. День внутри дня

Модель «харами» можно сравнить с таким понятием западного технического анализа, как «день внутри дня» (inside day). Так называется торговый день, в котором максимальная и минимальная цены не выходят за пределы диапазона предыдущей сессии (см. рис. 6.2). Однако день внутри дня не имеет или почти не имеет прогностической ценности, а харами предупреждает о завершении тренда. Формируются они тоже по-разному: если в день внутри дня торги должны проходить в границах минимума и максимума, достигнутых накануне, то в модели «харами» значение имеют только цены открытия и закрытия, которые во второй день должны образовать узкий диапазон (маленькое тело второй свечи), лежащий внутри широкого диапазона первого дня (большого тела первой свечи).

Как правило, харами не является настолько же значимым сигналом разворота, как, например, молот, повешенный или модель поглощения. Харами говорит о приостановке рыночного движения: наблюдавшийся непосредственно перед ее появлением тренд завершается, и рынок зачастую выдерживает паузу. Но иногда эта модель все же сигнализирует о радикальном изменении тенденции, особенно когда появляется на вершинах.

На рисунке 6.3 представлена особая разновидность харами, у которой вторая свеча не просто имеет маленькое тело, а представляет собой дожи. Эту модель обычно называют *крест харами* (harami cross) и иногда — *моделью оцепенения* (petrifying pattern). Она относится к числу наиболее значимых сигналов разворота, поскольку содержит в себе всесильную свечу «дожи» (подробнее об этом типе свечей мы поговорим в главе 8).

Как показано на рисунке 6.1, цвет второй свечи в харами роли не играет: главное, чтобы у нее было сравнительно маленькое тело и оно находилось в границах предыдущего более длинного тела. Размеры теней в харами и крестах харами обычно тоже не имеют значения.

Возникновение харами свидетельствует о неуверенности на рынке: например, на смену бычьей энергии белой длинной свечи приходит

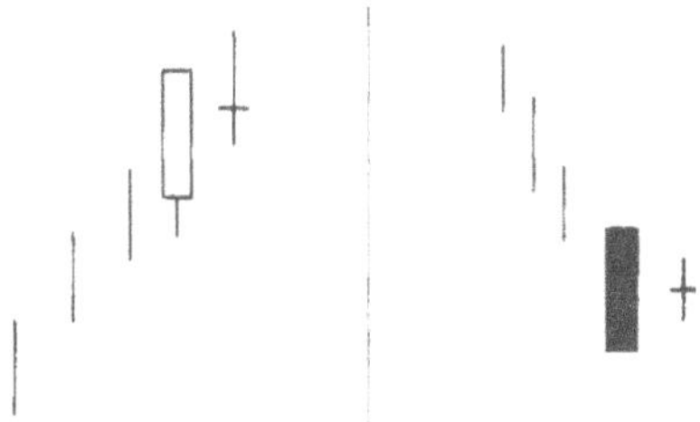

Рис. 6.3. Крест харами

нерешительность маленького черного тела, что говорит о слабости игроков на повышение и вероятности разворота. Или же сильное давление на цены, наблюдавшееся в день образования черной длинной свечи, сменяется колебаниями в узком диапазоне, говорящими об уменьшении натиска медведей.

На рисунке 6.4 краткосрочный подъем цен, начавшийся 18 апреля, прекратился с появлением харами 1. За этим последовала распродажа, которая, в свою очередь, завершилась образованием харами 2. Пример харами 3 показывает, что эта модель может служить полезным сигналом даже тогда, когда она формируется в отсутствии выраженного тренда. Мы видим, что в первые майские дни на рынке не сложилось очевидной тенденции, тем не менее возникновение харами позволяло сделать вывод о том, что подъем цен, начавшийся в момент образования ее длинной белой свечи, прервался, и рынок вошел в состояние нерешительности. Соответственно, имело смысл повременить

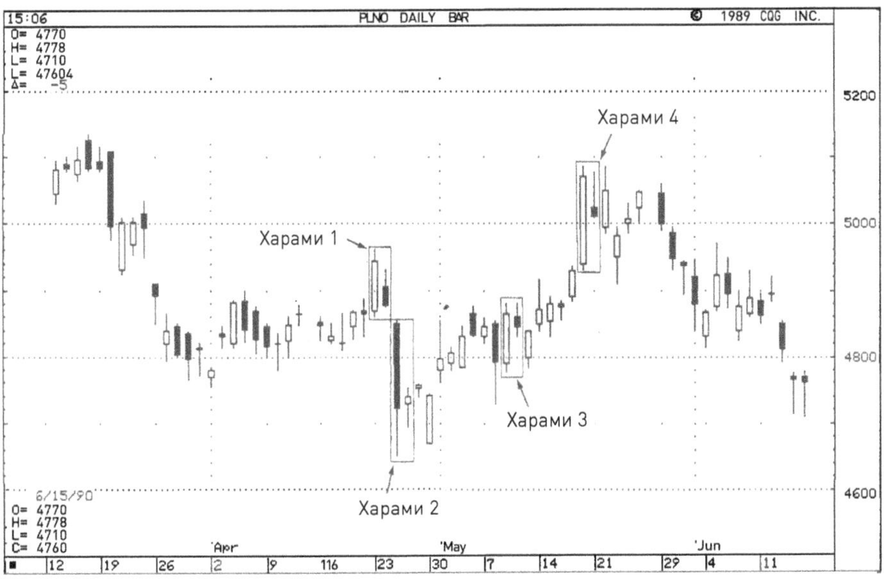

Рис. 6.4. Платина, дневной график, 1990 г.

с покупками, дождавшись закрытия одной из следующих свечей выше максимума харами 3.

Харами 4 имеет классический внешний вид: после уверенного восходящего тренда длинную белую свечу сменила короткая свеча (цвет которой, повторимся, не важен). Последняя из этих свечей к тому же напоминает падающую звезду, хотя ее тело и не располагается выше тела первой свечи, как в идеальном варианте упомянутой модели.

Рисунок 6.5 содержит примеры образцовых харами, у которых вторая свеча имеет миниатюрное тело по сравнению с телом предыдущей свечи. Первая харами свидетельствовала о недостатке сил для роста, а вторая — о слабеющем давлении продавцов.

Две свечи модели «харами» на рисунке 6.6 образовали вершину в конце марта, а затем наблюдалось падение вплоть до появления

Рис. 6.5. Соевое масло, дневной график, 1990 г.

Рис. 6.6. Акции AT&T, дневной график, 1990 г.

бычьего молота 24 апреля. Обратите внимание, что тень второй свечи в харами здесь выходит за пределы первой свечи, что лишний раз доказывает важность соотношения между телами, а не тенями свечей.

На рисунке 6.7 мы видим резкое понижение цен, начавшееся после формирования 7 и 8 мая медвежьей модели поглощения. Харами в данном случае послужила предвестником перехода нисходящего тренда в боковой коридор.

Рис. 6.7. Пшеница, дневной график, 1990 г.

Рис. 6.8. Индекс рынка облигаций США, часовой график, апрель 1990 г.

Рис. 6.9. Серебро, дневной график, 1990 г.

На рисунке 6.8 стремительное падение цен в первой половине дня 17 апреля завершилось с появлением харами, после которой рынок взял передышку. Эта модель говорила о возможном завершении тренда, так что внутридневным трейдерам следовало принять меры, а именно закрыть короткие позиции. Однако, как и с другими моделями разворота, здесь нельзя было исключать вероятность того, что тренд все-таки продолжится. Харами всего лишь дает нам информацию об определенном состоянии рынка — в данном случае о том, что давление продавцов ослабло, по крайней мере, в период ее формирования на графике.

На рисунке 6.9 с появлением харами нисходящая тенденция превращается в горизонтальную. Еще раз подчеркну, что эта модель необязательно предвещает ралли, гораздо чаще после ее формирования рынок вступает в полосу консолидации.

Крест харами (Harami Cross)

Итак, в классической модели «харами» за свечой с длинным телом должна следовать свеча с коротким телом. Но строгих правил относительно того, насколько коротким должно быть тело этой второй свечи, не существует, и, как и во многих других инструментах технического анализа, здесь допускается известная доля субъективности. Общий принцип следующий: чем меньше второе тело, тем сильнее неопределенность на рынке и тем выше вероятность разворота тренда. Иногда расхождение между ценами открытия и закрытия второй свечи становится настолько мизерным, что на графике образуется дожи, и такую модель, как уже отмечалось, чаще всего называют «крест харами» (см. рис. 6.3).

Крест харами относится к числу важных моделей разворота, в то время как обычная харами имеет второстепенное значение. Например, если крест харами возникает после длинной белой свечи, то игрокам на повышение явно не стоит его игнорировать, особенно учитывая, что эта модель предсказывает вершины лучше, чем основания.

На рисунке 6.10 с появлением креста харами 2 и 3 апреля резко оборвался восходящий тренд, наблюдавшийся с середины марта. А на рисунке 6.11 открытие одной из торговых сессий с уверенным гэпом вверх в середине января словно кричало: «Внимание, бычий рынок!», однако формирование креста харами говорило о ложности этого сигнала.

Как можно заметить на рисунке 6.12, с появлением дожи после необычно длинной черной свечи возникла модель «крест харами», что остановило снижение цен. О том, что рынок достиг основания, свидетельствовала также безуспешная попытка штурма недавних минимумов во время возникновения следующей молотообразной свечи.

Рис. 6.10. Олово (Лондон), дневной график, 1990 г.

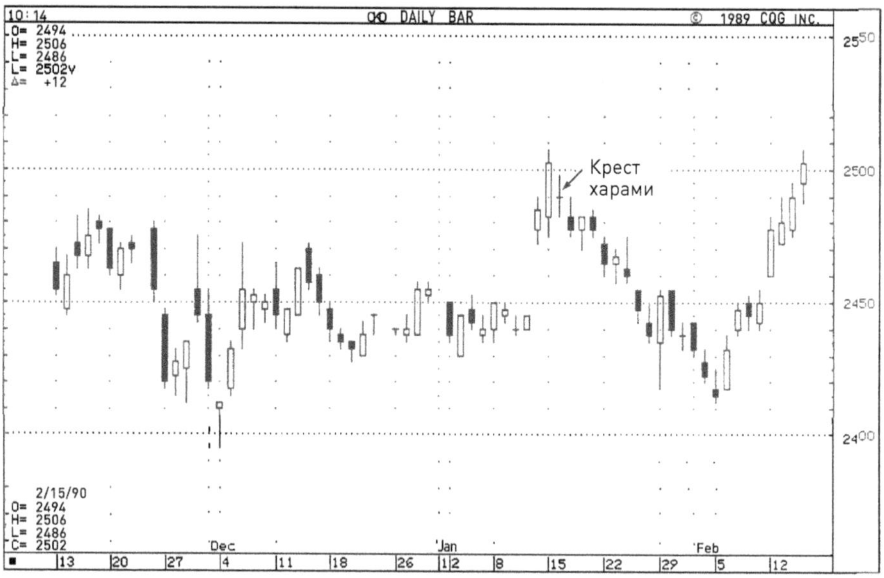

Рис. 6.11. Кукуруза, дневной график, 1990 г.

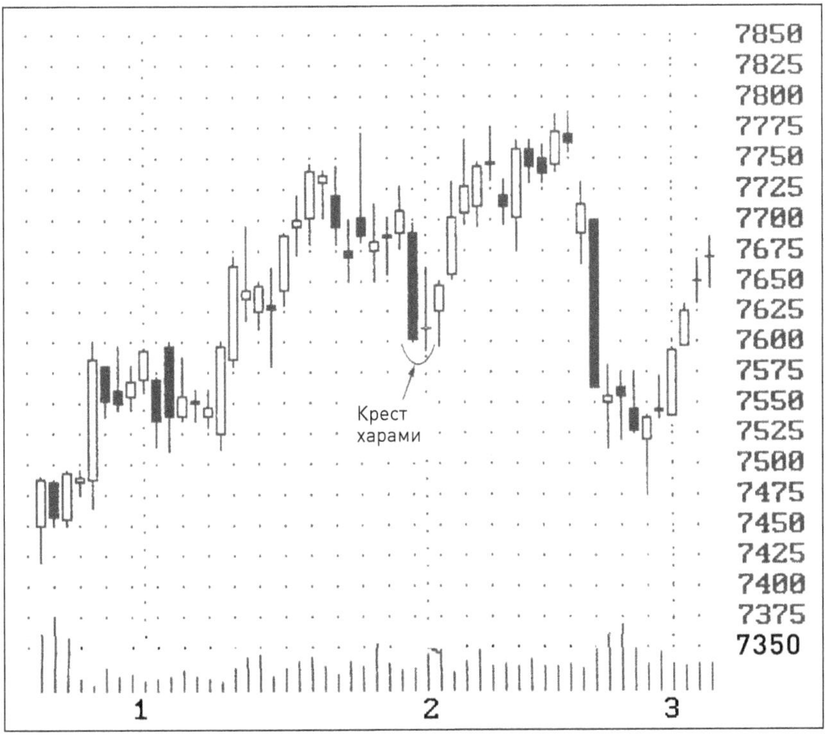

Рис. 6.12. Крупный рогатый скот, часовой график, апрель 1990 г.

Вершины и основания «пинцет» (Tweezers Tops and Bottoms)

Модель «пинцет» состоит как минимум из двух свечей с одинаковыми максимумами либо минимумами и называется так потому, что входящие в нее свечи напоминают разведенные зубцы пинцета. Если эта модель формируется на растущем рынке и у свечей совпадают максимумы, то она называется *вершиной «пинцет»*, если на падающем и у свечей совпадают минимумы — то *основанием «пинцет»*. Пинцеты могут быть образованы телами свечей, тенями и/или свечами типа «дожи», расположенными рядом либо недалеко друг от друга. Обычно эти модели не являются долгосрочными сигналами разворота, но они приобретают важное значение, когда появляются после длительного тренда либо подтверждаются сигналами других возникающих при этом моделей (см. рис. 6.13–6.18).

На рисунке 6.13 показано, как после восходящей тенденции формируется сначала длинная белая свеча, а затем — дожи, и вместе они

Рис. 6.13. Вершина «пинцет» и крест харами

Рис. 6.14. Вершина «пинцет» и повешенный

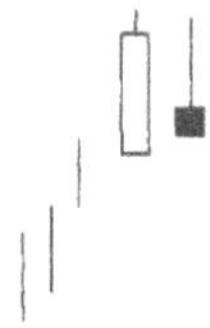

Рис. 6.15. Вершина «пинцет» и падающая звезда

Рис. 6.16. Вершина «пинцет» и завеса из темных облаков

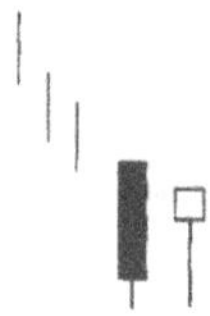

Рис. 6.17. Основание «пинцет» и молот

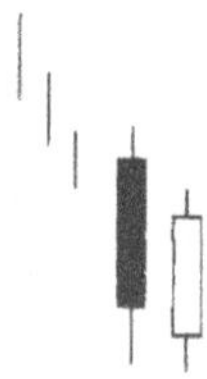

Рис. 6.18. Основание «пинцет» и просвет в облаках

образуют крест харами с одинаковыми максимумами. Такая модель может послужить важным сигналом разворота. На рисунке 6.14 изображена другая вершина «пинцет»: здесь за длинной белой свечой следует повешенный, вместе они образуют харами и, следовательно, являются сигналом разворота на вершине. Если рынок затем откроется ниже цены закрытия повешенного, то высоки шансы, что максимумы уже достигнуты, однако для подтверждения медвежьего сигнала нужно, чтобы еще и закрытие этой сессии произошло ниже вершины пинцета. На рисунке 6.15 вы найдете вершину «пинцет» и одновременно модель «харами», у которой вторая свеча напоминает падающую звезду. Хотя она и отличается от классической падающей звезды, ее следует рассматривать как медвежий сигнал, на что указывает формирующее ее движение цен. Рынок открывается вблизи минимальной отметки дня, затем поднимается до максимума предшествующей сессии, а к закрытию торгов вновь опускается в район минимума.

На рисунке 6.16 представлена вершина «пинцет», которая одновременно является разновидностью модели «завеса из темных облаков». У классического варианта этой модели, напомню, цена открытия второй свечи должна находиться выше максимальной отметки первой свечи, а в данном случае она превышает лишь ее цену закрытия. При этом в течение сессии котировки поднимались к максимуму предыдущего дня, но затем отступили. Рассмотрев рисунок 6.17, вы заметите молот, при формировании которого рынок протестировал минимумы предыдущей длинной черной свечи. Появление молота, а также безуспешная попытка прорвать уровень поддержки свидетельствуют о том, что продавцы теряют контроль над ситуацией. Кроме того, эта комбинация свечей является харами, что также подтверждает важность нащупанного уровня поддержки. На рисунке 6.18 изображено основание «пинцет» и одновременно разновидность просвета в облаках. У идеального просвета в облаках цена открытия второй свечи должна быть ниже нижней тени первой свечи, а в данном случае она находится лишь ниже ее тела.

Мы рассмотрели не все возможные варианты модели «пинцет»: это всего лишь ряд примеров того, как сигналы разворота, получаемые с ее помощью, могут подтверждаться другими свечными индикаторами. Однако на недельных и на месячных графиках вершины и основания «пинцет» важны и сами по себе — они предупреждают о прекращении тренда даже в отсутствии дополнительных подтверждений. Так, если на недельном графике при формировании новой свечи рынок тестирует минимумы предыдущей свечи и отталкивается от них, то этот

Рис. 6.19. Нефть, дневной график, 1990 г.

уровень зачастую становится стартовой точкой для ралли. Вероятность того, что рост начнется после возникновения этой же модели на дневном графике, гораздо ниже.

На рисунке 6.19 вершина «пинцет» одновременно является еще и медвежьей моделью поглощения, что подтверждает значимость сигнала разворота. В свою очередь основание «пинцет» 1 на этом графике содержит в себе звезду (это бычий сигнал), а кроме того, при его образовании тестировались минимумы, обозначенные моделью «просвет в облаках» неделей ранее. Наконец, основание «пинцет» 2 состоит из двух молотов — неудивительно, что после него началось повышение.

На рисунке 6.20 минимумы в районе $0,95, до которых рынок опускался 24 января, спустя неделю были протестированы снова, и при этом на графике сложилась бычья модель поглощения. На рисунке 6.21 аналогичную модель (и одновременно основание «пинцет») сформировали свечи от 14 и 15 февраля. В свою очередь, на рисунке 6.22 повешенный, появившийся вслед за длинной белой свечой, завершил формирование модели «харами», причем ценовые максимумы совпали не только у этих двух свечей, но и у идущей следом третьей свечи — все вместе они образовали вершину«пинцет».

На рисунке 6.23 представлена разновидность вечерней звезды (у классического варианта этой модели первая белая свеча, напомню, должна быть длиннее). Ее центральная свеча задала новый уровень сопротивления, и на следующей неделе его подтвердило возникновение повешенного. Цена поднималась до максимумов вечерней звезды,

Рис. 6.20. Медь, дневной график, 1990 г.

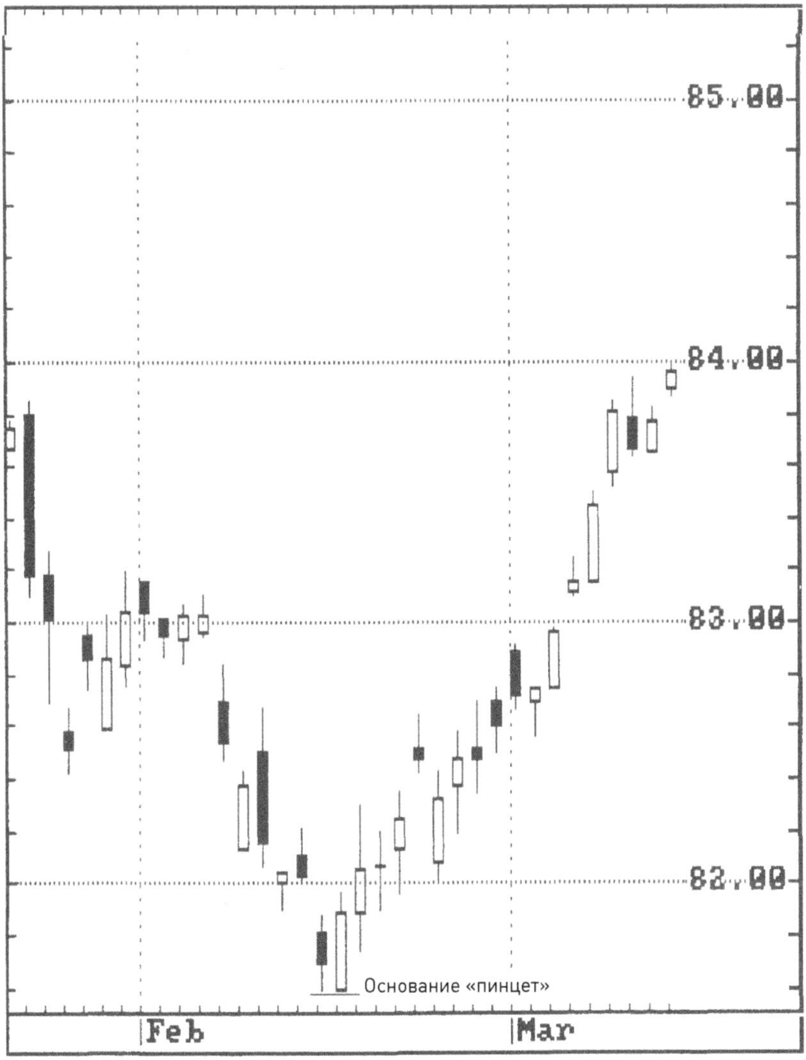

Рис. 6.21. Канадский доллар, дневной график, 1990 г.

но не смогла на них удержаться и пошла вниз, в результате чего на графике сложилась вершина «пинцет».

Как можно видеть на рисунке 6.24, в августе 1987 г. индекс S&P достиг пиковых значений, на которых длинная белая свеча и идущая за ней свеча «дожи» образовали вершину «пинцет». На следующей неделе она успешно выступила в качестве уровня сопротивления. Появление дожи после длинной белой свечи в зоне высоких цен всегда является весьма опасным сигналом, о чем мы еще поговорим в главе 8.

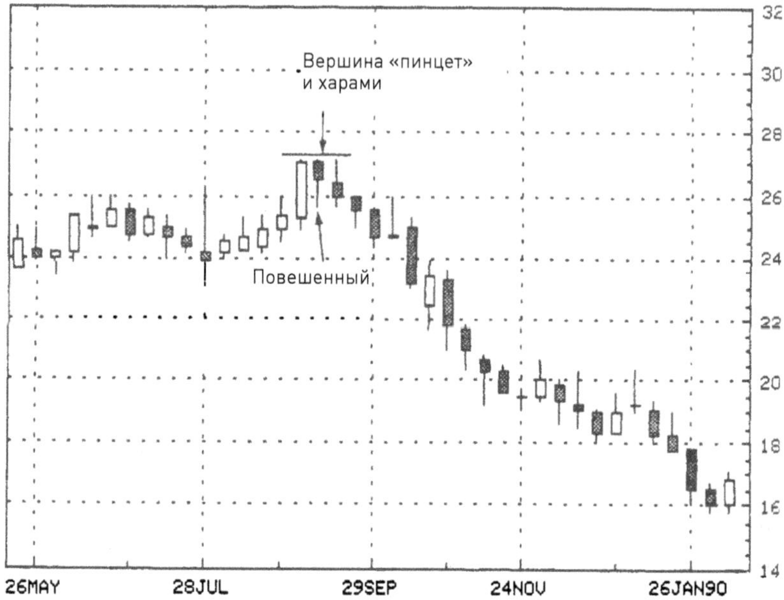

Рис. 6.22. Акции Chrysler, недельный график, 1989–1990 гг.

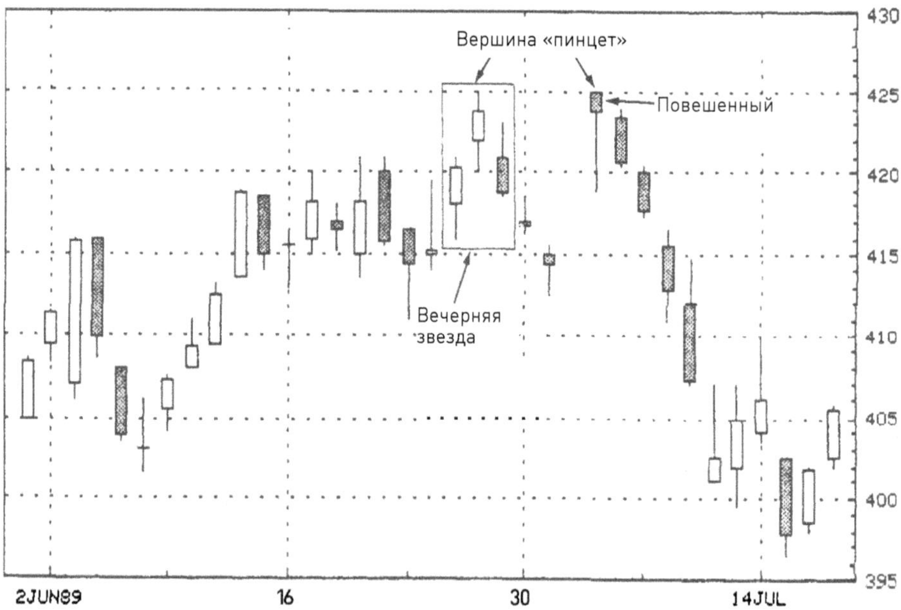

Рис. 6.23. Пшеница, дневной график, 1989 г.

Рис. 6.24. Индекс S&P, недельный график

Свечи «захват за пояс» (Belt-Hold Lines)

Захват за пояс — это свеча, которая может иметь как бычий, так и медвежий характер. *Бычий захват за пояс* (bullish belt hold, см. рис. 6.25) имеет длинное белое тело: в день ее формирования торги открываются на уровне дневного минимума, а затем в течение сессии цены растут. Если эта свеча возникает, когда рынок находится в области низких цен, она предвещает ралли. *Медвежий захват за пояс* (bearish belt hold, см. рис. 6.26) представляет собой длинную черную свечу: сессия начинается на уровне дневного максимума или в нескольких тиках от него, а затем в течение дня продолжается снижение. В период высоких цен такая свеча может предупреждать о развороте на вершине. Бычий за-

Рис. 6.25. Бычий захват за пояс

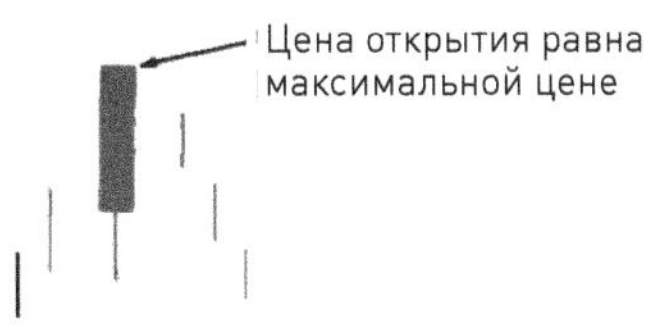

Рис. 6.26. Медвежий захват за пояс

хват за пояс иногда еще называют белой свечой со срезанным основанием (white opening shaven bottom), а медвежий — черной свечой со срезанной вершиной (black opening shaven head).

Чем длиннее свеча «захват за пояс» и чем дольше она до этого не появлялась на графике, тем сильнее будет ее сигнал. По-японски эту свечу называют термином «ёрикири», позаимствованным из борьбы сумо, который означает «выталкивать соперника из круга, схватив его за пояс». Если у свечи, идущей после медвежьего захвата за пояс, окажется более высокая цена закрытия, то восходящий тренд, скорее всего, возобновится. Аналогичное правило действует и для бычьего захвата за пояс: если у следующей свечи цена закрытия будет ниже, значит бычий сигнал не сработал и давление продавцов снова усиливается.

На рисунке 6.27 первая свеча «бычий захват за пояс» успешно предсказала ралли, а вторую стоит рассмотреть повнимательнее: она завершила формирование основания «пинцет», поскольку цена опускалась до минимумов предыдущей недели. За этой свечой последовал период роста, завершившийся образованием модели «харами».

Падающая звезда на рисунке 6.28 давала быкам первый повод для беспокойства, и уже на следующий день медвежий захват за пояс подтвердил образование вершины. Еще одна свеча этого типа возникла через неделю, подтвердив сохраняющуюся слабость рынка.

На рисунке 6.29 два идущих друг за другом медвежьих захвата за пояс предсказали стремительное снижение рынка, который после этого смог нащупать дно лишь с появлением бычьего сигнала утренней звезды.

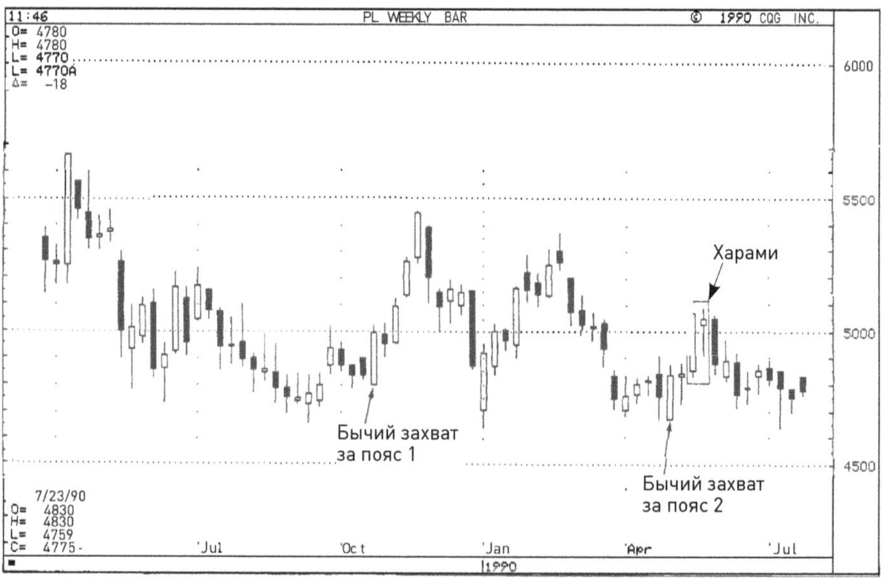

Рис. 6.27. Платина, недельный график

Рис. 6.28. Хлопок, дневной график, декабрь 1990 г.

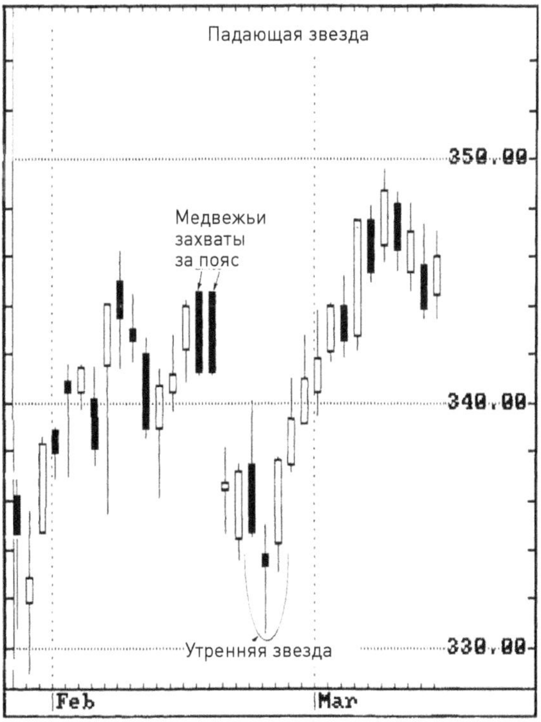

Рис. 6.29. Индекс S&P, дневной график, сентябрь 1990 г.

Две взлетевшие вороны (Upside-Gap Two Crows)

В модели *две взлетевшие вороны*, представленной на рисунке 6.30, слово «взлетевшие» означает гэп между маленьким телом первой черной свечи и телом предыдущей свечи, которое, как правило, является длинным и имеет белый свет. Черные свечи этой модели напоминают двух ворон, зловеще поглядывающих с ветки дерева, и нетрудно догадаться, что она имеет медвежий характер. В идеальной модели «две взлетевшие вороны» у второй черной свечи цена открытия должна быть выше, а цена закрытия — ниже, чем у первой.

Медвежий характер этой модели объясняется следующим образом. Сначала на рынке наблюдается восходящий тренд, и первая из черных свечей даже открывается с гэпом вверх. Но удержать новые максимумы рынок оказывается не в состоянии — к завершению торгов происходит откат. Впрочем, быки еще чувствуют в себе силы, ведь, по крайней мере, цена закрытия первой черной свечи не опускается ниже цены закрытия предыдущей белой. Однако во время следующей сессии тучи продолжают сгущаться: во-первых, котировки достигают новых максимумов и не могут на них удержаться, а во-вторых (и это даже важнее) торги завершаются на более низкой отметке, чем накануне. Если у рынка еще достаточно сил для роста, то почему он не закрепился на достигнутых рубежах и почему цена закрытия снизилась? Эти вопросы наверняка будут задавать себе обеспокоенные быки, а ответ заключается в том, что, возможно, рынок не так уж силен, как им хотелось бы думать. Если на следующей сессии, то есть при формировании четвертой свечи, цена так и не вернется к недавним максимумам, значит можно будет ожидать ее дальнейшего снижения.

Иногда в период восходящей тенденции формируется другая модель, которая в какой-то степени напоминает двух взлетевших ворон, но в отличие от нее имеет бычий характер, и, таким образом, является одной из моделей продолжения тренда (другие модели этой группы будут рассмотрены в главе 7). Она называется *удержание на татами* (mat-hold pattern) и схематически изображена на рисунке 6.31. Сначала на графике появляются три свечи, схожие со свечами в модели

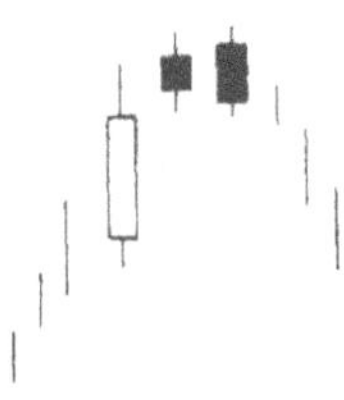

Рис. 6.30. Две взлетевшие вороны

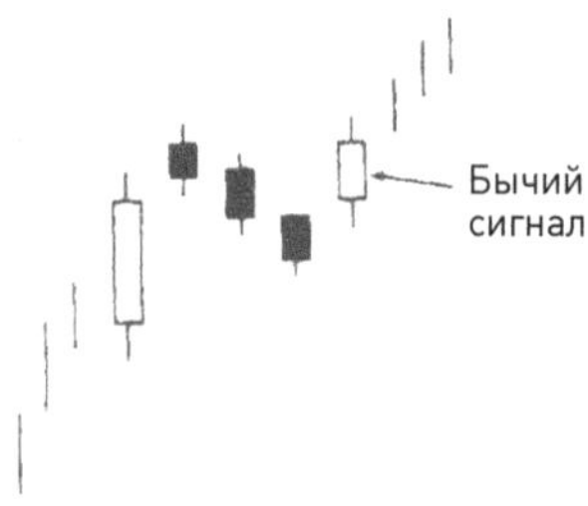

Рис. 6.31. Удержание на татами

«две взлетевшие вороны», а после них обычно возникает еще одна черная свеча. И если сразу после этого формируется белая свеча, причем с гэпом вверх относительно верхней тени последней черной свечи либо с ценой закрытия выше ее максимума, то это будет сигналом к покупке. Количество черных свечей, входящих в удержание на татами, может быть разным — и две, и три, и четыре. Данная модель, как и две взлетевшие вороны, на реальных графиках встречаются сравнительно редко.

Рисунок 6.32 содержит удачный пример модели «две взлетевшие вороны», которая образовалась в начале февраля и поставила точку в ралли, начавшемся месяцем ранее.

На рисунке 6.33 можно видеть, что повышение цен 27 ноября привело к образованию длинной белой свечи. Однако быки не смогли удержать локальные максимумы, достигнутые в течение двух следующих сессий, и с появлением второй черной свечи завершилось формирование модели «две взлетевшие вороны». После этого наблюдалось снижение, пока звезда дожи и основание «пинцет» не заложили основу для очередной волны роста.

На рисунке 6.34 вы найдете классический пример удержания на татами. За длинной белой свечой с гэпом вверх возникла короткая

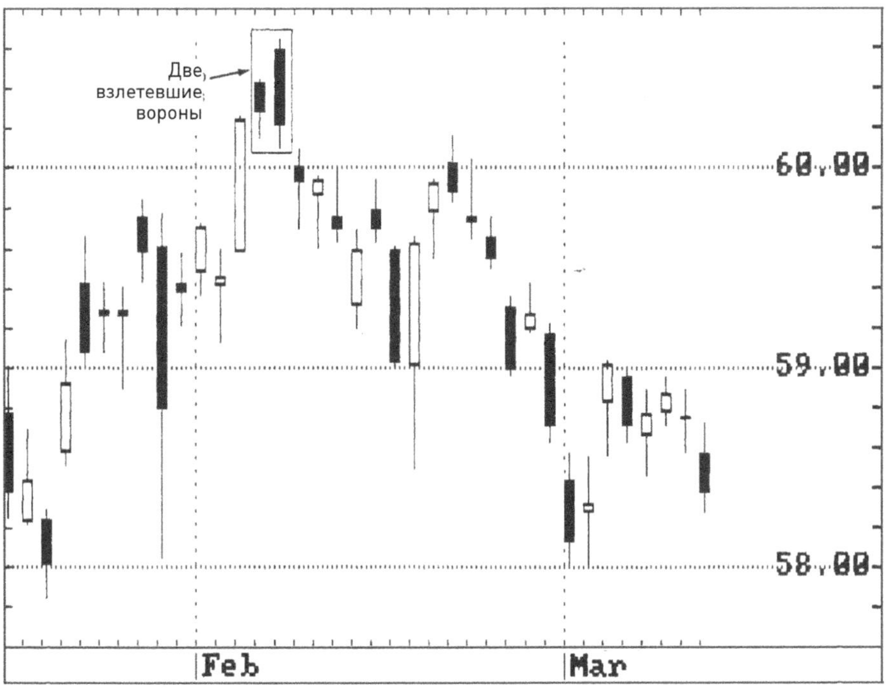

Рис. 6.32. Немецкая марка, дневной график, март 1990 г.

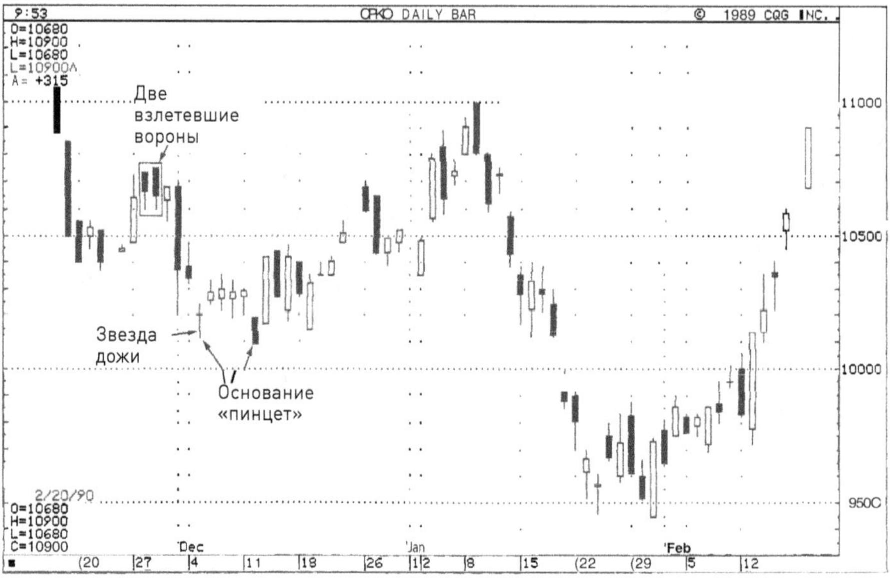

Рис. 6.33. Медь, дневной график, май 1990 г.

Рис. 6.34. Британский фунт, недельный график

черная, затем появились две черные свечи с еще более короткими телами, и, наконец, белая свеча, завершившая формирование модели. Еще раз обратите внимание на то, что удержание на татами не слишком отличается от двух взлетевших ворон (особенно если учитывать, что в нее могут входить только две черных свечи, а не три, как в данном примере). Ключевое отличие между ними — это наличие или отсутствие белой свечи после черных: именно она придает модели бычий либо медвежий характер. Поэтому при открытии короткой позиции на основании двух взлетевших ворон я советую устанавливать стоп-лосс чуть выше максимальной цены второй черной свечи.

Три черные вороны (Three Black Crows)

Две взлетевшие вороны содержат две черные свечи, а если на графике формируется модель с тремя последовательно понижающимися черными телами, то она будет называться *три черные вороны* (см. рис. 6.35). Эта модель предвещает снижение рынка, когда возникает в области высоких цен либо после длительного восходящего тренда. Иногда для нее еще используется название «трехкрылые вороны» (threewinged crows), которое напоминает о весьма уместной в данном случае японской поговорке «у плохих новостей есть крылья». Глядя на три черные свечи, нетрудно представить себе зловещую группу ворон, сидящих на ветке высокого мертвого дерева, что вполне соответствует медвежьему характеру этой модели. У всех трех свечей цена закрытия должна находиться в районе дневных минимумов, а цена открытия — в границах тела предыдущей свечи. Кроме того, в идеале тело первой свечи не должно подниматься выше максимума, достигнутого накануне.

На рисунке 6.36 три черные вороны появились дважды: сначала в середине июня, а затем в середине июля. Последняя из этих моделей еще и представляла собой неудачную попытку прорвать уровень максимумов, достигнутых первыми тремя черными воронами вблизи отметки 33 000. В результате на графике сформировалась двойная вершина.

Другой пример трех черных ворон представлен на рисунке 6.37. Обратите внимание, что у второй и третьей черных свечей цены открытия почти совпадают с ценами закрытия предыдущих сессий. Такая

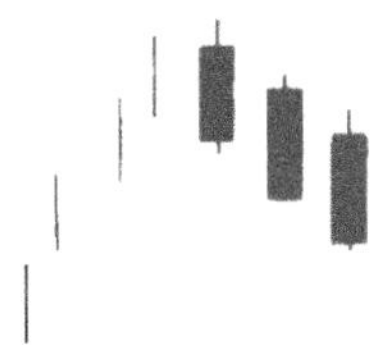

Рис. 6.35. Три черные вороны

Рис. 6.36. Индекс Nikkei, дневной график, 1990 г.

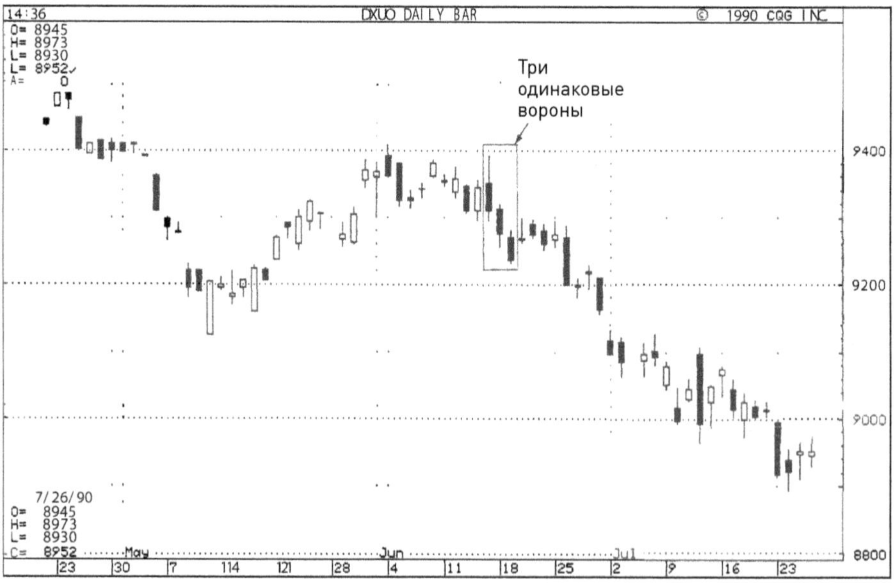

Рис. 6.37. Индекс доллара, дневной график, 1990 г.

модель называется *три одинаковые вороны* (identical three crows), она считается еще более сильным медвежьим сигналом, но встречается крайне редко.

Контратака (Counterattack Lines)

Модель «контратака» образуется двумя свечами разных цветов с одинаковой ценой закрытия. Бычья контратака (bullish counterattack line, см. рис. 6.38) возникает в период падения, и сначала на графике формируется длинная черная свеча, а на следующий день торги начинаются со значительного снижения. Но в ходе сессии быки затевают контратаку, и им удается обуздать нисходящий тренд, в итоге вернув рынок к предыдущей цене закрытия.

Бычью контратаку можно сравнить с просветом в облаках, который состоит из такой же комбинации свечей. Только в первой из этих моделей белое тело обычно не поднимается выше нижней границы черного, а во второй — перекрывает значительную его часть. Соответственно, просвет в облаках является более значимым индикатором разворота в основании, хотя и сигналами бычьей контратаки пренебрегать не следует.

Также бычья контратака внешне похожа на медвежью модель «на шее» (см. рис. 4.31): у нее верхняя граница тела белой свечи тоже совпадает с нижней границей тела черной. Разница в том, что у бычьей контратаки белое тело гораздо длиннее. Когда возникает модель «на шее», торги начинаются на отметке лишь немного ниже предыдущего уровня закрытия, а при формировании бычьей контратаки рынок открывается резким падением.

На рисунке 6.39 представлена *медвежья контратака* — сигнал разворота на вершине. Сначала на рынке преобладают оптимистичные настроения: первая свеча в этой модели белая и длинная. На следующий день торги открываются с гэпом вверх, но тут появляются медведи и тянут цены к предыдущему уровню закрытия. Прилив оптимизма,

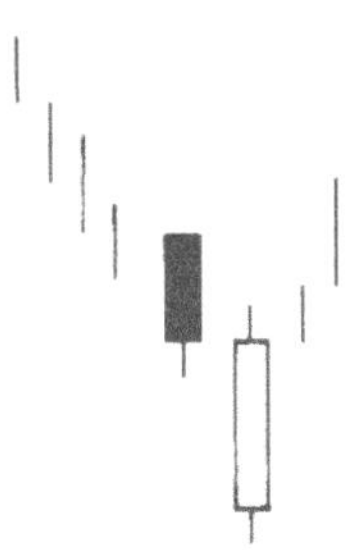

Рис. 6.38. Бычья контратака

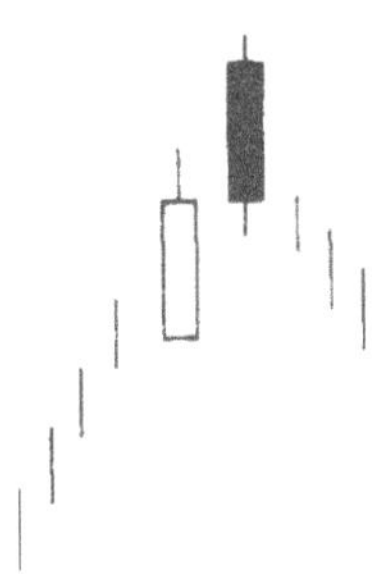

Рис. 6.39. Медвежья контратака

который испытывали быки, вероятно, сменится мрачными предчувствиями к концу этого дня.

Если бычья контратака по внешнему виду напоминает просвет в облаках, то медвежья контратака — завесу из темных облаков, в которой цена открытия второго дня тоже превышает максимальную цену первого, а затем происходит падение. Но в завесе из темных облаков вторая свеча перекрывает значительную часть первой, а в медвежьей контратаке этого не происходит, и поэтому она является более слабым сигналом разворота на вершине.

Важное требование к модели «контратака» заключается в том, что цена открытия второй свечи должна быть либо значительно выше цены закрытия предыдущего дня (при медвежьей контратаке), либо значительно ниже нее (при бычьей контратаке). Таким образом, во второй день рынок сначала энергично движется в направлении тренда, но к завершению торгов — сюрприз! — выясняется, что цена в конце концов осталась неизменной.

На рисунке 6.40 длинная белая свеча от 29 мая подкрепила надежды на рост, которые принесло начавшееся неделей ранее ралли. Следующие торги открылись на новом локальном максимуме, но в течение сессии цены падали, и к ее завершению достигли отметки, на которой завершили предыдущий день. В результате свечи от 29 и 30 мая образовали на графике модель «медвежья контратака».

На рисунке 6.41 можно увидеть, как с появлением медвежьей контратаки завершилось продолжительное ралли. В свою очередь,

Рис. 6.40. Неэтилированный бензин, дневной график, 1990 г.

Рис. 6.41. Иена, недельный график, 1990 г.

рисунок 6.42 знакомит нас с примером модели «бычья контратака» — она прервала падение цен, стартовавшее в марте 1989 г. с медвежьей модели поглощения. Запомните: как и другие индикаторы разворота, контратака необязательно сигнализирует о смене тенденции на противоположную, она лишь говорит о вероятном завершении предыдущего тренда. Так, в данном случае после бычьего сигнала разворота рынок перешел от снижения к боковому движению. Кроме того, этот пример наглядно иллюстрирует, что модель «контратака» может работать даже тогда, когда цены закрытия двух составляющих ее свечей бывают очень близки, но не совпадают в точности.

На рисунке 6.43 падение наблюдалось с образования падающей звезды и до появления модели «бычья контратака». Дополнительным позитивным сигналом послужило то, что при формировании этой модели рынок открылся ниже уровня поддержки, сложившегося в конце июля — начале августа, однако не смог там удержаться: у медведей не хватило на это сил.

Рис. 6.42. Серебро, недельный график

Рис. 6.43. Крупный рогатый скот, дневной график, 1990 г.

Три горы и три реки (Three Mountains and Three Rivers)

На формирование некоторых моделей разворота уходит сравнительно много времени: это «три горы», «три реки», вершина «три Будды», перевернутая модель «три Будды», «пологая вершина», основание «сковорода», вершина «башня» и основание «башня». Так, модель *три горы* (см. рис. 6.44) возникает, когда цена три раза отскакивает от максимума либо три раза обновляет максимум, всякий раз от него отступая. Последняя из «гор» должна получить медвежье подтверждение с помощью какого-либо другого свечного индикатора, например свечи «дожи» или модели «завеса из темных облаков». Модель «три горы» считается важным сигналом разворота, ее аналогом в западном техническом анализе является тройная вершина.

Если центральная из гор оказывается выше остальных, то такая модель называется *вершина «три Будды»* (three Buddha top, см. рис. 6.45). Ее название напоминает о традиции помещать в буддистских храмах крупную фигуру Будды в центре, а по обе стороны от нее — более мелких Будд (их еще называют святыми). Вершина «три Будды» подобна западной модели «голова и плечи», однако использовать ее в Японии начали, видимо, гораздо раньше, чем о голове и плечах узнали в Америке*. Удивительно, что люди в разных точках земного шара обнаружили одну и ту же графическую модель независимо друг от друга. Это значит, что рыночная психология не имеет национальных отличий, или, как гласит японская пословица, «песня птицы везде одинакова».

Противоположностью вершины «три горы» является основание «три реки» (three river bottom pattern, см. рис. 6.46). В данном случае рынок трижды тестирует район минимумов, но только после того, как цена поднимется выше промежуточных пиков этой модели, можно говорить, что основание действительно достигнуто. Наконец, аналогом западного основания «голова и плечи», которое иногда еще называют перевернутой моделью «голова и плечи», является *перевернутая модель* «три Будды» (inverted three Buddha pattern, см. рис. 6.47). Иногда ее еще называют измененным основанием «три реки» (modified three river bottom).

На рисунке 6.48 представлен довольно необычный график, на котором можно увидеть сразу несколько различных проявлений вершины «три горы». А именно:

---

* Первое упоминание о модели «голова и плечи» я нашел в работе Ричарда Шабакера, изданной в США в 1930-х гг. Те, кто знаком с классической книгой Эдвардса и Маджи «Технический анализ тенденций фондового рынка» (Edwards and Magee, Technical Analysis of Stock Trends), могут и не знать, что ее основу составляют материалы Шабакера, который доводился Эдвардсу тестем.

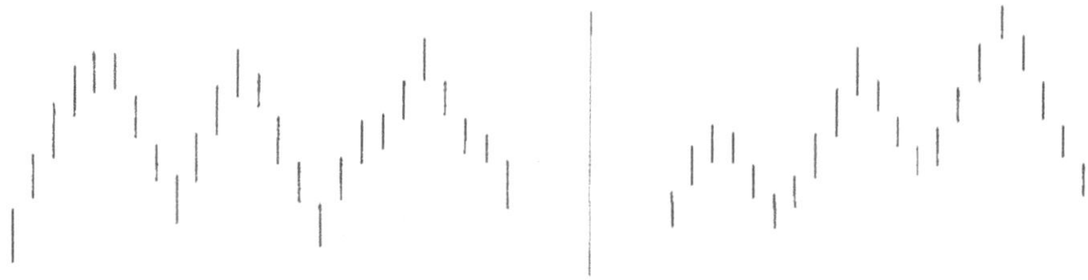

Рис. 6.44. Вершина «три горы»

Рис. 6.45. Вершина «три Будды»

Рис. 6.46. Основание «три реки»

Рис. 6.47. Перевернутая модель «три Будды»

1. Области 1, 2 и 3 представляют собой модель «три Будды», поскольку средняя из гор здесь возвышается над остальными. Обратите внимание, что на третьей горе возникла вечерняя звезда — дополнительный медвежий сигнал, после которого наблюдалось падение цен вплоть до образования модели «утренняя звезда».
2. Некоторые японские аналитики рассматривают модель «три горы» как три попытки достичь новых максимумов. При этом на графике образуются восходящие волны, последняя из которых должна быть самой высокой. Именно по такому сценарию развивались события в зонах A, B и C, причем на пике третьей горы, кроме того, образовалась медвежья модель «вечерняя звезда».
3. Другие японские аналитики полагают, что подъем цен необязательно должен быть ступенчатым, и что для формирования вершины «три горы» достаточно трех безуспешных попыток штурмовать один и тот же уровень, как происходило в областях C, D и E. В зоне D к тому же появилась завеса из темных облаков, а в зоне E дополнительным медвежьими сигналами послужили повешенный и идущая за ним свеча «дожи».

Рис. 6.48. Скот на убой, недельный график

Рис. 6.49. Живые свиньи, дневной график, 1990 г.

Каждая из трех гор на рисунке 6.49 несет в себе тот или иной медвежий сигнал: в области 1 это медвежья модель поглощения, в области 2 — повешенный, за которым следуют две свечи «дожи», в области 3 — еще одна медвежья модель поглощения. А на рисунке 6.50 центральная гора возвышается над двумя другими, и, следовательно, перед нами

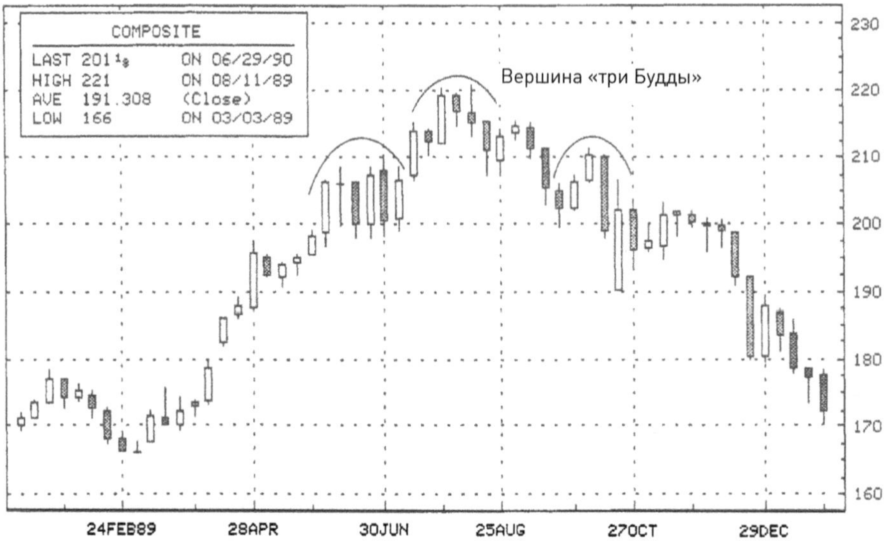

Рис. 6.50. Акции CBS, недельный график, 1990 г.

модель «три Будды». На пике самой высокой горы при этом возникла модель «харами», поскольку здесь тело черной свечи находится в границах тела предыдущей белой свечи.

На рисунке 6.51 вы найдете перевернутую модель «три Будды», возникшую в 1988 г. Каждое из ее оснований подтверждалось тем или иным бычьим индикатором: в зоне A образовался молот, в зоне B — еще один, ставший частью модели «утренняя звезда», а в зоне C сложился просвет в облаках, который едва не превратился в бычью модель поглощения. Как только быкам удалось с гэпом преодолеть наклонную линию сопротивления, нисходящий тренд оказался сломлен. Напомню, что в японском техническом анализе гэпы принято называть окнами. Подробно они будут рассмотрены в следующей главе, а сейчас лишь хотел бы заметить, что японцы считают их сигналами продолжения тренда — бычьими, если гэп образуется вверх, и медвежьими, если вниз. Таким образом, в данном примере сигнал имел бычий характер. Также на этом графике можно заметить вершину «три Будды», которая сложилась в период с третьего квартала 1989 г. по первый квартал 1990 г.

Три реки и перевернутая модель «три Будды» становятся сигналами к покупке после формирования белой свечи с ценой закрытия выше уровня промежуточных ценовых пиков этих моделей. Так, в примере, приведенном на рисунке 6.52, быкам предстояло преодолеть отметку в $102. Обратите внимание, что во время мартовского спада именно здесь находился уровень поддержки.

Рис. 6.51. Нефть, недельный график

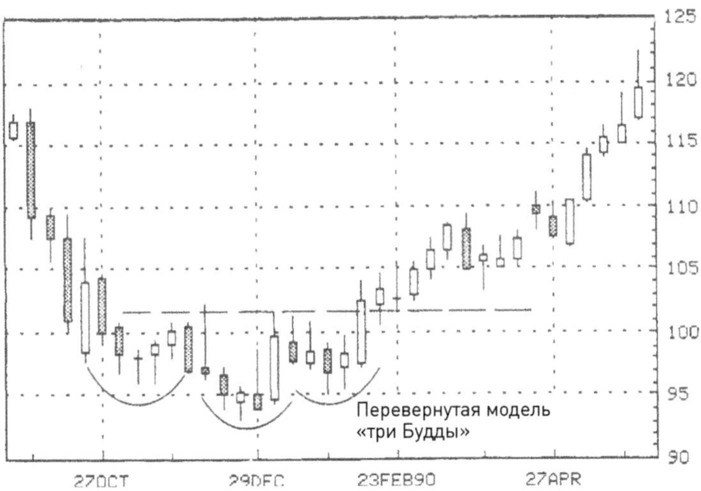

Рис. 6.52. Акции IBM, недельный график, 1989–1990 гг.

ВАЖНОСТЬ ЧИСЛА ТРИ В СВЕЧНОМ АНАЛИЗЕ

Повышенное внимание японских аналитиков к тройным вершинам и тройным основаниям, вероятно, связано с той важной ролью, которую в японской культуре играет число три. Мы, представители западной цивилизации, не придаем этим моделям какого-то особого значения: например, мы можем думать, что двойные вершины, а также еще более редкие вершины с четырьмя пиками, ничем не уступают тройным вершинам. Японцы считают иначе, и, может быть, они просто первыми обратили внимание на те стороны технического анализа, которые мы не замечаем. Удивительно, но еще до того, как на Западе узнали о японских свечах, здесь тоже возникло большое число моделей и подходов к анализу, в которых фигурирует число три. В этой связи я хочу привести фрагмент из уже упоминавшейся книги Джона Мэрфи «Технический анализ фьючерсных рынков».

«Любопытно отметить, как часто число три встречается в техническом анализе и какую важную роль оно играет во множестве самых разных концепций. Например, веерные лучи базируются на трех линиях, а бычий и медвежий рынки, согласно теориям Доу и Эллиотта, состоят из трех фаз. Существуют три типа гэпов, а некоторые наиболее известные модели разворота, такие как тройная вершина и голова и плечи, имеют по три пика. Тренды принято делить, с одной стороны, на основные, вторичные и малые, а с другой — на восходящие, нисходящие и боковые, а среди самых известных моделей продолжения тенденции есть три типа треугольников: симметричный, восходящий и нисходящий. Наконец, для анализа рынка принципиально важны три источника информации — это цена, объем и открытый интерес. Какова бы ни была причина, но число три, как видим, играет очень заметную роль, какой бы аспект технического анализа мы ни затронули».

Джон Мэрфи имел в виду западный технический анализ, но его высказывание об «очень заметной роли» числа три в полной мере можно отнести и к японским свечам. В древней Японии числу три приписывались магические свойства, что нашло отражение, например, в речевом обороте «трижды везет». Заметим в скобках, что, если число три японцы считают счастливым, то число четыре — наоборот, дурным знаком. Причину установить несложно: на японском языке слово четыре и слово «смерть» произносятся одинаково.

Число три встречается в названиях следующих моделей свечей: три наступающих белых солдата, три черные вороны, три горы, три Будды, три реки, три окна (см. главу 7). Можно вспомнить различные модели, состоящие из трех свечей, в том числе утреннюю и вечернюю звезды. Кроме того, японские аналитики, например, считают, что если на растущем рынке окно не закрывается в течение трех дней, значит повышение продолжится.

Пологие вершины и основания «сковорода» (Dumpling Tops and Fry Pan Bottoms)

Пологая вершина (см. рис. 6.53) идентична закругленной вершине (rounded top) в западном техническом анализе и обычно состоит из свечей с короткими телами, которые следуют друг за другом по дугообразной выгнутой траектории. В конце обязательно должен образоваться гэп вниз, чтобы эта модель считалась завершенной.

Основание «сковорода» формируется при нисходящем тренде: свечи как бы образуют впадину, а затем возникает гэп вверх (см. рис. 6.54). Эта модель похожа на закругленное основание в западном графическом анализе, только в данном случае обязательно должен образоваться гэп, или окно, как говорят японцы.

Дугообразная траектория и маленькие тела свечей являются признаками пологой вершины на рисунке 6.55. Обратите внимание, что ее формирование завершилось гэпом вниз, а на пике рынка возникала

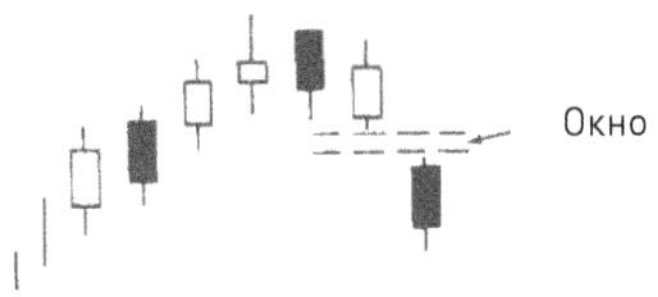

Рис. 6.53. Пологая вершина

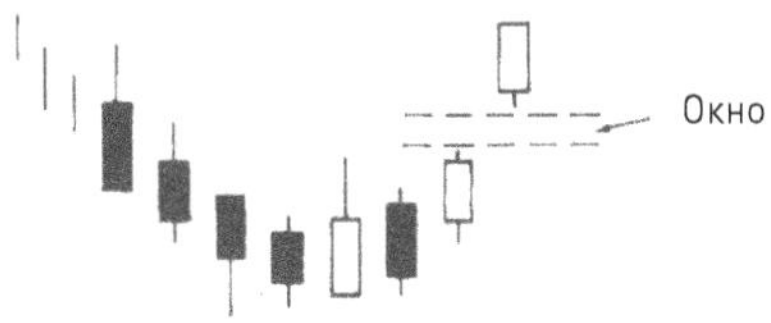

Рис. 6.54. Основание «сковорода»

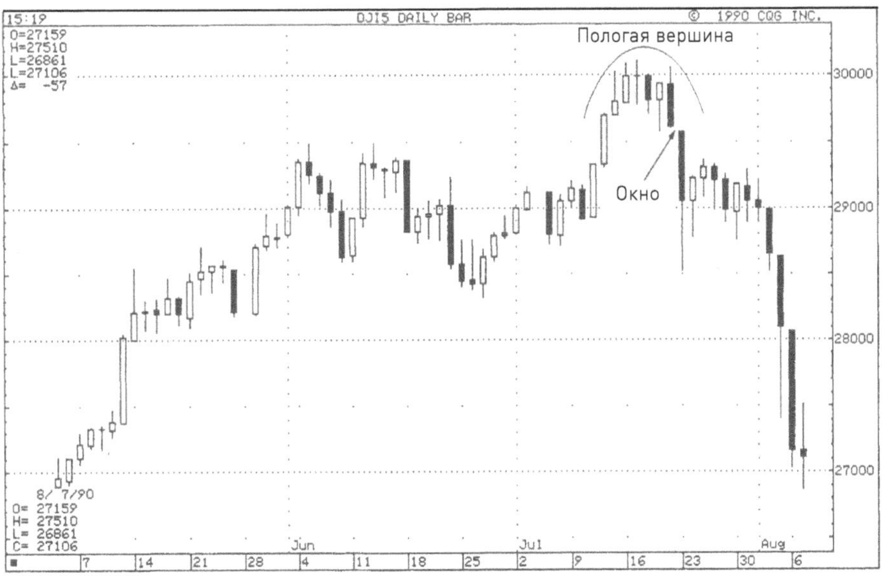

Рис. 6.55. Индекс Dow Jones, дневной график, 1990 г.

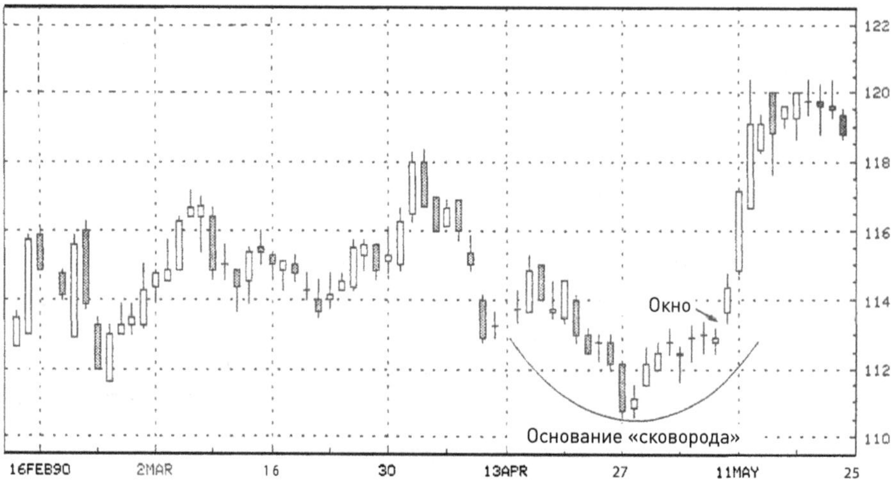

Рис. 6.56. Акции Atlantic Richfield, дневной график, 1990 г.

свеча «дожи». Еще одним доказательством медвежьего характера рынка стала черная свеча «захват за пояс», появившаяся после гэпа. В свою очередь, на рисунке 6.56 свечи от 27 и 28 апреля образовали модель «харами», а окно, открывшееся в начале мая, подтвердило, что перед нами именно основание «сковорода».

На рисунке 6.57 вы найдете другой хороший пример основания «сковорода». Подтверждением бычьего сигнала здесь служит свеча 2,

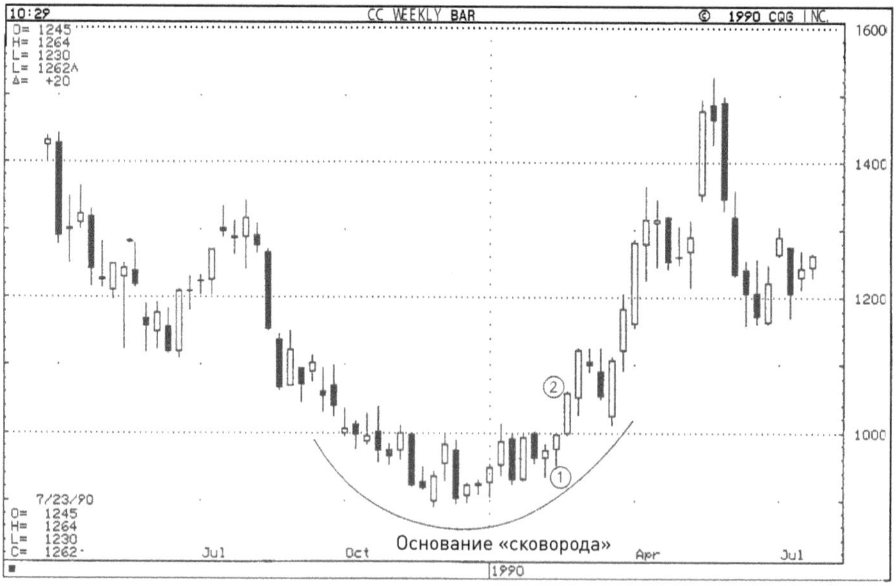

Рис. 6.57. Какао, недельный график

хотя между ней и свечой 1 нет гэпа. Максимальная отметка первой свечи составляет $1000, а минимальная отметка второй — $997, то есть для гэпа не хватило символических четырех тиков. Кроме того, свеча 2 представляет собой бычий захват за пояс, что сигнализирует о готовности рынка к росту.

Вершины и основания «башня» (Tower Tops and Tower Bottoms)

Вершина «башня» образуется, когда во время восходящего тренда появляется длинная белая свеча (или серия белых свечей), а затем рынок замедляет рост и с максимальных отметок переходит к падению. Вершина «башня» считается сформированной после того, как на графике возникнут одна или нескольких длинных черных свечей (см. рис. 6.58). Длинные свечи этой модели напоминают высокие башни — отсюда и ее название.

Основание «башня» образуется в области низких цен: после одной или нескольких длинных черных свечей на рынке наступает короткое затишье, а затем на графике возникают одна или несколько длинных белых свечей. Таким образом формируется основание, как бы обрамленное с двух сторон свечами-башнями разного цвета (см. рис. 6.59).

На рисунке 6.60 вершина «башня» состоит из белых свечей, возникших в период первого-второго кварталов 1987 г., и черных свечей, которые последовали за ними. Высокие белые свечи образовали левую башню, а высокие черные — правую. Три черные свечи, кроме того, представляют собой медвежью модель «три черные вороны».

На рисунке 6.61 можно заметить две модели — основание «башня» и крайне редкую модель разворота, которая ранее нами не рассматривалась, — *особое основание «три реки»* (unique three river bottom). Первая из этих моделей состоит из длинной черной свечи от 28 августа, короткого бокового коридора из небольших свечей, и длинной белой свечи от 7 сентября. Сначала быстрое падение воздвигло на графике

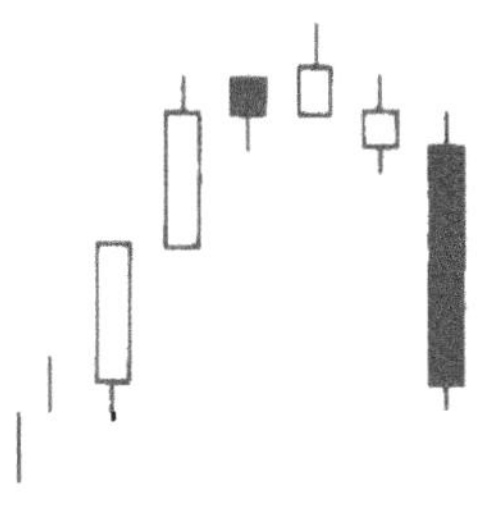

Рис. 6.58. Вершина «башня»

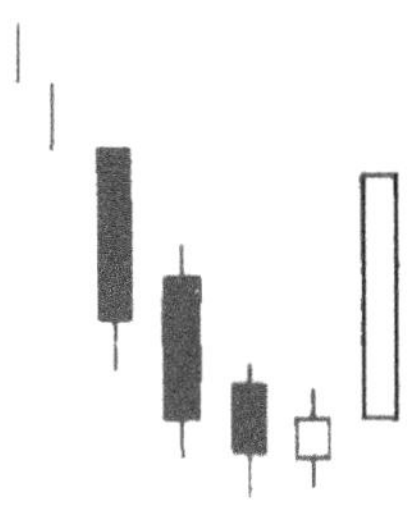

Рис. 6.59. Основание «башня»

Рис. 6.60. Хлопок, месячный график

левую башню, а затем резкое повышение — правую. При этом свечи 1, 2 и 3, входящие в основание «башня», еще и образовали особое основание «три реки» (см. рис. 6.62). Ближайшим аналогом этой модели в свечном анализе является вечерняя звезда, однако та служит

Рис. 6.61. Сахар, дневной график, 1990 г.

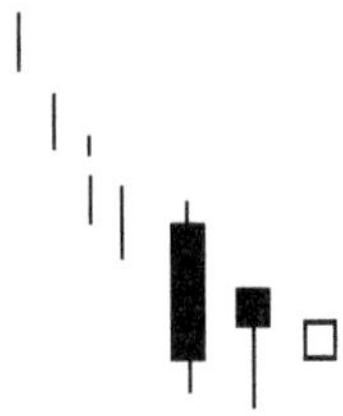

Рис. 6.62. Особое основание «три реки»

сигналом разворота на вершине. В особом основании «три реки» первой идет длинная черная свеча, второй — черная свеча с ценой закрытия выше, чем у первой, а третьей — белая свеча с очень маленьким телом, говорящая о том, что давление продавцов ослабло.

В западном графическом анализе ближайшим аналогом вершин и оснований «башня» являются V-образные вершины и основания: они возникают, когда ярко выраженный тренд внезапно сменяется новым трендом. Башни, кроме того, напоминают модели свечного анализа «пологая вершина» и основание «сковорода». Но отличительной чертой последних моделей является наличие гэпа-окна, а отличительной чертой башен — наличие двух длинных свечей до и после разворота рынка. Также при формировании вершин и оснований «башня» рынок обычно демонстрирует более высокую волатильность. Впрочем, не стоит особо задумываться, какой перед вами тип вершины или тип основания: все четыре перечисленных свечных модели относятся к разряду важнейших сигналов разворота.

ГЛАВА 7

МОДЕЛИ ПРОДОЛЖЕНИЯ ТЕНДЕНЦИИ

運は勇者を助く

Судьба помогает отважным.

Большинство свечных моделей являются сигналами разворота, однако существуют и такие, которые предвещают продолжение тренда после его временной приостановки — передышки. Как говорят японцы, «есть время продавать, время покупать и время отдыхать». В этой главе мы поговорим о моделях продолжения тенденции — окнах и моделях, включающих в себя окна, трех ступенях, трех белых солдатах и их вариациях.

Окна (Windows)

Итак, японцы называют гэпы окнами, и если на Западе принято говорить «заполнить гэп» или «закрыть гэп», а в Японии — «закрыть окно». Сначала я расскажу об окнах как таковых, а затем остановлюсь на моделях, в которые они входят. К таким моделям относятся гэпы тасуки, гэпы на максимумах и на минимумах и гэпы смежных белых свечей.

Окно — это разрыв на графике между экстремальными ценами двух смежных сессий. На рисунке 7.1 показано открытое окно при восходящей тенденции, когда разрыв образуется между верхней тенью первой свечи и нижней тенью второй. На рисунке 7.2 представлено окно при нисходящей тенденции, образованное гэпом между нижней тенью первой свечи и верхней тенью второй. Японские аналитики считают, что, во-первых, следует играть в направлении, указанном окном, а во-вторых, что окна указывают на будущие области поддержки и сопротивления. Так, на растущем рынке окно предвещает дальнейший подъем и выступает в качестве дна, от которого цены будут отталкиваться при попытках откатиться вниз. Если продавцам удастся закрыть

Рис. 7.1. Окно при восходящей тенденции

Рис. 7.2. Окно при нисходящей тенденции

окно и их давление после этого не спадет, то восходящий тренд можно будет считать завершенным. Аналогичным образом окно, возникшее на падающем рынке, предвещает дальнейшее снижение, а любые попытки восстановиться будут встречать сопротивление на его отметках. Но если быкам удастся закрыть окно и удержать цены выше, значит нисходящему тренду пришел конец.

Поскольку цена возвращается к отметкам окна в ходе коррекций, на растущем рынке их стоит рассматривать как зону покупок. Но если давление продавцов сохраняется и после закрытия окна, следует ликвидировать длинные позиции и подумать об открытии коротких. Когда окно возникает на падающем рынке, стратегия должна быть прямо противоположной.

Окна 1 и 2 на рисунке 7.3 появились в период восходящего тренда, начало которому положила бычья модель поглощения. После окна 2 на графике образовалась падающая звезда, следующие за ней торги начались падением и окно было закрыто (т.е. гэп заполнен). Это выглядело логичным, если помнить, что при коррекциях рынок часто возвращается к отметкам, заданным окном. Если бы падение продолжилось, то пришлось бы признать завершение тренда, однако силы продавцов иссякли. Хотя окно 2 и оказалось закрытым, уровень поддержки, заданный окном 1, успешно прошел проверку на прочность. Следующие несколько сессий рынок топтался на месте, затем повторно протестировал поддержку в районе отметок окна 2 и не смог ее преодолеть. Только после этого возобновился рост и «распахнулось» очень важное окно 3. При его формировании цена поднялась выше уровня сопротивления $1,1, а пробитые сопротивления, как мы помним, в дальнейшем часто превращаются в поддержки. Учитывая, что эта поддержка образовалась в районе окна 3, можно назвать сразу две причины, по которым рынок должен был нащупать дно именно здесь. И в марте эта зона действительно послужила для быков надежной опорой.

Рис. 7.3. Медь, дневной график, май 1990 г.

Японцы считают, что особого внимания заслуживают окна, которые формируются при выходе цены из зоны консолидации либо при достижении ценой локальных максимумов. Так, на рисунке 7.4 в начале марта рынок поднялся выше месячной зоны консолидации, обеспечив

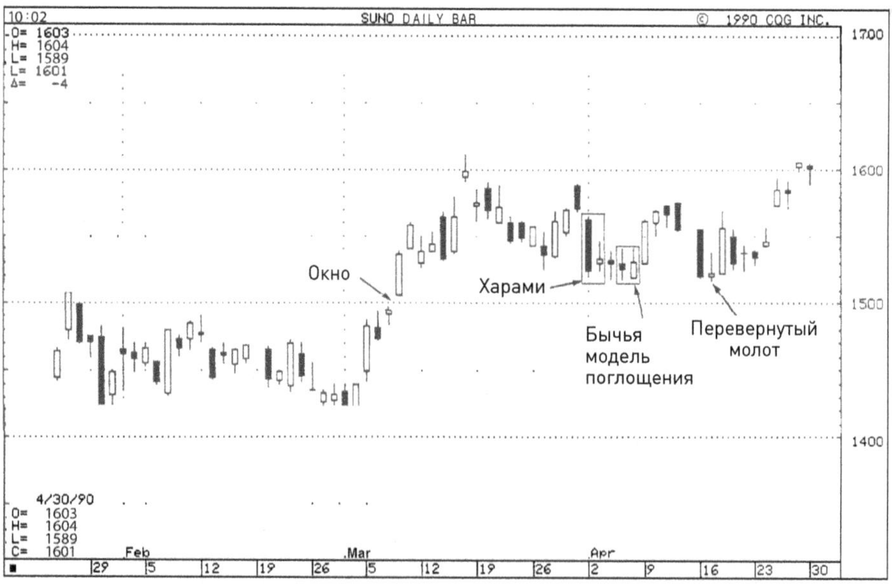

Рис. 7.4. Сахар, дневной график, июль 1990 г.

себе на будущее двойную поддержку на отметке $0,15: во-первых, из-за окна в этом районе, а во-вторых, поскольку раньше здесь проходил уровень сопротивления. Обратите внимание, какой надежной оставалась эта поддержка в течение следующих двух месяцев. Свечи от 2 и 3 апреля образовали харами, которая должна говорить, напомним, об ослаблении тренда, в данном случае нисходящего. Однако затем возникли бычьи сигналы: сначала бычья модель поглощения, а 16 апреля — перевернутый молот. Все эти модели появлялись вблизи уровня поддержки, заданного окном.

На рынке нефти с образованием бычьей модели поглощения в марте 1988 г. началось ралли, во время которого открылось окно (см. рис. 7.5). Медвежья контратака остановила рост цен, однако в течение пяти следующих недель они не опускались ниже поддержки в районе окна — до тех пор, пока упорство продавцов не помогло, наконец, ее пробить.

Окна не только выступают в качестве уровней поддержки или сопротивления, а также служат индикаторами продолжения тренда. Иногда они предвещают важный прорыв вверх, особенно если образуются при подъеме маленькой черной свечи над областью консолидации в зоне низких цен. Так, на рисунке 7.6 в течение февраля котировки оставались запертыми в сравнительно узком боковом коридоре, пока перед миниатюрной черной свечой от 25 февраля не образовалось маленькое окно. Следующая сессия подтвердила, что в его границах находится область поддержки, успешно прошедшая проверку на прочность.

Рис. 7.5. Нефть, недельный график

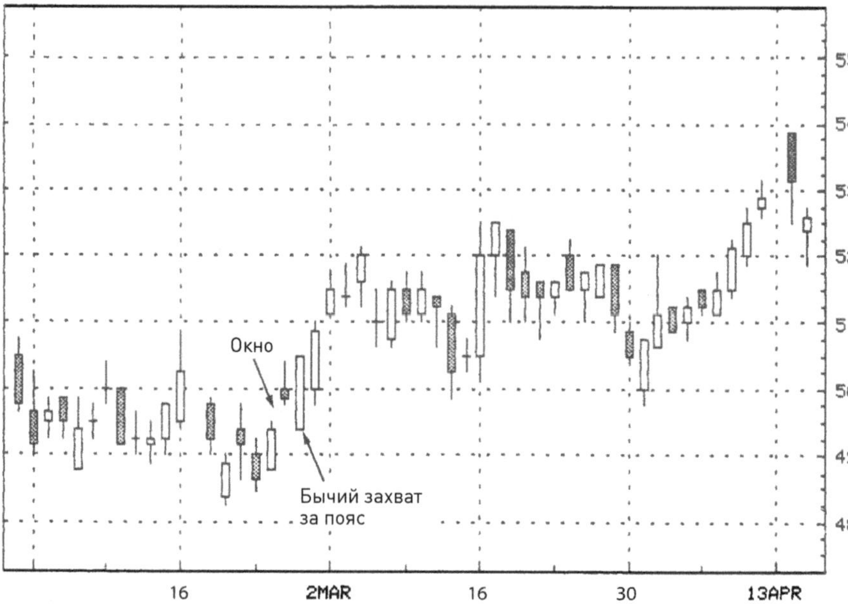

Рис. 7.6. Акции International Paper, дневной график, 1990 г.

В ходе этой проверки на графике возникла одна из самых сильных свечей, предвещающих рост, — с длинным белым телом, ценой открытия на уровне дневного минимума и ценой закрытия на уровне дневного максимума (т.е. свеча «бычий захват за пояс»).

На рисунке 7.7 в середине января образовалось большое окно. Во время коррекций в течение января и февраля цена не раз возвращалась к отметкам этого окна и всякий раз не могла преодолеть образовавшийся там уровень сопротивления.

Посмотрите на график индекса Dow Jones, представленный на рисунке 7.8. В результате краха фондового рынка в 1987 г. в области 2150–2200 пунктов тоже возникло окно. В дальнейшем, чтобы убедиться в завершении нисходящего тренда, предстояло дождаться двух событий: во-первых, закрытия этого окна, а во-вторых — продолжения покупок после того, как окно будет закрыто. В начале 1989 г. произошло и первое и второе.

На рисунке 7.9 можно заметить два примера того, как окна задают уровень сопротивления. Так, узкое окно 1, образовавшееся в конце мая, воздвигло преграду для роста котировок в течение всех ближайших сессий. В свою очередь окно 2 на этом же графике напоминает нам о важной роли трендов. Если агенты по недвижимости обычно говорят, что главными в их сфере являются три фактора — расположение объекта, расположение и еще раз расположение, то на финансовом рынке

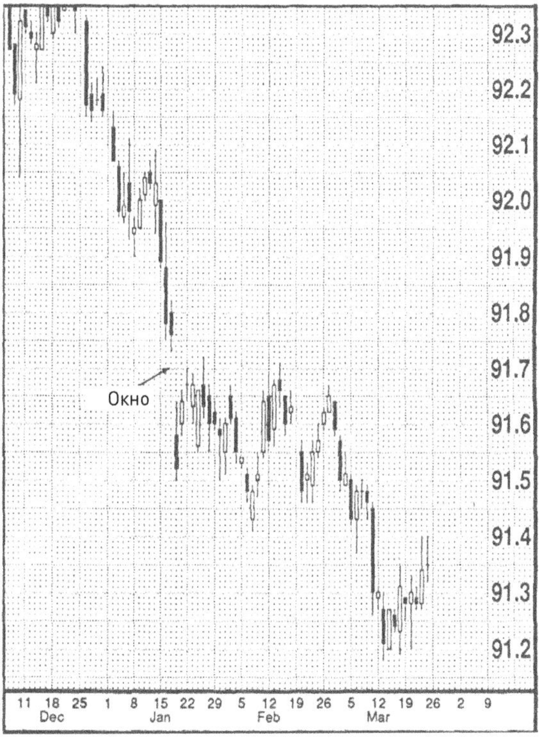

Рис. 7.7. Евродоллар, дневной график, 1990 г.

самое большое значение имеют тренд, тренд и еще раз тренд. В данном случае в период нисходящей тенденции после окна образуется бычья модель «утренняя звезда». Следует ли покупать, реагируя на ее сигнал? Нет, разумнее ограничиться лишь закрытием части коротких позиций, потому что господствующий тренд направлен вниз. Когда следует понемногу начинать покупки? Только если рынок поднимется выше верхней границы окна 2 на отметке $0,1164 и давление покупателей после этого не ослабнет. До тех пор, пока быки не в состоянии будут продемонстрировать достаточные силы, открытие новых длинных позиций будет сопряжено с высоким риском, даже несмотря на сигнал утренней звезды. Как можно видеть, нижняя граница этой модели вскоре выступила уровнем поддержки, а область, заданная окном 2, — уровнем сопротивления. Целую неделю быки пытались закрыть окно, но потерпели неудачу, и рынок так и не перешел к росту. Из этого примера следует простой вывод: сигналы свечей, как и других технических индикаторов, всегда следует рассматривать с учетом господствующего тренда.

На рисунке 7.10 цены начали снижаться в сентябре после появления повешенного и поглотившей его черной свечи. Окно в конце этого

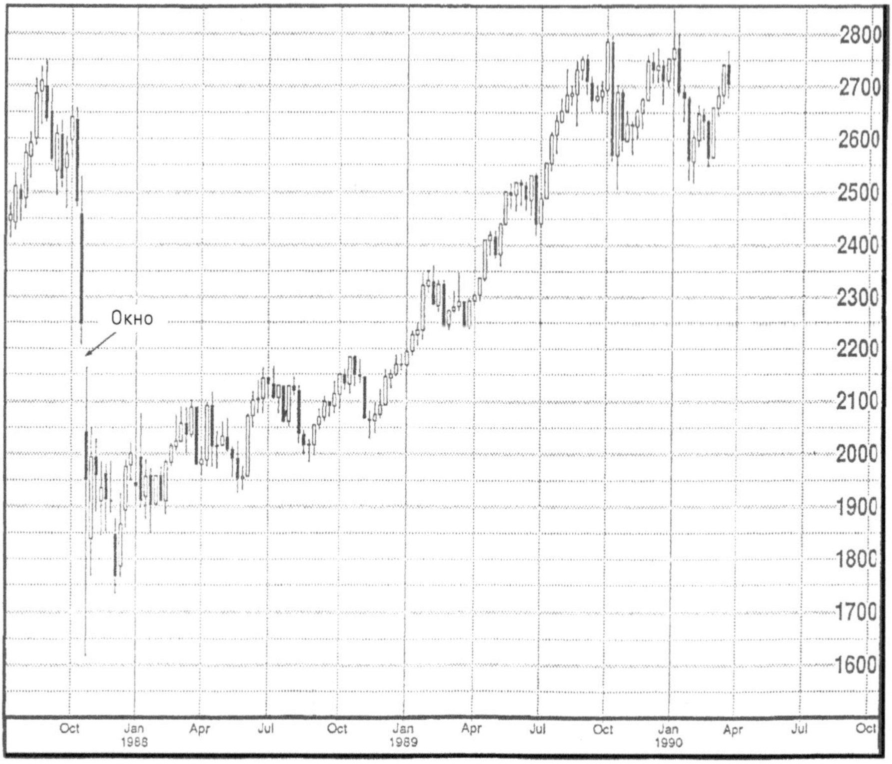

Рис. 7.8. Индекс Dow Jones, недельный график

Рис. 7.9. Сахар, дневной график, октябрь 1990 г.

Рис. 7.10. Индекс доллара, недельный график

месяца сигнализировало о продолжении нисходящей тенденции. Очень скоро это окно было закрыто, однако при этом образовалась свеча «падающая звезда», а значит силы покупателей быстро истощились.

Теперь поговорим о трех окнах, представленных на рисунке 7.11. Первое из них возникло при снижении рынка в марте 1989 г. и задало

Рис. 7.11. Швейцарский франк, недельный график

уровень сопротивления на следующие несколько недель. Окно 2 тоже образовалось в период падения и должно было предвещать продолжение тенденции. Однако длинная белая свеча, появившаяся неделей позже, завершила формирование бычьей модели поглощения, и это стало первым признаком достижения дна. На следующей неделе рынок закрылся подъемом выше верхней границы окна 2, подтвердив тем самым, что медведи сдают позиции. Позднее в период роста открылось окно 3, позволявшее надеяться на продолжение покупок. В начале октября это окно было закрыто, но ненадолго: под давлением покупателей цены отскочили вверх и сформировали молот. Сигналы молотов обычно имеют значение при нисходящих трендах (они предвещают разворот в основании), но в данном случае важно было то, что эта свеча возникла при тестировании уровня поддержки, заданного окном 3. Если бы рынок после этого продолжил снижение, то восходящий тренд пришлось бы считать завершенным.

На рисунке 7.12 отмечены три окна. Первое через несколько дней после возникновения выступило уровнем поддержки, второе в конце августа остановило ралли, а третье послужило преградой, от которой рынок в течение недели отталкивался при попытках роста. Можно также заметить одну интересную особенность сентябрьского повышения, завершившегося окном 3. Цифрами от 1 до 8 на графике отмечены сессии, в которые рынок последовательно устанавливал новые локальные максимумы. Теория свечей гласит, что если от восьми до десяти максимумов или минимумов достигаются друг за другом

Рис. 7.12. Золото, дневной график, декабрь 1990 г.

без заметных промежуточных коррекций, то вероятность коррекции резко возрастает. Японцы называют каждый новый локальный рекорд на этом пути «новым рекордным максимумом» или «новым рекордным минимумом». Если на графике последовательно возникают, скажем, восемь новых рекордных максимумов, то японцы говорят, что «желудок заполнен на 80%». Именно такая ситуация наблюдалась в данном случае: восемь рекордных максимумов должны были наводить на мысли о том, что рынок вот-вот достигнет вершины. А тот факт, что после восьмого рекорда цена вплотную приблизилась к уровню сопротивления, заданному окном 2, являлся для потенциальных покупателей дополнительным предостережением.

Глядя на рисунок 7.13, мы снова должны вспомнить о магическом числе три. В традиционном японском техническом анализе считается, что после появления трех окон вверх или трех окон вниз весьма вероятно образование вершины при восходящей тенденции либо основания при нисходящей, особенно если после третьего окна формируется какая-либо свеча или модель, предупреждающая о развороте — дожи, просвет в облаках, завеса из темных облаков и т.п. В данном случае после третьего окна возникли повешенные.

В следующих разделах мы рассмотрим модели продолжения тенденции, в состав которых входят окна, а именно гэпы тасуки вверх и вниз, гэпы на максимумах и на минимумах и гэпы смежных белых свечей.

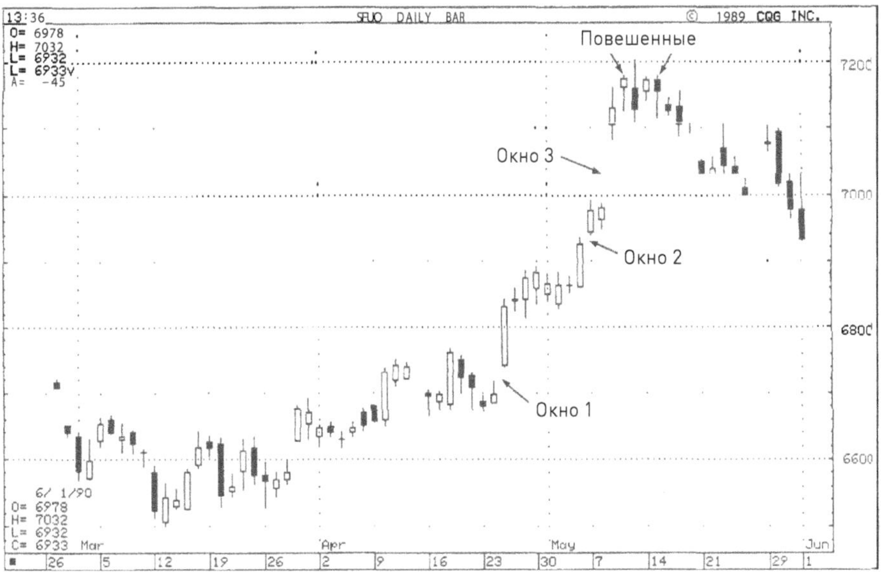

Рис. 7.13. Швейцарский франк, дневной график, сентябрь 1990 г.

Гэпы тасуки вверх и вниз (Upward- and Downward-Gap Tasuki)

Гэп тасуки вверх возникает, когда рынок находится в восходящем тренде (см. рис. 7.14). После гэпа формируется белая свеча, а сразу за ней — черная с ценой открытия в границах тела белой свечи и ценой закрытия ниже него, при этом тела свечей должны быть примерно одинаковыми по размеру. Гэп тасуки вверх служит сигналом к покупке в день формирования черной свечи, если окно при этом не закрывается, а в противном случае следует считать, что силы продавцов достаточно велики, и бычий сигнал не подтвержден. Обратное правило применимо по отношению к аналогичной модели при нисходящем тренде — *гэпу тасуки вниз* (см. рис. 7.15). Обе эти модели на реальных графиках встречаются редко.

На рисунке 7.16 вы найдете пример гэпа тасуки вверх. В последнюю неделю сентября с небольшим гэпом возникла белая свеча, за ней последовала черная с ценой открытия в границах тела белой свечи и ценой закрытия ниже него. Обратите внимание, что сентябрьское окно выступило уровнем поддержки во время отката цен в октябре, после чего бычья свеча «захват за пояс» просигнализировала о грядущем повышении.

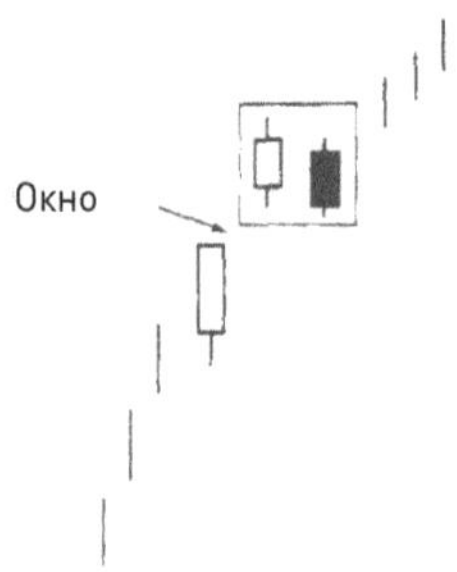

Рис. 7.14. Гэп тасуки вверх

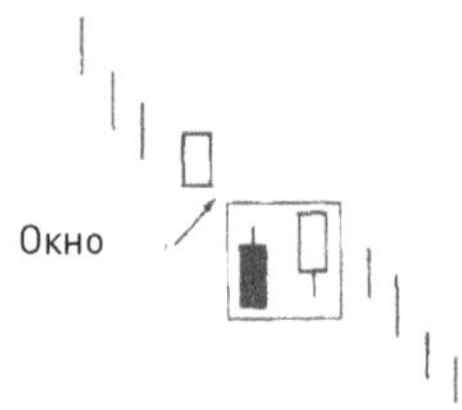

Рис. 7.15. Гэп тасуки вниз

Гэпы на максимумах и на минимумах (High-Price and Low-Price Gapping Plays)

После резкого роста в течение одной-двух сессий рынок нередко вступает в стадию консолидации, и на графике возникает несколько свечей с маленькими телами, которые отражают неуверенность участников торгов. Но если после этого очередная сессия открывается с гэпом вверх, значит настало время покупать. Модель, сформированная таким поведением цен, называется *гэп на максимумах* (см. рис. 7.17), и, как

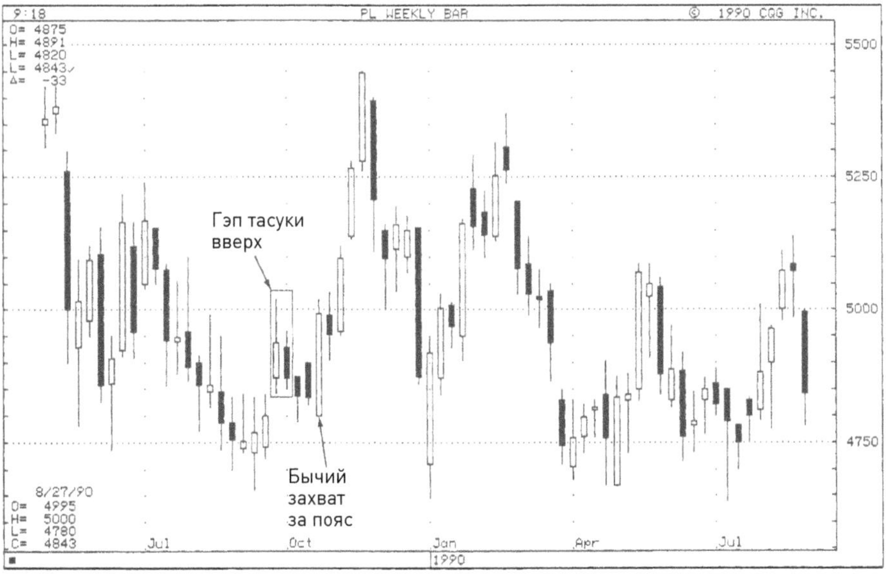

Рис. 7.16. Платина, недельный график

нетрудно догадаться, имеет медвежьего брата-близнеца — *гэп на минимумах* (см. рис. 7.18). Вторая из этих моделей образуется, когда рынок консолидируется в области низких цен после резкого снижения накануне. Группа свечей с маленькими телами вселяет надежды, что дно уже достигнуто, однако новое падение с образованием гэпа сводит эти надежды на нет.

На рисунке 7.19 можно увидеть, как в конце октября — начале ноября группа из трех свечей с маленькими телами помогла рынку «переварить» результаты бурного подъема накануне. Затем на графике образовалось окно вверх и таким образом сложилась модель продолжения тенденции «гэп на максимумах». Рост продлился до появления завесы из темных облаков 17 и 18 ноября, а в январе возник еще один гэп на максимумах. Границы окна, входящего в состав этой модели, в дальнейшем выступили областью поддержки.

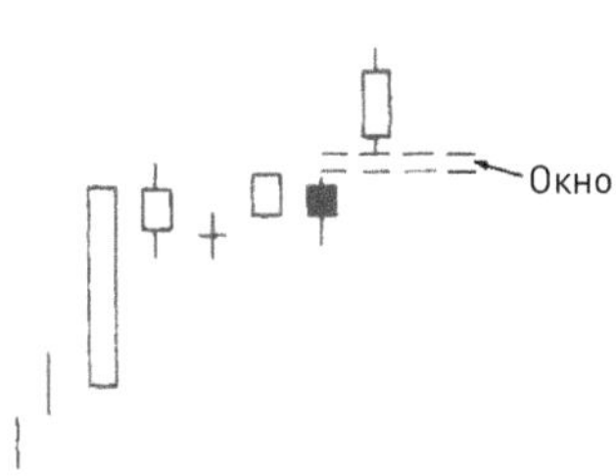

Рис. 7.17. Гэп на максимумах

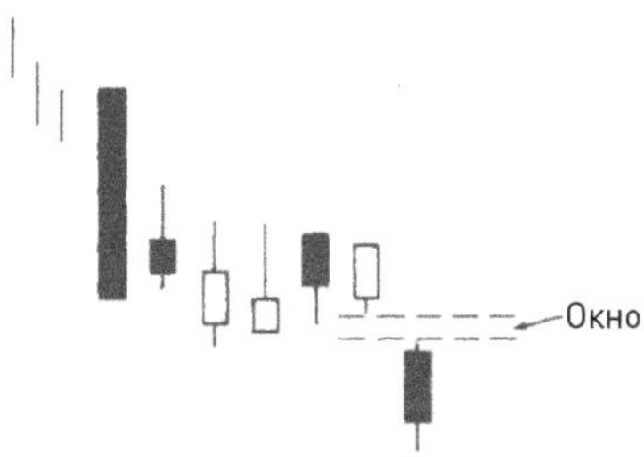

Рис. 7.18. Гэп на минимумах

Рис. 7.19. Сахар, дневной график, 1990 г.

Рис. 7.20. Соя, дневной график, 1990 г.

На рисунке 7.20 при открытии окна 29 июня возник бычий сигнал, поскольку завершилось формирование гэпа на максимумах. Можно заметить, что ранее на графике уже складывалась похожая комбинация свечей — 11 июня появилась свеча с длинным белым телом, а за ней последовали две свечи с маленькими телами. Но для завершения модели «гэп на максимумах» должно было открыться окно вверх, а этого так и не произошло, и, следовательно, сигнала к покупке не возникло.

Как показано на рисунке 7.21, индекс S&P упал на 18 пунктов 20 и 23 июля 1990 г., а затем больше недели колебался в боковом диапазоне (модели «гэп на максимумах» и «гэп на минимумах» предполагают, что консолидация рынка должна продолжаться не более 11 торговых сессий). Знакомый брокер, о которой я рассказывал в начале книги, сообщила мне, что один из ее клиентов в Японии, управляющий инвестиционным фондом, 2 августа на основании модели «гэп на минимумах» получил сигнал к продаже. Это еще раз возвращает нас к тезису о том, что в свечном анализе не существует строгих правил, есть лишь рекомендации. В данном случае модель «гэп на минимумах» была неидеальной, поскольку окно, строго говоря, на графике не образовалось: 1 августа рынок опускался до 355,8 пункта, а 2 августа торги начались чуть выше — на отметке 355,9. Кроме того, 23 июля, когда сформировалась длинная черная свеча, торги завершились не на минимальных отметках сессии, а выше, хотя в дальнейшем цена оставалась в нижней части диапазона. В целом сложившаяся на графике комбинация свечей напоминала гэп на минимумах, и для японского управляющего этого оказалось достаточно, чтобы считать модель завершенной.

Рис. 7.21. Индекс S&P, дневной график, сентябрь 1990 г.

Гэпы смежных белых свечей (Gapping Side-by-Side White Lines)

На растущем рынке две стоящие рядом белые свечи примерно одинакового размера и с примерно одинаковыми ценами открытия образуют модель продолжения тенденции *гэп смежных белых свечей вверх*, если возникают после окна (см. рис. 7.22). Для подтверждения бычьего сигнала следующая сессия должна закрыться выше максимумов этих свечей.

Гэп смежных белых свечей вверх встречается редко, но еще реже формируется *гэп смежных белых свечей вниз* (см. рис. 7.23). Он возникает на падающем рынке и служит медвежьим сигналом продолжения тенденции. Данная модель не является бычьей по той причине, что входящие в нее белые свечи говорят всего лишь о частичном закрытии коротких позиций. Как только этот процесс прекращается, цены вновь переходят к падению. Причина, по которой гэп смежных белых свечей вниз встречается редко, вполне понятна: для нисходящей тенденции более характерны окна, образуемые черными свечами, а не белыми. Кстати, если на падающем рынке после окна возникают две черные свечи с ценой закрытия у второй ниже, чем у первой, значит тоже высока вероятность, что падение продолжится.

На рисунке 7.24 можно увидеть гэп смежных белых свечей вниз, образовавшийся в начале марта. Повторюсь, что при формировании этой модели отскок рынка происходит лишь за счет закрытия коротких позиций, поэтому носит временный характер. Так произошло и в данном случае: после непродолжительного периода консолидации рынок вернулся к падению. Обратите внимание, что получившаяся модель довольно сильно отличается от идеала, поскольку у нее белые свечи разделены одним торговым днем, а их цены открытия не совпадают в точности. Тем не менее ее можно считать завершенной.

На этом же рисунке отмечены два гэпа смежных белых свечей вверх — модели, которая служит бычьим сигналом, если возникает в зоне низких цен. В первую модель вошли не две, а три свечи

Рис. 7.22. Гэп смежных белых свечей вверх

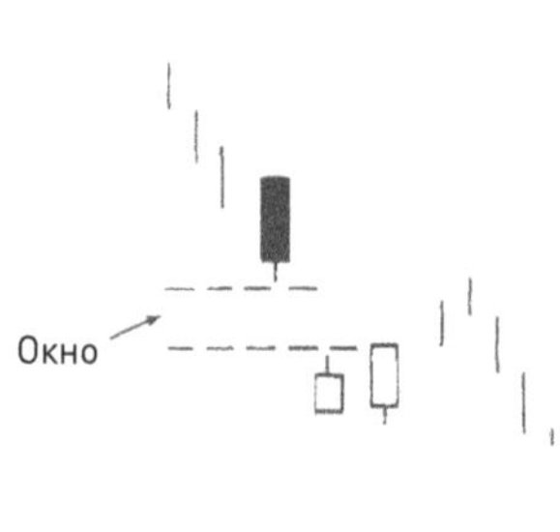

Рис. 7.23. Гэп смежных белых свечей вниз

Рис. 7.24. Платина, дневной график, 1990 г.

с примерно одинаковыми ценами открытия. Затем 8 мая происходил спад, в ходе которого рынок опускался ниже окна, но не смог там удержаться и отскочил. После этого возник дополнительный бычий сигнал в виде второго гэпа смежных белых свечей вверх. Как и следовало ожидать, с образованием обеих моделей рынок нащупал твердое дно.

Три ступени (Rising and Falling Three Methods)

Существуют два варианта модели «три ступени» — бычья и медвежья, и обе являются сигналами продолжения тенденции (обратите внимание, что мы опять имеем дело с числом три). В состав модели *бычьи три ступени* (bullish rising three methods) входят:

1. Длинная белая свеча.
2. Несколько понижающихся свечей с короткими телами. В идеале их должно быть три, но бывает также две и больше трех, главное, чтобы они лежали в основном в границах диапазона предыдущей длинной белой свечи. С определенной оговоркой можно считать получившуюся комбинацию трехдневной харами, но у нее в границах длинной свечи должны находиться только тела следующих свечей, а в данном случае — тела вместе с тенями. Маленькие свечи могут быть любого цвета, хотя чаще всего они бывают черными.

3. Свеча с длинным белым телом, которое начинается выше нижней границы предыдущего тела и поднимается над верхней границей тела первой длинной белой свечи.

Модель «бычьи три ступени» напоминает фигуры западного теханализа «бычий флаг» и «бычий вымпел», однако идея, лежащая в ее основе, гораздо старше и уходит корнями в XVIII в. Три ступени можно рассматривать как период отдыха от торговли и от битвы, или, выражаясь современным языком, «передышку», которую рынок берет на время формирования маленьких свечей.

В свою очередь модель *медвежьи три ступени* (bearish falling three methods см. рис. 7.26) формируется при нисходящей тенденции и напоминает фигуры «медвежий флаг» и «медвежий вымпел». За длинной черной свечой следуют порядка трех свечей с короткими телами, обычно белыми, лежащими в границах ценового диапазона длинной свечи, включая ее тени. Следующая сессия должна начаться ниже предыдущей цены закрытия и завершиться ниже закрытия первой длинной черной свечи. После этого рынок продолжит снижение.

На рисунке 7.27 представлены классические бычьи три ступени. В период восходящего тренда возникли три последовательно понижающиеся черные маленькие свечи, которые предваряла белая свеча. Свечи с черными телами преимущественно лежали в границах белого тела, а после них шла еще одна белая свеча с ценой закрытия выше, чем у первой свечи модели. Значимость моделей «три ступени» повышается, если при образовании первой и последней длинных свечей объем торгов оказывается выше, чем при формировании маленьких свечей. В данном случае он возрос, когда появлялись длинные белые свечи.

На рисунке 7.28 также можно видеть модель «бычьи три ступени». После того как она полностью сформировалась, цены продолжили подниматься вплоть до образования медвежьей модели поглощения.

Хотя в идеале в бычьи три ступени должны входить три свечи с короткими телами, на рисунке 7.29 вы найдете вариант этой модели, в котором присутствуют только две таких свечи. Движение цен в июне 1988 г. сформировало свечу с длинным белым телом, затем в июле

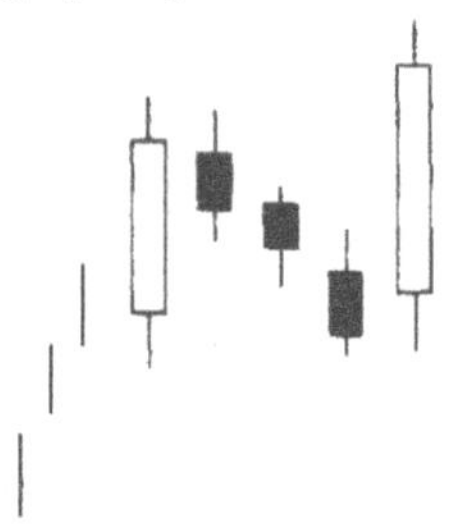

Рис. 7.25. Бычьи три ступени

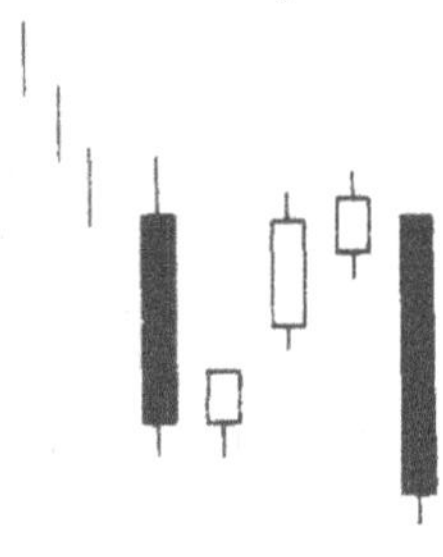

Рис. 7.26. Медвежьи три ступени

Рис. 7.27. Золото, дневной график, 1990 г.

и августе возникли маленькие свечи, лежащие в границах ее диапазона, а в сентябре образовалась еще одна белая свеча. В процессе ее образовании рынок достигал локального максимума, однако в итоге цене закрытия не хватило трех тиков, чтобы подняться выше верхней границы тела первой белой свечи. Конечно, хорошо было бы увидеть закрытие на более высокой отметке, но и сложившуюся комбинацию свечей можно рассматривать как бычьи три ступени, если его подтвердит свеча, идущая следом. В данном случае таким подтверждением послужило то, что рынок закрылся в октябре на более высокой отметке.

На рисунке 7.30 можно видеть три маленькие свечи, не выходящие за максимум и минимум стоящей перед ними свечи с белым телом. За ними образовалась еще одна белая свеча с такой же ценой закрытия, как и у первой свечи этой комбинации. Следовательно, прежде чем переходить к действиям, в данном случае тоже нужно было дождаться дополнительного бычьего сигнала, которым послужило открытие следующего часа на более высоких отметках. Обратите также внимание, что верхняя граница сложившейся модели выступила областью поддержки, которую рынок тестировал в первый час торгов 1 августа.

На рисунке 7.31 приведены два примера бычьих трех ступеней, первый из который еще раз напоминает о том, что число входящих в эту модель маленьких свечей необязательно должно равняться трем. Здесь их две, обе находятся внутри диапазона первой длинной белой свечи, а идущая за ними свеча, как и полагается, открылась

Рис. 7.28. Облигации, недельный график

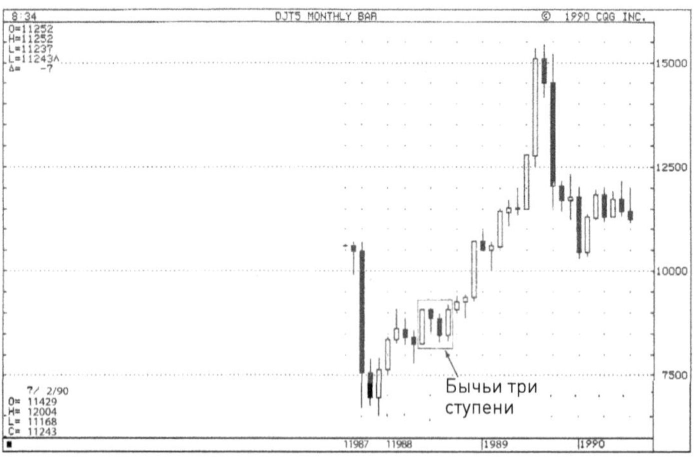

Рис. 7.29. Индекс Dow Jones Transportation, месячный график

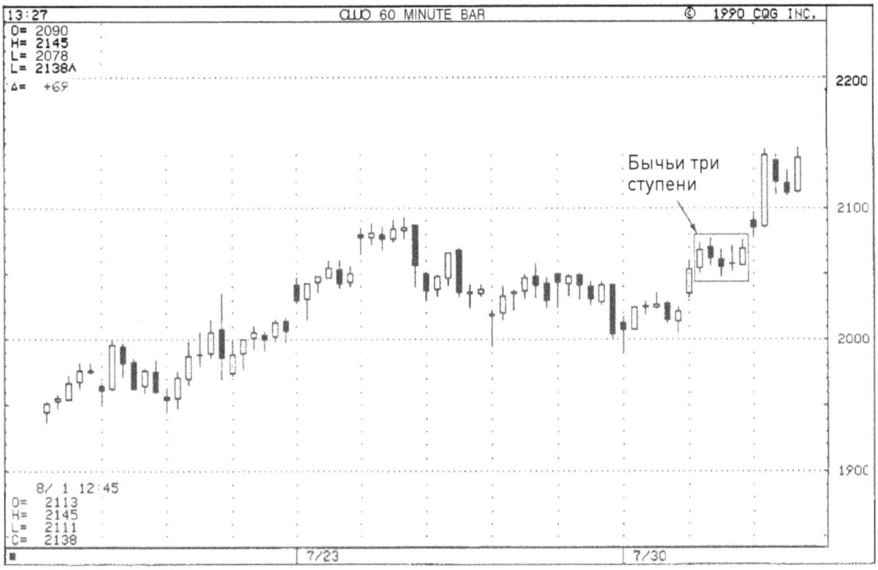

Рис. 7.30. Нефть, часовой график, июль 1990 г.

на отметке выше предыдущей цены закрытия и закрылась на новом локальном максимуме. Вторая модель «бычьи три ступени», отмеченная на графике, доказывает, что цвет маленьких свечей необязательно должен быть черным. В данном случае тела этих свечей не выходили за пределы диапазона предыдущей белой свечи, поэтому потенциально вместе с ней могли оказаться частью рассматриваемой нами модели. Именно это и произошло, как только сразу за ними на графике появилась длинная белая свеча с ценой закрытия на новом максимуме.

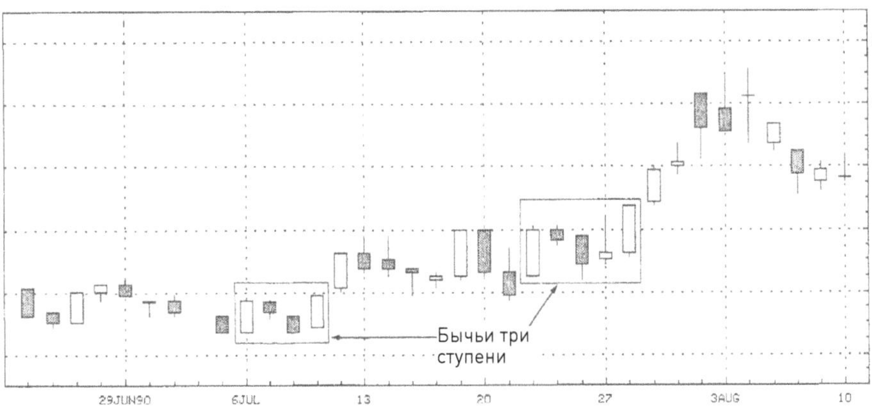

Рис. 7.31. Акции Exxon, дневной график, 1990 г.

В марте–апреле 1989 г. события на рынке французского франка развивались по классическому сценарию, при котором во время коррекции цена возвращаются к ранее открытому окну, а затем возобновляется предыдущий тренд (см. рис. 7.32). После образования окна вслед за черной свечой на графике появились три маленьких белых свечи. Дебютная попытка штурмовать диапазон, заданный окном, была предпринята в первую неделю апреля и завершилась ничем. Еще через неделю, когда формировалась третья маленькая свеча, рынок вновь попытался взять неприступный рубеж и опять потерпел фиаско. Следующая черная длинная свеча закрылась на отметке ниже цены закрытия первой черной свечи, и таким образом завершилось формирование медвежьих трех ступеней.

На рисунке 7.33 представлен вариант этой модели с четырьмя, а не с тремя маленькими свечами. Главное, что тела свечей не выходят за границы торгового диапазона первого дня, и модель, как и следует, завершается длинной черной свечой. Обратите внимание, что формирование обеих черных свечей сопровождалось ростом тикового объема, в то время как белые свечи возникли на фоне более низких значений этого показателя. Более подробно об использовании объема в свечном анализе мы поговорим в главе 15.

Часовой график на рисунке 7.34 напоминает нам о правиле не предпринимать никаких действий до тех пор, пока та или иная модель не сформируется до конца. В данном случае в первый час торгов 23 апреля возникла длинная белая свеча, а следом за ней — три ступенчато повышающихся свечи с маленькими телами. Но поскольку пятая

Рис. 7.32. Швейцарский франк, недельный график

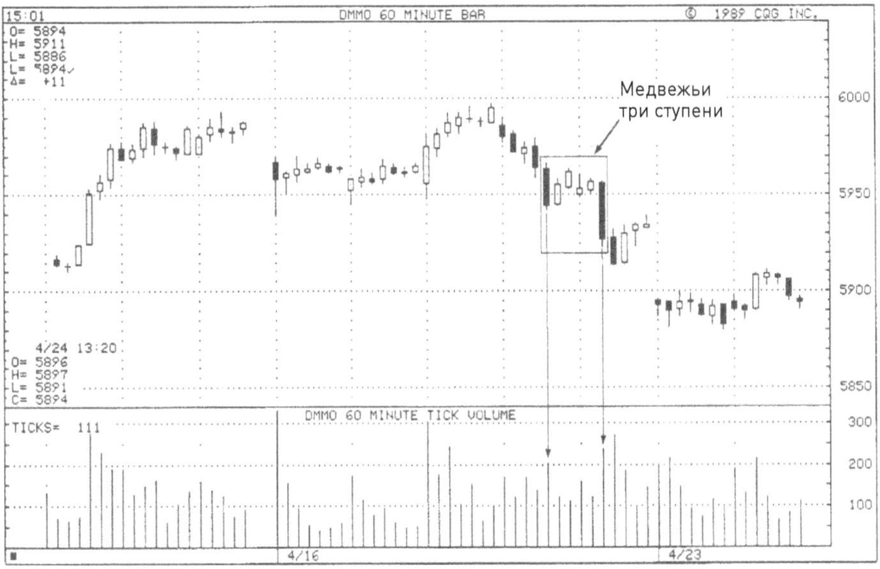

Рис. 7.33. Немецкая марка, часовой график, июнь 1990 г.

свеча этой комбинации не смогла закрыться ниже первой, модель «медвежьи три ступени» так и не сформировалась. Если бы следующая свеча подтвердила медвежий сигнал, то получившуюся комбинацию все-таки можно было бы рассматривать как разновидность медвежьих трех ступеней, раз уж цены закрытия первой и последней черных свечей

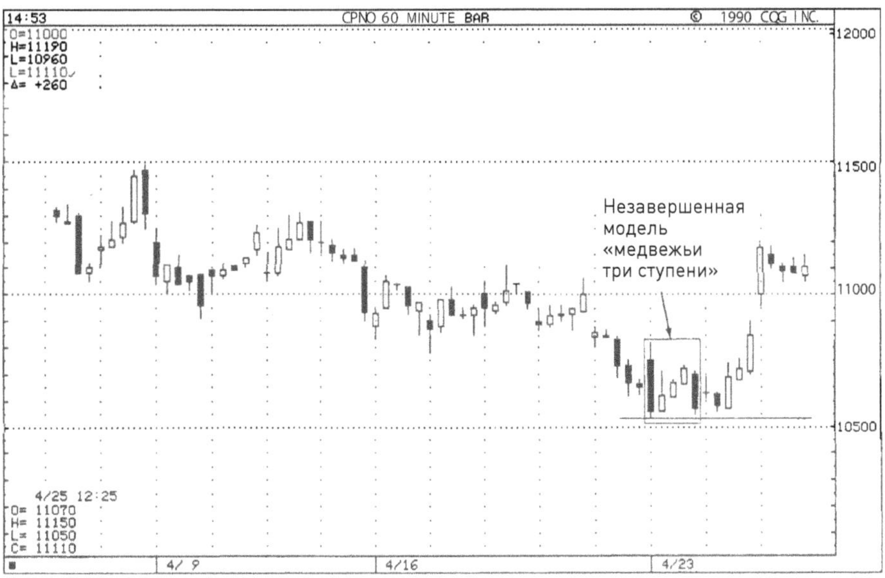

Рис. 7.34. Медь, часовой график, июль 1990 г.

оказались настолько близки. Но подтверждения не появилось ни в ближайший час торгов, ни в следующий.

После последней черной свечи возникла дожи, и вместе они образовали модель «крест харами» — сигнал разворота, говорящий о том, что непосредственно предшествующий этому тренд не получит продолжения. Кроме того, в течение следующих часов рынок успешно проверил на прочность уровень поддержки, заданный минимальными отметками рассматриваемой нами комбинации. Тот, кто рассчитывал на формирование модели «медвежьи три ступени», оказался неправ. Всегда дожидайтесь, пока модель не сложится окончательно либо пока не появится дополнительный подтверждающий сигнал!

На рисунке 7.35 вы найдете классические медвежьи три ступени, сигнал которых был нивелирован молотом. Если кому-то этого оказалось недостаточно, чтобы убедиться в завершении нисходящего тренда, то дополнительным доказательством должна была послужить следующая за молотом белая свеча, образовавшая вместе с ним бычью модель поглощения.

Рис. 7.35. Индекс Dow Jones Utilites, дневной график, 1990 г.

Три наступающих белых солдата (Tree Advancing White Soldiers)

Название этой модели, как и многие другие свечные термины, имеет военные ассоциации. *Три наступающих белых солдата*, или, как ее чаще называют, *три белых солдата* (three white soldiers), представляет собой группу из трех белых свечей с последовательно повышающимися ценами закрытия. Если эта модель образуется в зоне низких цен после периода стабилизации, она говорит о том, что рынок набирает силу.

Три белых солдата формируются постепенным устойчивым повышением цен, при котором каждая новая свеча открывается приблизительно в границах предыдущего белого тела, а закрывается на максимумах своей сессии или вблизи них. Это стадия здорового рыночного роста, хотя, если тела длинных свечей оказываются очень растянутыми, то могут возникнуть опасения в перекупленности рынка.

Если вторая и третья свечи либо одна только третья свеча демонстрирует признаки ослабления, то образуется модель *отбитое наступление* (advance block pattern, см. рис. 7.37). Она означает, что рост цен встречает сопротивление, поэтому с длинными позициями следует быть осторожнее, особенно если до этого наблюдался долгий восходящий тренд. Об ослаблении может свидетельствовать постепенное уменьшение длины белых тел либо формирование у двух последних свечей длинных верхних теней.

Модель, в которой предпоследняя свеча имеет длинное белое тело и достигает локального максимума, а у последней свечи короткое белое тело, называется *торможение* (stalled pattern, см. рис. 7.38), хотя иногда ее также называют *размышление* (deliberation pattern). Маленькая свеча либо образует гэп с предыдущим длинным белым телом, и в этом случае она является звездой, либо находится в верхней части торгового диапазона предыдущей свечи — как говорят японские аналитики, «едет на плече» ее тела. Маленькая свеча сигнализирует об истощении сил быков, поэтому при образовании модели «торможение» имеет смысл фиксировать прибыль по ранее открытым длинным позициям.

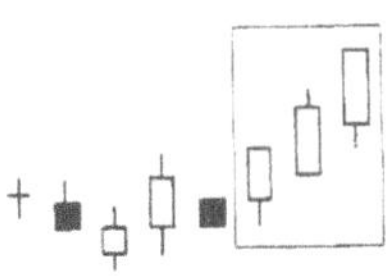

Рис. 7.36. Три наступающих белых солдата

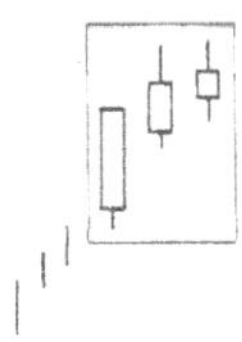

Рис. 7.37. Отбитое наступление

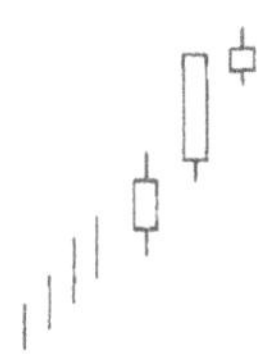

Рис. 7.38. Модель «торможение»

Хотя отбитое наступление и торможение обычно не являются сигналами разворота на вершине, иногда они предвещают значительное снижение цен. Соответственно, при их появлении целесообразно закрывать либо защищать длинные позиции (например, путем продажи покрытых колл-опционов), однако не стоит открывать короткие позиции. Значимость обеих этих моделей возрастает, когда они образуются в зоне высоких цен.

На рисунке 7.39 три белых солдата, возникшие в зоне низких цен в 1985 г., предупредили участников торгов о грядущем ралли, а позже на графике образовалось две модели «отбитое наступление». В первую из них в начале 1987 г. вошли три свечи с последовательно уменьшающимися белыми телами, что не сулило быкам ничего хорошего. Последняя из этих свечей, кроме того, представляла собой падающую звезду. Затем два месяца рынок топтался на месте, а в середине 1987 г. предпринял новую попытку роста, однако образовавшаяся при этом вторая модель «отбитое наступление» послужила очередным предостерегающим сигналом. Главное различие между первым и вторым отбитыми наступлениями заключается в длине верхней тени у последней входящей в них свечи. Хотя во втором случае она не очень длинная, стало очевидным, что рынок не в состоянии закрыться вблизи максимумов. Другими словами, ведущий (то есть наступающий) солдат оказался отбит. В следующем месяце сформировалась свеча «повешенный», после чего «солдаты» отступили окончательно.

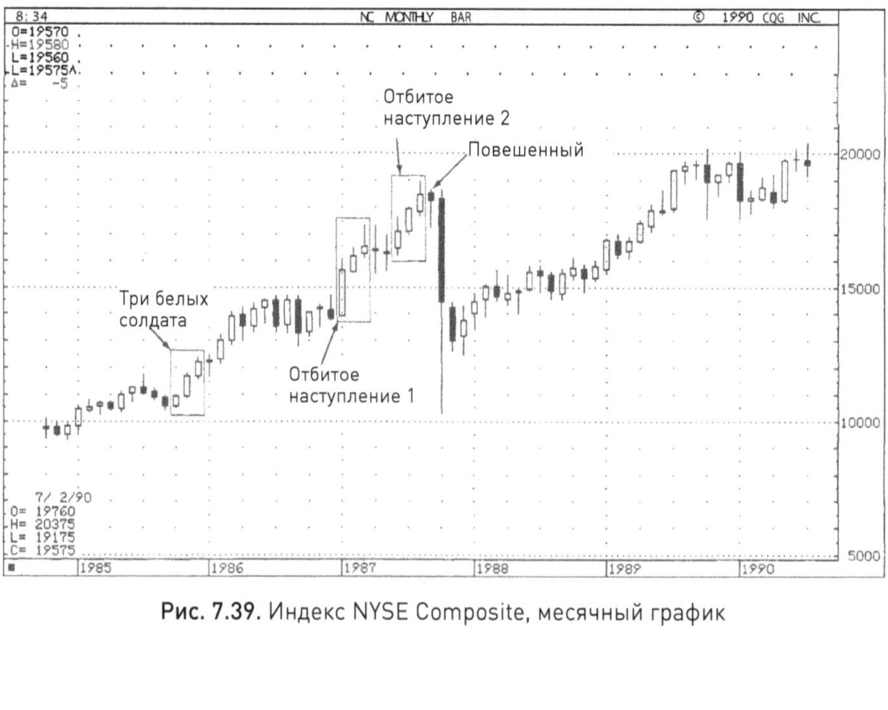

Рис. 7.39. Индекс NYSE Composite, месячный график

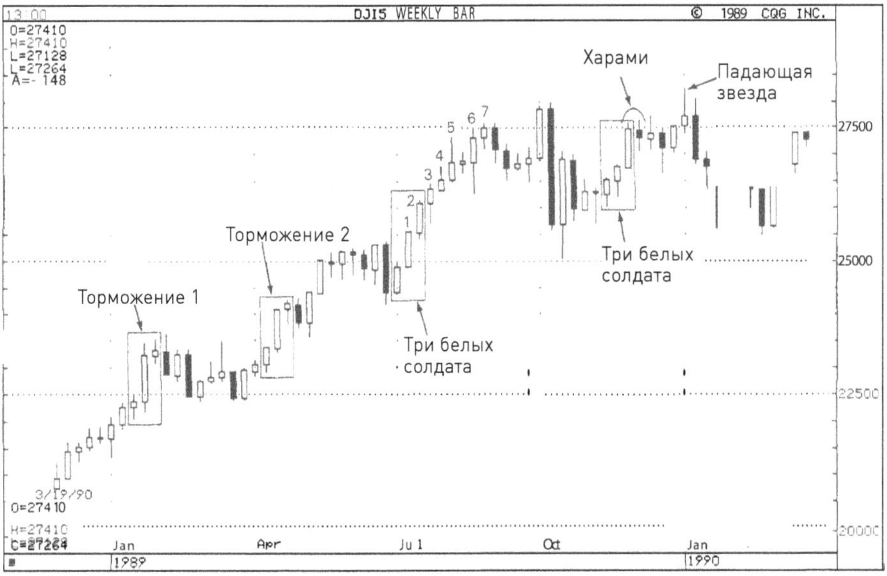

Рис. 7.40. Индекс Dow Jones, недельный график

У быков была и еще одна причина для беспокойства. Хотя три белых солдата в 1985 г. дали рынку толчок, когда он находился в зоне низких цен, к моменту образования второго отбитого наступления он уже успел значительно подняться.

На рисунке 7.40 первая модель «торможение» образовалась в начале 1989 г. после серии белых свечей и временно остановила повышение цен. Аналогичная модель в начале апреля завершилась свечой «повешенный», но, после того как спустя две недели рынок закрылся выше ее максимальной отметки, стало понятно, что снижение маловероятно. В начале июля бычьи три белых солдата положили начало уверенному ралли, во время которого были последовательно достигнуты семь новых максимумов (так называемых рекордных максимумов). Еще раз эта модель образовалась в третьем квартале, и поскольку каждая из входящих в нее свечей закрывалась на максимуме, складывались все предпосылки для новой волны роста, аналогичной той, что наблюдалась в июле. Но этого не произошло: сначала вслед за последней белой свечой трех белых солдат возникла свеча с маленьким телом, и вместе они образовали харами, говорившую о преграде на пути дальнейшего повышения, а через несколько недель эти опасения подтвердила падающая звезда.

На рисунке 7.41 можно видеть три модели «торможение», первая из которых завершилась образованием харами, помешавшей дальнейшему повышению цен. Вторая модель «торможение» не смогла остановить ралли, в свою очередь торможение 3 включало в себя падающую

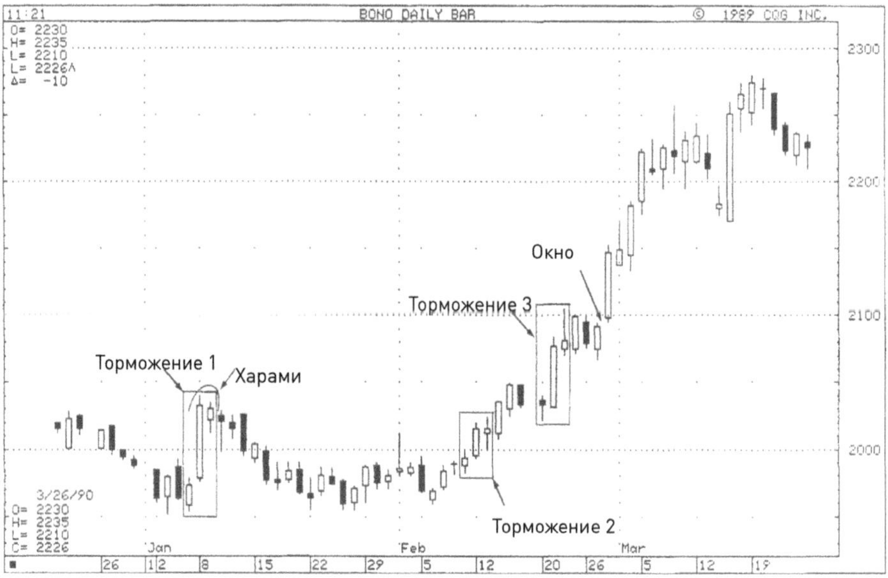

Рис. 7.41. Соевое масло, дневной график, 1990 г.

звезду и привело к смене восходящего тренда на колебания в боковом диапазоне. Запомните, что модель «торможение» обычно не является признаком разворота тенденции, чаще она означает, что рынок берет время на раздумья перед тем, как определиться с дальнейшим направлением движения. В случае с торможением 3 после диапазона консолидации открылось окно и образовалась модель «гэп на максимумах», что свидетельствовало о восстановлении сил для роста.

Разделение (Separating Lines)

В главе 6 мы рассматривали модель «контратака», которая состоит, напомним, из двух свечей контрастного цвета с одинаковыми ценами закрытия и является сигналом разворота. В модель *разделение* тоже входят две контрастные свечи, только с одинаковыми ценами открытия, и при этом она является сигналом продолжения тенденции.

Появление свечи с черным телом (в особенности если оно длинное) на фоне восходящей тенденции должно настораживать тех, кто открыл длинные позиции, ведь не исключено, что медведи обретают силу. Но если на следующий день цена открытия образует гэп вверх и соответствует цене открытия предыдущего дня, значит медведи потеряли контроль над рынком. Завершение этой сессии ростом будет говорить о том, что быкам окончательно удалось восстановить силы и, следовательно, подъем цен продолжится. Именно по такому сценарию

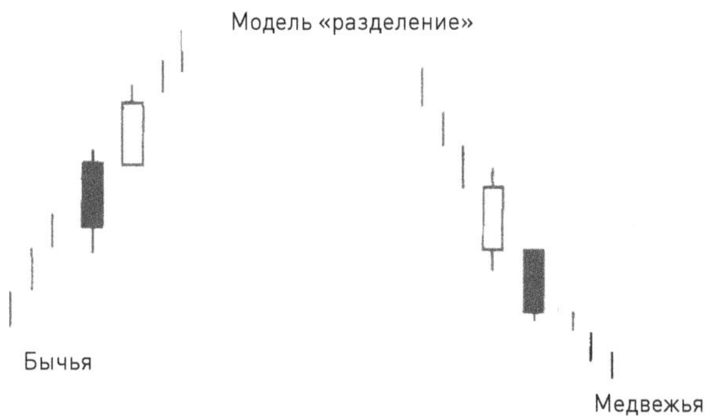

Рис. 7.42. Бычья и медвежья модели «разделения»

развиваются события при формировании бычьей модели «разделение» на рисунке 7.42. Белая свеча, выступающая в качестве разделяющей, должна при этом представлять собой бычий захват за пояс, т.е. открываться на минимумах сессии. Обратное верно для медвежьей модели «разделение», которую вы тоже можете видеть на рисунке 7.42.

ГЛАВА 8

МАГИЧЕСКИЕ ДОЖИ

窓から槍

Внезапная опасность.

Как говорилось в главе 3, дожи представляет собой свечу с одинаковыми ценами открытия и закрытия (варианты дожи вы найдете на рис. 8.1–8.3). Свечи этого типа являются настолько значимыми сигналами разворота, что мы посвятим целую главу различным их проявлениям. Ранее мы уже рассматривали дожи в качестве составной части свечных моделей, а именно звезды дожи (см. главу 5) и креста харами (см. главу 6).

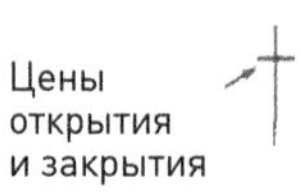

Рис. 8.1. Дожи

Рис. 8.2. Длинноногая дожи (рикша)

Рис. 8.3. Дожи-надгробие

Важность дожи

Хотя у идеальной дожи цены открытия и закрытия должны совпадать в точности, на практике они иногда отличаются на несколько тиков. Как понять, следует ли рассматривать в качестве дожи свечу, у которой тело хоть и крохотное, но все-таки не представляет собой плоскую горизонтальную черту? Строгого правила здесь не существует, и решение в любом случае будет несколько субъективным. Можно дать общий совет учитывать внешний вид предыдущих свеч: если тела у них маленькие, то появление еще одной свечи с крохотным телом на этом фоне не является чем-то из ряда вон выходящим, и поэтому вряд ли ее следует считать дожи. Другой совет: если рынок достиг некой ключевой точки или на нем уже долгое время господствует восходящий или нисходящий тренд, или если имеются другие важные технические сигналы, тогда лучше отнестись к свече с близкими ценами открытия и закрытия как к дожи. Учитывая высокую важность этого типа свечей, в данном случае лучше будет прислушаться к ложному сигналу, чем пропустить истинный.

Дожи и сами по себе предупреждают об изменении тенденции, но при наличии дополнительных подтверждений вероятность такого развития событий возрастает. Впрочем, важную роль дожи играют только на графиках, на которых они возникают сравнительно редко, в противном случае им не следует придавать значения. Вот почему свечной анализ обычно не работает на внутридневных графиках с таймфреймом меньше 30-минутного: на них постоянно образуются свечи, напоминающие дожи (исключением являются рынки с очень высокой торговой активностью).

Дожи на вершинах

Дожи известны своей способностью указывать на вершины, особенно если они возникают после длинной белой свечи в период восходящего тренда (см. рис. 8.4). Это связано с тем, что появление дожи отражает нерешительность, неуверенность покупателей в своих силах. Если рынок переживает длительный период роста или оказался перекуплен, то формирование дожи (т.е. нерешительность) может говорить о том, что подпитка спроса ослабевает.

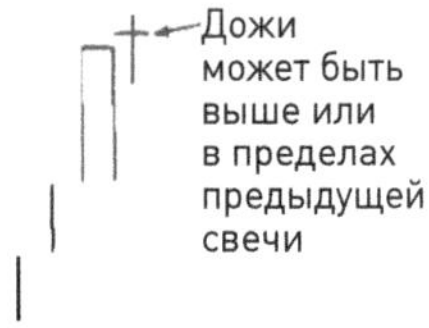

Рис. 8.4. Дожи после длинной белой свечи

В то же время в период нисходящего тренда, как показывает опыт, дожи во многом утрачивают свою значимость. Возможно, это связано с тем, что в условиях равенства сил быков и медведей, о котором можно судить по формированию свечи данного типа, рынок склонен продолжать снижаться «под тяжестью собственного веса». Таким образом, восходящий тренд после образования дожи должен прекратиться, а вот нисходящий может продолжиться. Следовательно, в основаниях рынка сигнал разворота дожи требует более сильного подтверждения, чем на вершинах.

На рисунке 8.5 после дожи 1 цены перешли от роста к боковому движению. Позже на вершине возникла дожи 2, которая представляла собой *длинноногую дожи* (long-legged doji) — свечу с одной или двумя

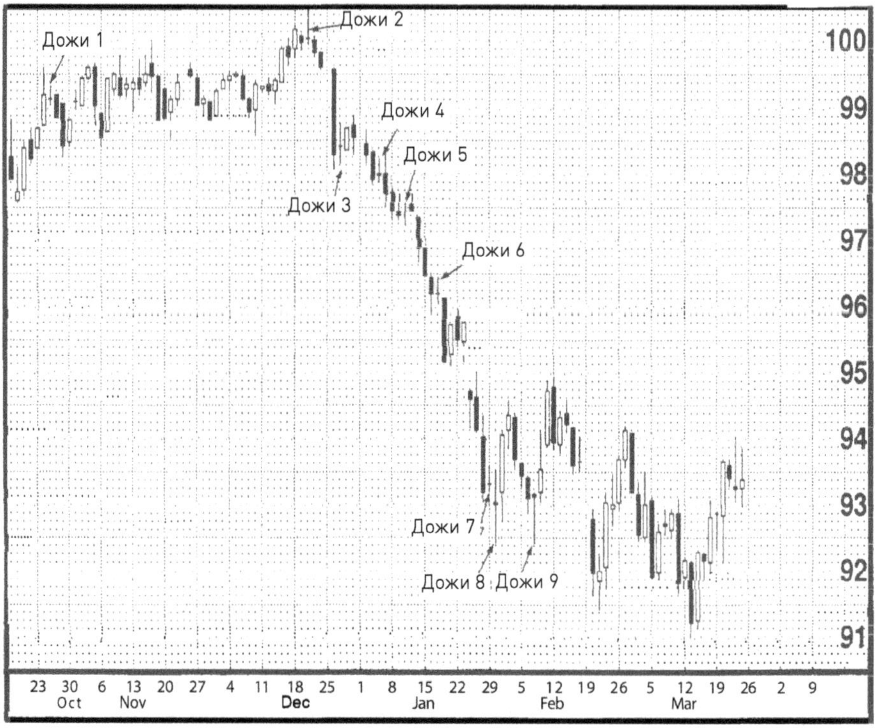

Рис. 8.5. Облигации, дневной график, 1989–1990 гг.

длинными тенями, в данном случае с длинной верхней тенью. Длинноногие дожи часто сигнализируют о достижении вершины, о чем мы еще поговорим в этой главе. Обратите внимание, насколько важными сигналами разворота оказались дожи 1 и 2 в период восходящего тренда (дожи от 31-го октября образовалась в середине торгового диапазона и поэтому не имела особого значения). После того как рынок перешел к снижению, на графике возникло еще несколько дожи — 3, 4, 5, 6 и 7, однако во всех этих случаях разворота не произошло. Только после того как дожи 8 и 9 сформировали двойное основание, падение остановилось, по крайней мере на время. Все это, опять же, доказывает, что на вершинах свечи этого типа могут выступать сигналами разворота сами по себе, а в основаниях им обычно требуется подтверждение от других индикаторов.

На рисунке 8.6 первым признаком окончания ралли, начавшегося в середине 1987 г., стало образование дожи 1. Спустя несколько месяцев на графике появилась дожи 2, и рост прекратился, а затем незначительное повышение цен в конце 1989 г. завершилось формированием дожи 3. Здесь мы можем видеть, что вероятность разворота тренда возрастает при наличии подтверждающих сигналов свеч, идущих после

Рис. 8.6. Пшеница, месячный график

дожи. Так, вслед за дожи 1 возникла белая свеча и, следовательно, рынок в тот момент еще не был готов к смене тенденции. После дожи 2 образовались повешенный и длинная черная свеча, подтверждающие медвежьи настроения у участников торгов. Длинная черная свеча возникла и после дожи 3, указывая на то, что цены действительно достигли вершины.

Чем консервативнее ваш стиль торговли, тем важнее дожидаться подтверждающего сигнала после дожи, прежде чем начинать действовать. Сколько именно нужно ждать? Это всегда предмет компромисса между готовностью трейдера рисковать и потенциальной доходностью сделки. Чем дольше вы будете ждать подтверждения, тем надежнее будет сигнал, но и тем ниже может оказаться прибыль.

На рисунке 8.7 вы найдете три дожи, каждая из которых появилась после роста рынка. Дожи 1 сигнализировала о достижении промежуточной вершины, дожи 2 неточно предсказала разворот, но на следующий день цены все же снизились на $0,08, а дожи 3 представляет особый интерес. Она возникла после трех длинных белых свечей, образовавших модель «крест харами» и служила явным признаком того, что предыдущий восходящий тренд может завершиться. Покупателям следовало принять меры по защите портфеля, а именно закрыть часть позиций, сдвинуть вверх стоп-лоссы и/или продать опционы колл (бурный рост рынка накануне не предполагал открытия коротких позиций).

Внутридневный скачок цены на следующей сессии после дожи 3 заставлял усомниться в правильности медвежьего прогноза, однако уже

Рис. 8.7. Соя, дневной график, 1990 г.

к закрытию торгов рынок скатился в минус, что подтверждало первоначальную версию о завершении восходящего тренда. Затем несколько недель наблюдался боковой диапазон, после чего на графике сложилась комбинация свечей, напоминающая вечернюю звезду. Хотя в этой комбинации и отсутствовал гэп между первой и второй свечами, который должен быть в идеальной вечерней звезде, тем не менее она правильно указала на достижение рынком вершины.

Дожи после длинной белой свечи

Если дожи появляется вслед за длинной белой свечой, особенно после длительной восходящей тенденции, значит высока вероятность приближения к вершине. На рисунке 8.8 можно видеть три примера такой комбинации:

1. Дожи 1 сформировалась в августе 1989 г. вслед за двумя длинными белыми свечами. После этого восходящий тренд, начавшийся с медвежьего молота 22 августа, перешел в горизонтальное движение.
2. Дожи 2 возникла в начале ноября после длинной белой свечи и положила конец краткосрочному подъему в предыдущие дни. Спустя несколько сессий рынок опустился ниже минимумов, зарегистрированных в конце октября.

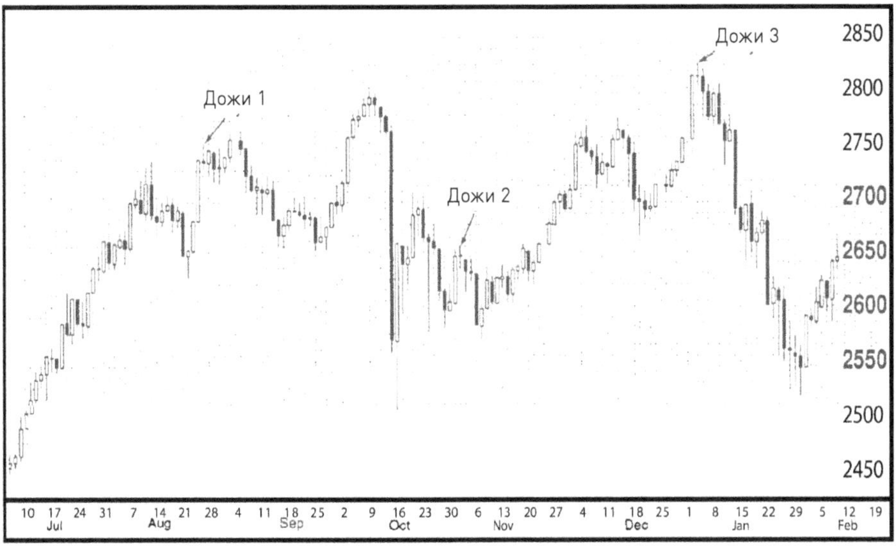

Рис. 8.8. Индекс Dow Jones, дневной график, 1989–1990 гг.

3. В течение последних недель 1989 г. наблюдался стремительный рост, в ходе которого индекс Dow Jones превысил 2800 пунктов. Но обратите внимание, что он прекратился после возникновения дожи 3 вслед за свечой с длинным белым телом. Такая комбинация означала, что покупатели, контролировавшие ситуацию накануне, стали терять силы. Вероятность того, что рынок уже достиг вершины, возросла с образованием на следующий день черной свечи, которая, кроме того, завершила формирование модели «вечерняя звезда дожи».

На рисунке 8.9 дожи вместе со стоящей перед ней длинной белой свечой остановила небольшое ралли, начало которому в середине марта положила молотообразная свеча (чтобы считаться истинным молотом, она должна была иметь более длинную нижнюю тень и более короткое тело). Также дожи вошла в состав модели «вечерняя звезда дожи». Затем снижение цен продолжалось до формирования молота, который на сей раз выглядел идеально.

На рисунке 8.10 восходящее движение, поднявшее стоимость облигаций на семь пунктов, прекратилось с появлением дожи после длинной белой свечи. А на рисунке 8.11 можно видеть, что ралли, стартовавшее 19 апреля с появлением молота, прервалось 23 апреля, как только вслед за длинной белой свечой возникла дожи.

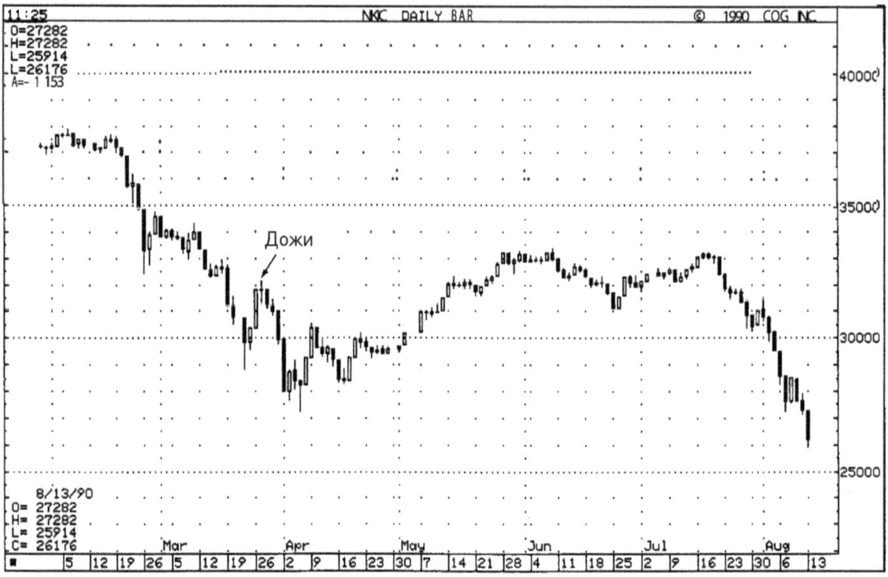

Рис. 8.9. Индекс Nikkei, дневной график, 1990 г.

Рис. 8.10. Облигации, недельный график

Рис. 8.11. Хлопок, часовой график, июль 1990 г.

Длинноногая дожи и рикша (Long-Legged Doji and Rickshaw Man)

Длинноногая дожи особенно важна при появлении на вершинах. Как показано на рисунке 8.2, она имеет длинные верхнюю и нижнюю тени, которые явно свидетельствуют о царящей на рынке нерешительности. В ходе торгов цена сначала резко поднимается, затем падает (либо наоборот), однако к закрытию сессии возвращается на стартовую отметку или максимально к ней приближается. Если цены открытия и закрытия при этом находятся в середине дневного диапазона, то такая свеча называется *рикша* (rickshaw man). Если же свеча не является дожи, но имеет очень длинную верхнюю и/или нижнюю тени и маленькое тело, то ее называют *высокая волна* (high-way line). Возникновение группы высоких волн тоже считается сигналом разворота. О свечах с очень длинными верхними или нижними тенями японцы говорят, что они «потеряли ощущение направления».

На рисунке 8.12 в конце апреля — начале мая возникла серия дожи и свечей типа дожи. Их плоские тела были плохим знаком: они отражали охватившую рынок усталость после роста в предыдущие сессии. А самым тревожным для быков симптомом служили две длинноногие дожи, в данном случае рикши (хотя у первой свечи цены открытия и закрытия не вполне совпадают, они достаточно близки, чтобы

Рис. 8.12. Сахар, дневной график, 1990 г.

рассматривать ее именно как рикшу). Стало очевидным, что рынок «потерял ощущение направления». Поскольку группа медвежьих свечей с маленькими телами образовала большую вершину и выглядит так, будто нависает над рынком, в шутку ее, пожалуй, можно назвать «падающим канделябром».

На рисунке 8.13 формирование длинноногой дожи, у которой цены открытия и закрытия не совпадают, но очень близки, указывало, что рынок с высокой долей вероятности достиг пика. Кроме того, эта дожи вошла в состав двух моделей с медвежьим характером — харами и вершины «пинцет». Совпадение сразу нескольких технических факторов явно свидетельствовало о том, что максимумы близки. В свою очередь рисунок 8.14 содержит график, на котором цены достигали пика при образовании длинноногой дожи в январе. Появление свечей с длинными верхними тенями в начале следующего месяца подтвердило, что именно на отметках, заданных длинноногой дожи, находится уровень сопротивления.

Рис. 8.13. Свинец, дневной график, 1990 г.

Рис. 8.14. Золото, дневной график, июнь 1990 г.

Дожи-надгробие (Gravestone Doji)

Еще одной разновидностью рассматриваемого в этой главе типа свечей являются *дожи-надгробия* (см. рис. 8.3). Они образуются тогда, когда цены открытия и закрытия дожи соответствуют минимумам сессии. Чаще всего дожи-надгробия выступают сигналом разворота на вершинах, хотя иногда они встречается и в основаниях. Как уже не раз отмечалось в этой книге, многие термины свечного анализа ассоциируются с военной тематикой, и если проводить аналогии в данном случае, то можно представить себе надгробия в память о быках и медведях, погибших при защите собственной территории.

Причины медвежьего характера дожи-надгробия понятны: рынок открывается на минимумах сессии, затем цены взлетают (в идеале к новым локальным максимумам), но в итоге возвращаются к стартовой отметке, заставляя тревожиться держателей длинных позиций. Чем длиннее верхняя тень и чем выше общий уровень цен, тем более медвежьим является сигнал свечи «дожи-надгробие».

На рисунке 8.15 обратите особое внимание на последнюю из дожи, сформировавшихся 11 и 12 апреля. Она имеет форму надгробия и определила исход сражения в пользу медведей. Последние окончательно взяли верх, когда цена пробила линию поддержки (подробнее о совместном использовании свечного анализа и линий тренда мы поговорим в главе 11).

Очень короткая нижняя тень свечи от 8 октября, отмеченной на рисунке 8.16, не мешает рассматривать ее в качестве дожи-надгробия.

Рис. 8.15. Евродоллар, дневной график, 1990 г.

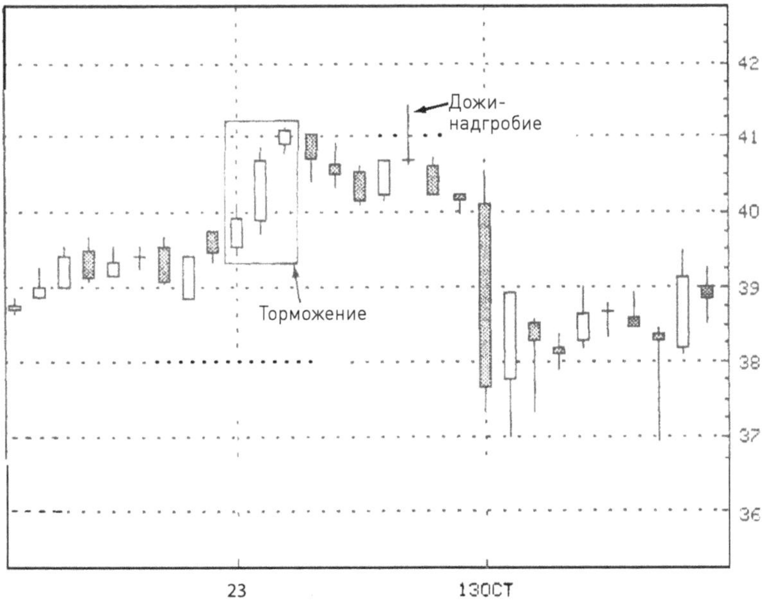

Рис. 8.16. Акции Dupont, дневной график, октябрь 1989 г.

В день ее возникновения цены достигали новых максимумов, так что у быков был шанс продолжить восходящее движение, но они им не воспользовались, и к закрытию торгов рынок вернулся к стартовой точке. Об отметку $41 быки спотыкались и ранее: именно в этом районе свечи за три дня, начиная с 29 сентября, образовали модель «торможение», а дожи-надгробие в свою очередь подтвердила, что в этом же районе сложился сильный уровень сопротивления.

Возможно, вы уже заметили, что по внешнему виду дожи-надгробия напоминают падающую звезду, и на вершинах они действительно является разновидностью этой модели. Но если падающая звезда имеет маленькое тело, то у дожи-надгробия его нет вообще. При этом медвежий сигнал у дожи-надгробия выражен ярче, чем у падающей звезды.

Дожи в качестве поддержки или сопротивления

Дожи иногда задают зоны поддержки и сопротивления, особенно если образуются в районе значимых вершин и оснований. Так, на рисунке 8.17 нижняя тень свечи данного типа, возникшей в сентябре 1989 г., сформировала область поддержки, а позднее верхняя тень звезды дожи, возникшей в этом же месяце, задала уровень сопротивления.

На рисунке 8.18 в первый час торгов 21 марта возникла свеча с маленьким телом и длинными тенями, что позволяет рассматривать

Рис. 8.17. Серебро, недельный график

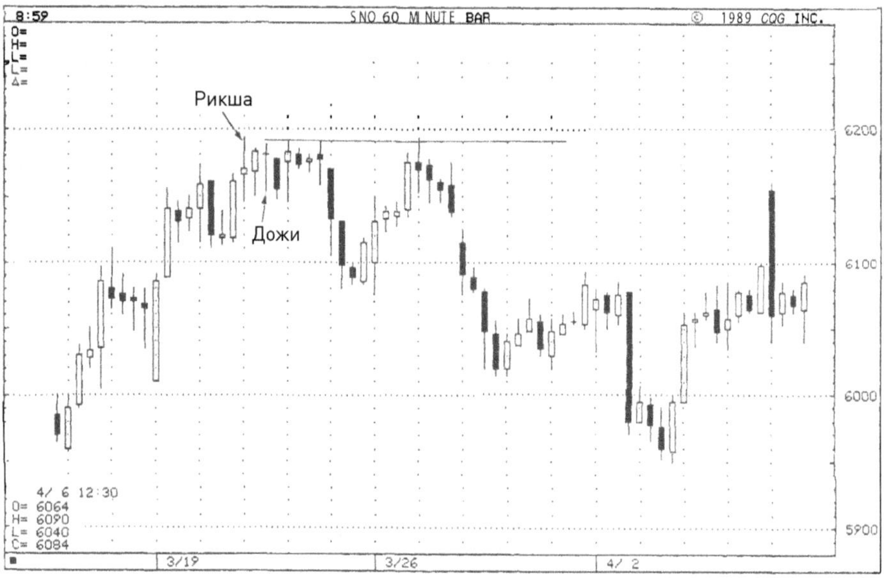

Рис. 8.18. Соя, часовой график, июль 1990 г.

ее как рикшу. Она стала предвестником разворота восходящего тренда, и через несколько часов еще одна дожи подтвердила правильность такого прогноза. Обе эти свечи задали важную область сопротивления.

Три звезды (Tri-Star)

Три звезды (см. рис. 8.19) встречаются очень редко, но это одна из самых сильных моделей разворота. В нее входят три дожи, средняя из которых является звездой. На реальных графиках мне еще ни разу не попадался идеальный вариант трех звезд, но даже вариации этой модели являются важными сигналами смены тренда. О трех звездах мы говорим именно здесь, а не в главе, посвященной звездам, потому что главной отличительной чертой данной модели является наличие в ней трех свечей типа дожи.

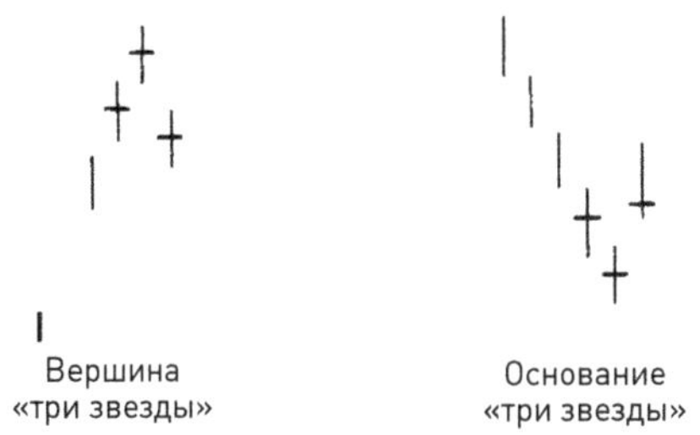

Рис. 8.19. Три звезды на вершине и в основании

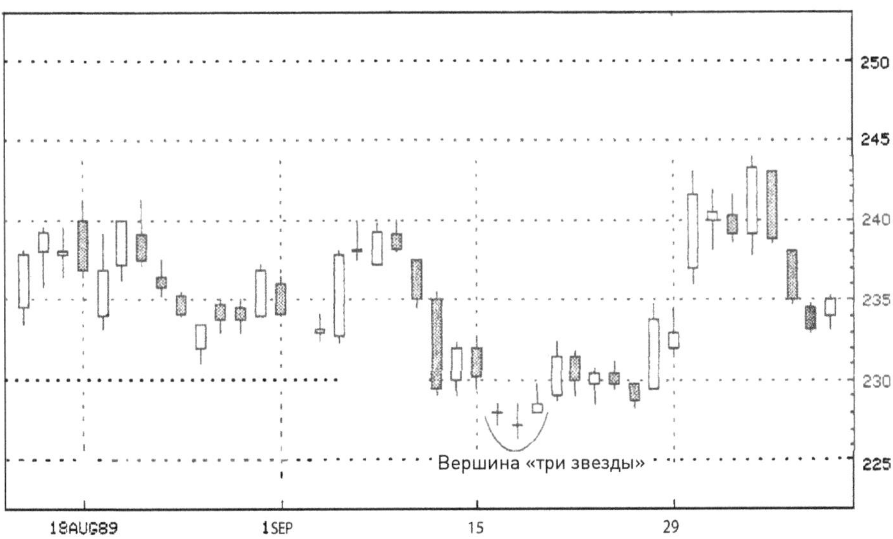

Рис. 8.20. Кукуруза, дневной график, декабрь 1989 г.

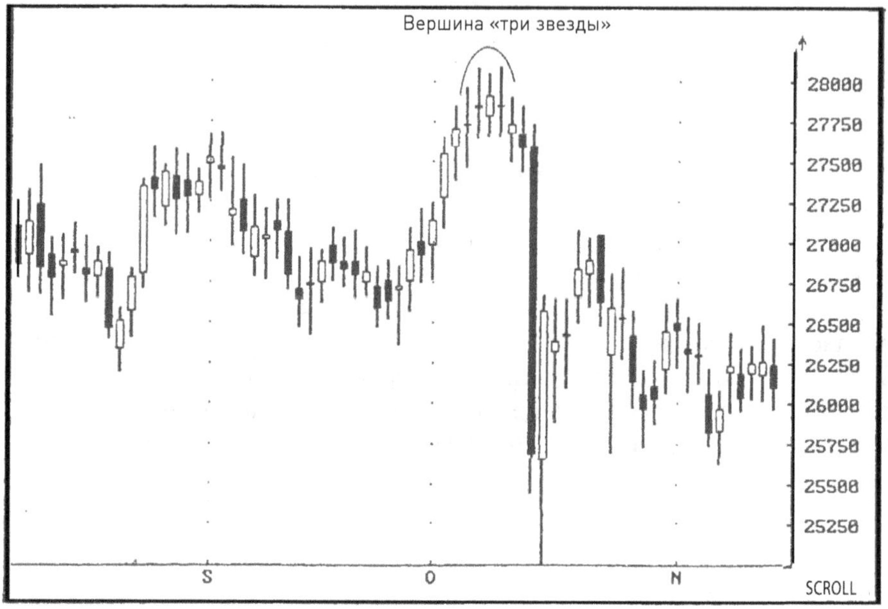

Рис. 8.21. Индекс Dow Jones, дневной график, сентябрь–ноябрь 1989 г.

На рисунке 8.20 две дожи возникли 16 и 17 сентября, а за ними последовала свеча с маленьким телом. Эта комбинация послужила стартовой точкой для стремительного роста индекса Dow Jones в следующие недели. На рисунке 8.21 можно видеть, что ралли, стартовавшее в конце сентября 1989 г., достигло кульминации в начале октября, когда на графике образовались три дожи. Хотя из них и не сложилась идеальная модель «три звезды», после повышения индекса на 170 пунктов они выглядели весьма зловеще. Обратите внимание, что последние две дожи также образовали вершину «пинцет».

ГЛАВА 9

ОБОБЩЕНИЕ

ちりも積もれば山となる

Даже великие океаны текут капля за каплей.

В первой части книги мы рассмотрели различные варианты японских свечей и свечных моделей, и настало время подвести некоторые итоги. На рисунках 9.1, 9.2 и 9.3 вы найдете графики, на которых отмечено множество уже знакомых вам свечных индикаторов. Предлагаю вам попробовать разобраться в них самостоятельно, заглядывая, если нужно, в глоссарий, помещенный в конце книги. Как именно следует воспринимать сигналы той или иной свечи или модели, решать только вам самим, хотя мое мнение будет изложено ниже.

Помните о том, что свечной анализ всегда субъективен: в нем нет четких правил, а есть лишь рекомендации. Вы можете обнаружить на этих графиках какие-то дополнительные индикаторы или же по-другому интерпретировать те, что отметил я. Как и в случае с другими индикаторами технического анализа, многое здесь зависит от личного опыта аналитика. Например, что делать, если у молотообразной свечи длина нижней тени равна длине тела или даже вдвое меньше? Следует ли признавать ее молотом, ведь у идеального варианта свечи этого типа нижняя тень должна быть вдвое, а то и втрое длиннее? Одни трейдеры сигнал такого «молота» просто проигнорируют, другие предпочтут закрыть по нему короткие позиции, а третьи захотят дождаться подтверждающего сигнала свечи, идущей далее.

На рисунке 9.1 отмечены следующие индикаторы:

1. Перевернутый молот, бычий характер которого был подтвержден на следующий день более высокой ценой открытия и белым цветом свечи.
2. Модель «торможение», свидетельствующая об истощении сил быков.
3. Свеча повешенный, входящая в состав этой модели.
4. Черная свеча, которая подтвердила медвежий сигнал повешенного, а кроме того, образовала вместе с ним медвежью модель поглощения и вершину «пинцет».
5. Еще один повешенный.
6. Бычья модель поглощения и входящая в нее свеча «бычий захват за пояс», предсказавшие повышение цен.

Рис. 9.1. Пшеница, дневной график, 1990 г.

7. Повешенный, который поставил точку в этом повышении. Причем выглядит он почти идеально: у него короткое тело, очень длинная нижняя тень и практически отсутствует верхняя. На следующий день рынок не смог продолжить рост, что подтвердило медвежий сигнал повешенного.
8. Свеча «перевернутый молот», за которой последовала свеча с белым телом. Обе они к тому же вошли в состав бычьей модели «утренняя звезда».
9. Модель «харами», остановившая трехдневное повышение цен.
10. Молот, сигнализирующий о возможном достижении дна.
11. Разновидность бычьего просвета в облаках, которая отличается от классического варианта этой модели тем, что у второй свечи цена открытия опустилась не ниже минимума первой, а только ниже цены закрытия. При этом в результате наблюдавшегося на рынке ралли белое тело второй свечи перекрыло собой значительную часть черного тела первой.
12. Еще один повешенный, чей медвежий характер, впрочем, не подтвердился, поскольку на следующий день рынок открылся с гэпом вверх.
13. Медвежья модель поглощения.
14. Классический просвет в облаках, в который вошла свеча «бычий захват за пояс» с ценой закрытия на уровне максимума. Эта же свеча успешно протестировала минимумы, заданные предыдущей свечой.

15. Звезда дожи, указавшая на завершение ралли.
16. Харами, остановившая снижение цен.

На рисунке 9.2 отмечены следующие индикаторы:

1. Основание «пинцет» и бычий захват за пояс.
2. Завеса из темных облаков.
3. Окно, задавшее уровень сопротивления.
4. Утренняя звезда, которая имеет несколько необычную конфигурацию. Третья свеча в ней не обладает длинным белым телом, тем не менее она находится глубоко внутри границ тела первой белой свечи. Также важно, что при формировании утренней звезды рынок пытался опуститься ниже минимумов предыдущей недели, но не смог этого сделать.
5. Вершина «пинцет», образовавшаяся на уровне окна.
6. Перевернутый молот, который был подтвержден на следующий день, когда цены прорвали уровень сопротивления в районе окна.
7. Модель «харами», после которой рост приостановился.
8. Свеча с маленьким телом, смягчившая медвежий импульс предыдущей черной длинной свечи. Вместе они образовали модель «харами».
9. Молот, который стал еще одним сигналом о прекращении нисходящей тенденции.
10. Звезда дожи, предупреждающая о возможном достижении вершины.

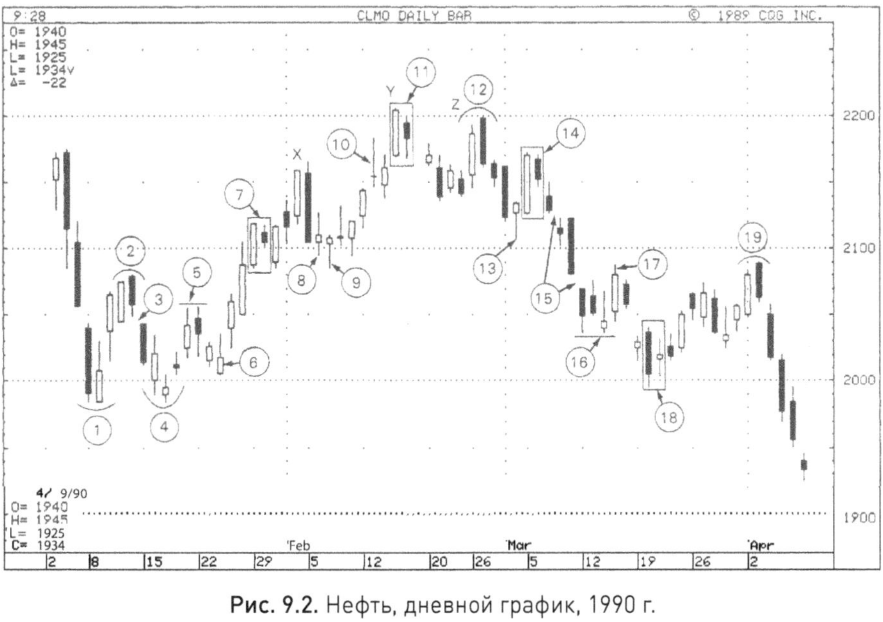

Рис. 9.2. Нефть, дневной график, 1990 г.

11. Еще одна харами — сигнал завершения восходящего тренда.
12. Завеса из темных облаков. При этом на графике возникла вершина «три Будды», обозначенная буквами X, Y и Z (в начале, середине и конце февраля).
13. Молот.
14. Харами, остановившая краткосрочную восходящую тенденцию.
15. Два окна, которые в обоих случаях задали уровни сопротивления.
16. Перевернутый молот, вошедший в состав основания «пинцет».
17. Уровень сопротивления в районе отметок одного из окон. Здесь прекратился подъем цен, начавшийся после появления перевернутого молота.
18. Харами — на сей раз признак того, что снижение завершилось.
19. Завеса из темных облаков.

На рисунке 9.3 представлена серия моделей разворота на вершине:

1. Харами, которая в середине мая указала на завершение восходящей тенденции.
2. Модель «торможение», сложившаяся, когда за длинной белой свечой от 1 июня возникла маленькая белая свеча.
3. Медвежья модель поглощения.

4 и 5. Дожи и идущий за ним повешенный, послужившие тревожными сигналами для покупателей.

6. Повешенный.

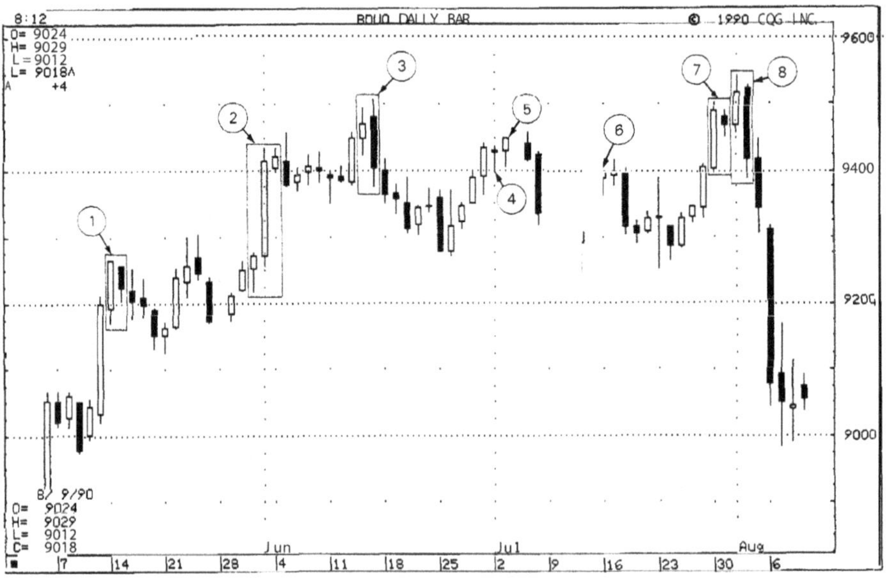

Рис. 9.3. Облигации, дневной график, 1990 г.

7. Харами, указавшая, что на рынке воцарилась нерешительность.
8. Медвежья модель поглощения. Западные технические индикаторы в данном случае не указывали на день разворота, поскольку в день формирования черной свечи цены не обновляли максимумы. В то же время на свечном графике сигнал разворота виден отчетливо.

ЧАСТЬ II

ПРАВИЛО МНОЖЕСТВА ТЕХНИЧЕСКИХ ПРИЕМОВ

千里の道も一歩から

Это то, что видят все глаза и на что все указывают пальцем.

Свечной анализ сам по себе является ценным инструментом в арсенале трейдера, однако значимость свечных сигналов только возрастает, если они находят подтверждение с помощью других технических индикаторов. Об этом мы поговорим во второй части книги. Например, если свеча «бычий захват за пояс» пересекает долгосрочную линию сопротивления, то появляется сразу два повода ожидать дальнейшего роста, поскольку два бычьих сигнала подтверждают друг друга.

В книге «Приемы профессионального графического аналитика»[1] Артур Скларью назвал подтверждение одних технических индикаторов другими правилом множества приемов (rule of multiple techniques). Принцип простой: чем больше однотипных сигналов возникает в той или иной ценовой зоне, тем выше вероятность, что они окажутся верными. Чуть ниже мы рассмотрим применение этого правила на двух конкретных примерах, затем в главе 10 подробнее поговорим о том, как могут дополнять друг друга свечные индикаторы, а в главах 11–17 остановимся на совместном использовании свечей и инструментов западного технического анализа, таких как линии тренда, скользящие средние или осцилляторы. Базовые сведения о каждом из них содержатся в начале соответствующих глав, а более детальную информацию вы без труда сможете найти в других книгах.

Поскольку я специализируюсь на торговле фьючерсами, речь пойдет о применении свечного анализа только с теми инструментами, которые работают на срочном рынке. Я оставляю за скобками специфичные индикаторы фондового рынка, такие как линии роста и падения (advance–decline lines), индекс Армса (Arms Index) или показатель коротких продаж специалистов (specialist short sales). Тем не менее их тоже можно использовать для подтверждения сигналов свечей.

Как работает правило множества технических приемов

В этом разделе мы рассмотрим два примера того, как сочетание разных индикаторов помогает выявлять важные области поддержки и сопротивления. В обоих случаях мы будем опираться только на индикаторы западного технического анализа, однако оставшаяся часть книги будет посвящена свечам.

В конце октября 1989 г. цены на золото прорвали линию сопротивления двухгодичного нисходящего тренда, поднявшись выше $380 (см. рис. II.1). Учитывая наличие надежного основания на отметке $357, которое рынок дважды протестировал в 1989 г., имелись все предпосылки для дальнейшего роста. Как раз тогда издание Financial News Network

Рис. II.1. Золото, недельный график

попросило меня поделиться прогнозом по золоту с точки зрения технического анализа, и я сказал, что намечается ралли, которое может прерваться на отметках между $425 и $433. В начале 1990 г. цены действительно достигли $425, после чего перешли к снижению.

Как же я смог определить район будущего сопротивления в тот момент, когда торги еще шли вблизи $380? Только благодаря правилу множества приемов — сразу четыре различных технических индикатора свидетельствовали, что в диапазоне $425–433 рынок встретит преграду. А именно:

1. Отметка $430 соответствовала 50%-ной коррекции после падения от максимума в $502, достигнутого в 1987 г. (на графике помечен буквой А), до минимумов на уровне $357, зафиксированных в 1989 г. (помечены цифрами 1 и 2).
2. Минимумы 1989 г. образовали двойное основание, которое позволило мне рассчитать цель движения рынка — $425. Я взял разницу между значением этих минимумов и значением максимума между ними. Затем я прибавил результат к значению этого максимума.
3. Максимум в конце 1988 г. составлял $433.
4. По мнению моего коллеги Джона Гамбино, который пользуется волновой теорией Эллиотта, рынок находился в фазе четвертой волны, поэтому цены не должны были превысить минимум первой волны, установленный в начале 1988 г., а именно $425.

Итак, несколько технических индикаторов независимо друг от друга указывали на сильное сопротивление в области $425–433. Не сумев его преодолеть, быки продемонстрировали слабость, и поэтому недолго оставалось ждать того момента, когда снижение возобновится — что и произошло.

Как мне следовало поступить, если бы быкам все-таки удалось пробить указанную область сопротивления? Отказаться от своего долгосрочного медвежьего прогноза по золоту. Если вы пользуетесь техническим анализом, то для вас всегда существует некая цена, при которой вам приходится пересматривать прежние взгляды. В данном случае это отметка $433: если бы одна из свечей закрылась выше, то долгосрочный нисходящий тренд можно было бы считать завершенным.

Рынок общается с нами движениями цен, и если эти движения указывают, что в чем-то я заблуждаюсь, то мне придется подстроиться под рынок. Я не настолько уверен в своих силах, чтобы надеяться, будто рынок подстроится под меня — он никогда не допускает ошибок.

В начала мая 1990 г. после обвала цен на сахар (см. рис. II.2) я ожидал их временного подъема с отметки $0,14, которая соответствовала, с одной стороны, нижней границе годового бычьего канала на недельном графике, а с другой — минимумам конца февраля — начала марта. Тем не менее я предполагал, что пока не будет пробита область сопротивления $0,1515–0,1520, среднесрочный нисходящий тренд не потеряет актуальность. Быкам не хватило сил преодолеть эту область: локальный максимум, достигнутый 14 мая, составил $0,1505.

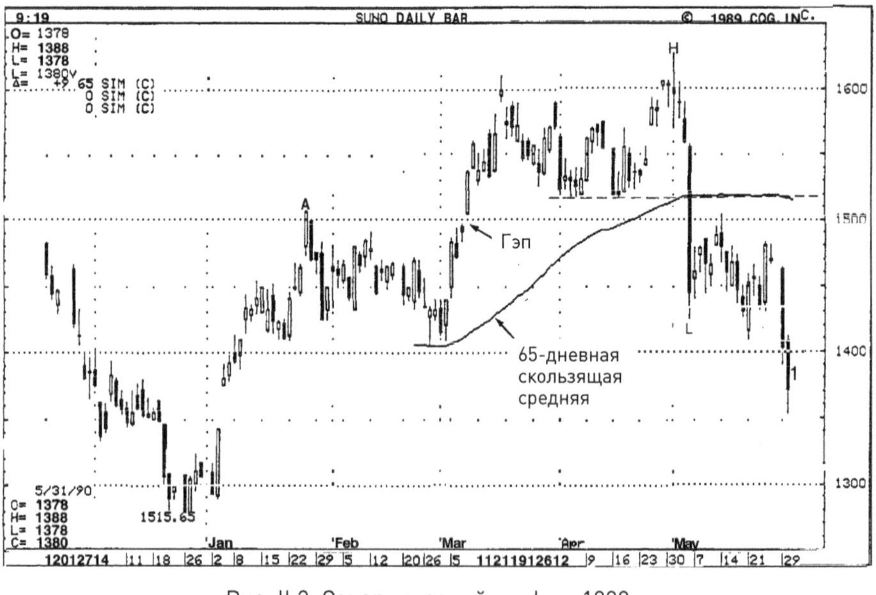

Рис. II.2. Сахар, дневной график, 1990 г.

В данном случае четыре технических индикатора указывали на существование сильного сопротивления в районе $0,1515–0,1520. А именно:

1. Здесь находился старый уровень поддержки, многократно протестированный в течение марта-апреля. Я полагал, что если уж медведям в конце концов удалось его пробить, то теперь он должен превратиться в такой же важный уровень сопротивления.
2. 65-дневная скользящая средняя (индикатор, который я считаю важным при торговле на многих рынках) в тот момент проходила в районе $0,1515. Подробнее об использовании скользящих средних вместе со свечами мы поговорим в главе 13.
3. О том, насколько психологически важной является отметка $0,15, можно также судить по локальному максимуму в январе и окну в марте, помеченным на графике буквами A и B.
4. Отметка $1514 соответствовала 32%-ному уровню коррекции Фибоначчи после снижения цены от максимума в $0,1627, помеченного буквой H, до минимума в $0,1444, помеченного буквой L. Это первый уровень, на котором рынок зачастую встречает сопротивление при попытках роста после падения.

РЫНОК НИКОГДА НЕ ОШИБАЕТСЯ

Один из моих семинаров, не связанных со свечами, называется «Приемы дисциплинированной торговли по техническому анализу». Чтобы лучше донести до аудитории мысль о важности дисциплины в трейдинге, я использую слово discipline в качестве анаграммы, начиная с каждой из его букв определенное правило. Так, правило на букву N гласит: «Никогда не торгуйте из убеждения, что рынок не прав»[2].

Что под этим подразумевается? Никогда не пытайтесь навязать рынку свое мнение. Например, если вы твердо уверены, что цены на нефть начнут расти, не торопитесь делать покупки, пока тренд не развернется в нужном вам направлении. Если вы начнете покупать контракты в медвежий период, надеясь, что на смену ему придет бычий, тем самым вы попытаетесь навязать рынку ваш собственный взгляд. Не стоит бороться со сложившимся трендом, ведь последствия могут оказаться пагубными: не исключено, что в конечном счете бычий прогноз действительно сбудется, но только это будет слишком поздно для вас.

Представьте, что вы ведете машину на дороге с односторонним движением, а вам навстречу движется каток для укладки асфальта. Вы останавливаете машину и встаете перед ним с плакатом «Стоп!

Неправильный путь», который, конечно же, всегда держите при себе на всякий случай. Вы прекрасно понимаете, что каток движется в ошибочном направлении, но его водитель может не заметить вашего предупреждающего сигнала, и поэтому вы рискуете сравняться с мостовой еще до того, как он решит развернуться. Так же происходит и на рынках, когда вы пытаетесь плыть против течения: срабатывающие маржин-коллы грозят разорить вас прежде, чем тренд развернется в нужную вам сторону.

Следуйте за трендом, но не пытайтесь его опередить. Если вам привычнее торговать на бычьем рынке, заключайте сделки в периоды роста, если на медвежьем — действуйте во время снижения. Эта мысль красиво сформулирована в одной из японских книг, которую мне однажды довелось переводить. «Покупка или продажа без понимания текущего характера рынка — такой же нонсенс, как литератор, рассуждающий об оружии. Столкнувшись с сильным бычьим или медвежьим рынком, такой игрок обязательно сдаст врагу крепость, ведь то, что кажется ему хорошо защищенным, на самом деле таит в себе большую опасность. Просто ждать подходящего момента — вот что разумно и важно»[3].

ГЛАВА 10

СОЧЕТАНИЯ СВЕЧНЫХ СИГНАЛОВ

念には念を入れよ

Добавьте осторожность к осторожности.

В этой главе рассматриваются примеры того, как группы свечных моделей и отдельных свечей, дополняя друг друга, указывают на важные ценовые области. Так, на рисунке 10.1 сочетание нескольких свечных сигналов послужило предвестником снижения цен, а затем еще одна группа свечей просигнализировала об окончании спада. В начале июня возник повешенный, сразу за которым последовал другой негативный технический сигнал — свеча «дожи». После этого цены двигались вниз, пока не появились признаки достижения важного основания: первым из них был молот, а вторым — бычья модель поглощения, которую вместе с молотом образовала идущая за ним свеча. В ходе небольшого снижения несколькими днями позже рынок проверил на прочность уровень поддержки, заданный нижней тенью молота, и не смог его пробить, в результате чего на графике сложилось основание «пинцет».

Сентябрьский молот на рисунке 10.2 предупредил о предстоящем подъеме, а в конце ноября возникли три свечных индикатора разворота на вершине, остановившие этот подъем, — свечи «повешенный», «дожи» и модель «падающая звезда».

На рисунке 10.3 вы можете видеть, как одни и те же комбинации свечей подают сразу несколько сигналов. В начале апреля за свечой с длинным белым телом последовала свеча с маленьким телом и длинной верхней тенью. Вместе они образовали модель «харами», при этом вторая из них по форме напоминала падающую звезду, а пик ее верхней тени говорил о неудачной попытке пробить уровень февральских максимумов на отметке 1600.

На рисунке 10.4 всего за несколько недель образовались основание «пинцет», бычья модель поглощения и молот. А на рисунке 10.5 за период с середины до конца июля возник ряд медвежьих свечных сигналов, а именно звезда дожи, три повешенных (они помечены цифрами 1, 2 и 3) и падающая звезда между вторым и третьим повешенными.

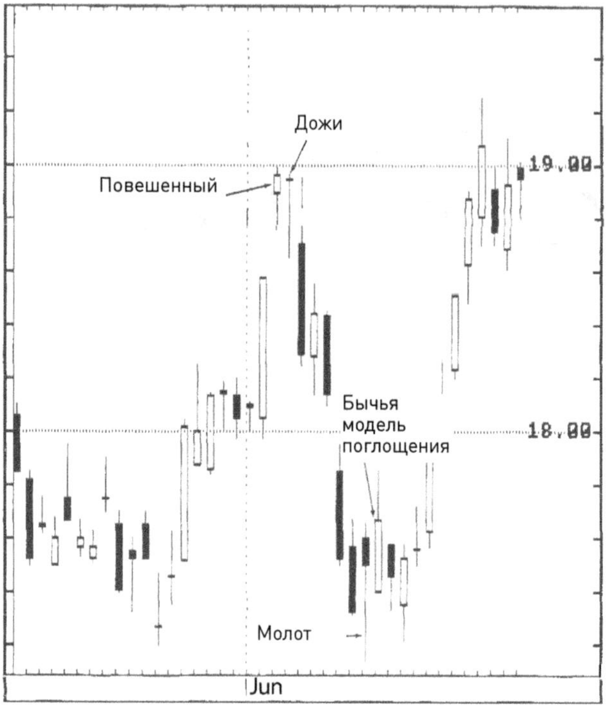

Рис. 10.1. Нефть, дневной график, 1989 г.

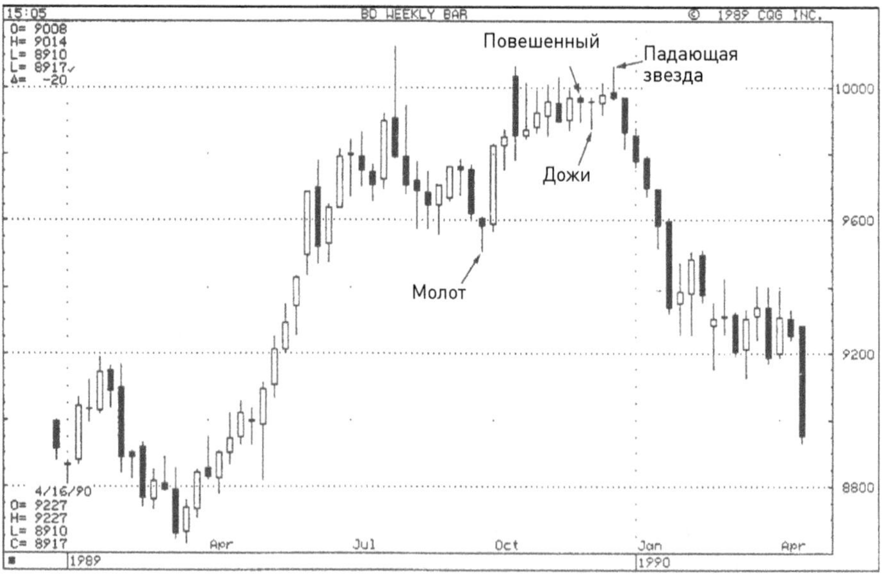

Рис. 10.2. Американские облигации, недельный график

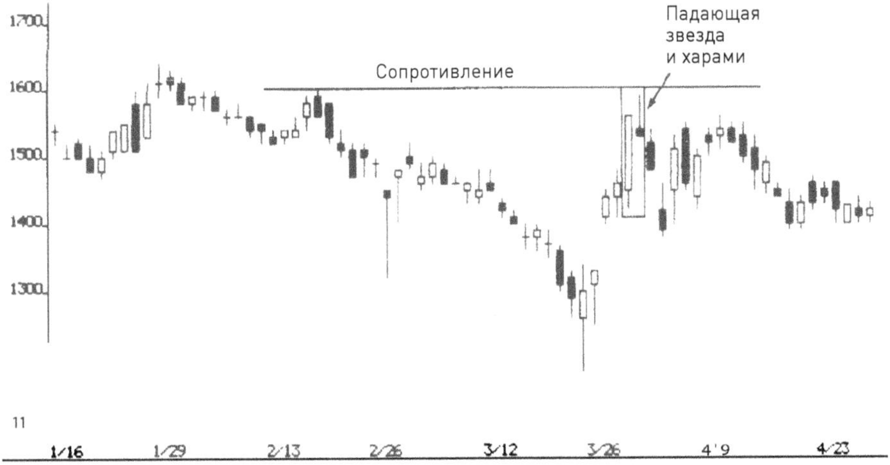

Рис. 10.3. Акции Fujitsu, дневной график, январь-апрель 1990 г.

В свою очередь рисунок 10.6 содержит медвежий свечной индикатор внутри другого медвежьего свечного индикатора. На пике рынка после подъема цен в декабре возникла свеча «повешенный», оказавшаяся составной частью модели «вечерняя звезда».

Как можно видеть на рисунке 10.7, с 9 по 11 мая 1990 г. на графике меди вблизи отметки $1,12 возникла серия свечных сигналов разворота на вершине. За длинной белой свечой от 9 мая последовала свеча с коротким телом, которая представляла собой повешенного, а вместе

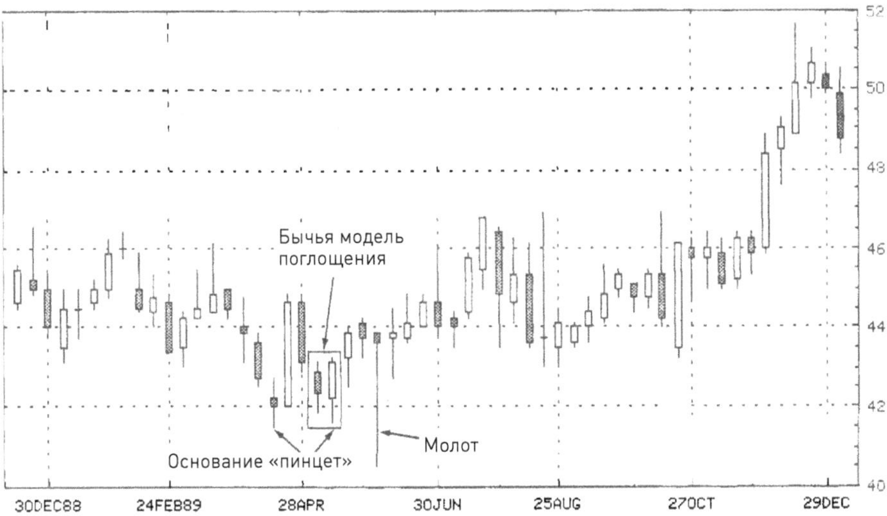

Рис. 10.4. Акции Exxon, недельный график, 1989 г.

Рис. 10.5. Сахар, дневной график, 1989 г.

Рис. 10.6. Пшеница, дневной график, 1990 г.

эти свечи образовали харами. Затем 11 мая рынок безуспешно попытался еще раз штурмовать отметку $1,12, в результате чего возникла падающая звезда. Максимумы сессий от 9, 10 и 11 мая оказались почти одинаковыми и сформировали краткосрочную вершину. Таким образом, за три дня на графике проявились четыре медвежьих свечных сигнала: повешенный, харами, падающая звезда и вершина «пинцет», и в итоге рынок отступил от достигнутых высот.

Отметка в $1,12 выступила уровнем сопротивления, который быки безуспешно попытались прорвать в середине июня. А впоследствии, будучи пробитой в конце этого месяца, она превратилась в сильный уровень поддержки. Обратите внимание на дожи, возникшую после длинной белой свечи от 28 июня. Вы уже знаете, что такая свечная комбинация является сигналом разворота на вершине, то есть говорит о завершении предыдущего ценового движения. В течение двух сессий после образования дожи рынок переводил дыхание, о чем свидетельствовали две черные свечи, запертые в узком диапазоне. Силы быков истощились — по крайней мере, все говорило именно об этом. Однако от дальнейшего снижения рынок удержал уровень сопротивления от 9–11 мая, выступивший в качестве поддержки: он соответствовал минимумам обеих июльских черных свечей. Не пробив эту поддержку, невозможно было окончательно переломить краткосрочную восходящую тенденцию, начавшуюся со свечи от 26 июня.

Рис. 10.7. Медь, дневной график, 1990 г.

Рис. 10.8. Британский фунт, недельный график

На рисунке 10.8 отмечена серия свечных сигналов, указавших на вершину в середине 1987 г. — в течение месяца появились повешенный, дожи и завеса из темных облаков. Когда цены снизились, открылось окно, задавшее область сопротивления для ближайших свечей. Быки не смогли пробить это сопротивление, и робкая попытка роста сменилась новой волной падения. Распродажа закончилась только с образованием основания «пинцет» и бычьего захвата за пояс, у которого, правда, имеется символическая нижняя тень, отсутствующая у идеального варианта этой свечи.

ГЛАВА 11

СВЕЧИ И ЛИНИИ ТРЕНДА

鬼の留守に洗濯

Используй свои возможности.

В этой главе рассматриваются варианты использования японских свечей в комбинации с линиями тренда, прорывами линий тренда и со старыми уровнями поддержки и сопротивления. Тенденцию, или тренд, можно определить разными способами, в том числе опираясь на базовый инструмент технического анализа — линию тренда.

Линии поддержки и сопротивления

На рисунке 11.1 представлена восходящая линия поддержки, которая строится путем соединения по меньшей мере двух локальных минимумов и является признаком бычьего тренда, поскольку поддержка со стороны покупателей в периоды откатов после роста начинает ощущаться на все более высоких отметках. В свою очередь рисунок 11.2 содержит нисходящую линию сопротивления, полученную путем соединения по меньшей мере двух локальных максимумов и отражающую медвежий тренд, поскольку в периоды откатов после снижения продавцы приступают к новым распродажам на все более низких отметках.

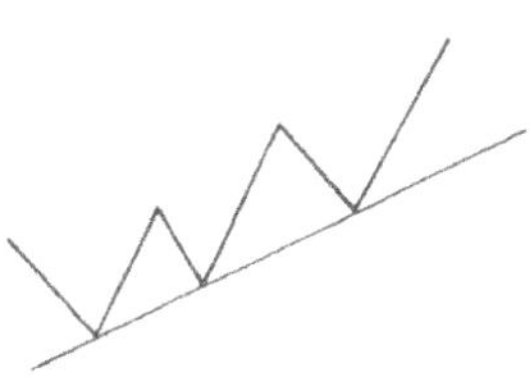

Рис. 11.1. Восходящя линия поддержки

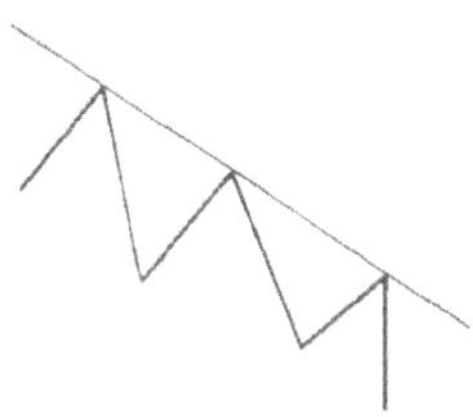

Рис. 11.2. Нисходящая линия сопротивления

Значимость линии поддержки или сопротивления зависит от того, как долго она остается в силе, сколько раз рынок безуспешно пытается ее пробить и каковы объемы торгов во время этих попыток. На рисунке 11.3 нет примечательных для нас свечей, однако он демонстрирует одно из важных преимуществ свечных графиков: их можно использовать точно так же, как и баровые графики, пользуясь при этом дополнительными возможностями для анализа тренда. В данном случае без труда построена линия шеи у графической фигуры «голова и плечи».

На рисунке 11.4 минимумы, зафиксированные в конце марта вблизи отметки $173, задали область поддержки, которая успешно выдержала проверку в конце апреля. Важно, что в ходе этой проверки на свечном графике возник дополнительный бычий сигнал в виде модели «утренняя звезда», образованной тремя свечами от 20, 21 и 22 апреля.

Рисунок 11.5 служит хорошим примером использования линий тренда на свечных графиках. На нем мы можем видеть следующее:

1. Исходными точками линии поддержки 1 в конце января — начале февраля были два минимума от 29 и 31 января. Затем 7 февраля медведи попытались пробить эту линию, но не смогли, и одновременно возникла бычья свеча «молот». Сочетание двух этих факторов служило сигналом разворота в основании. Покупавшим в этой области можно было разместить защитные стоп-приказы на уровне минимальной цены молота.

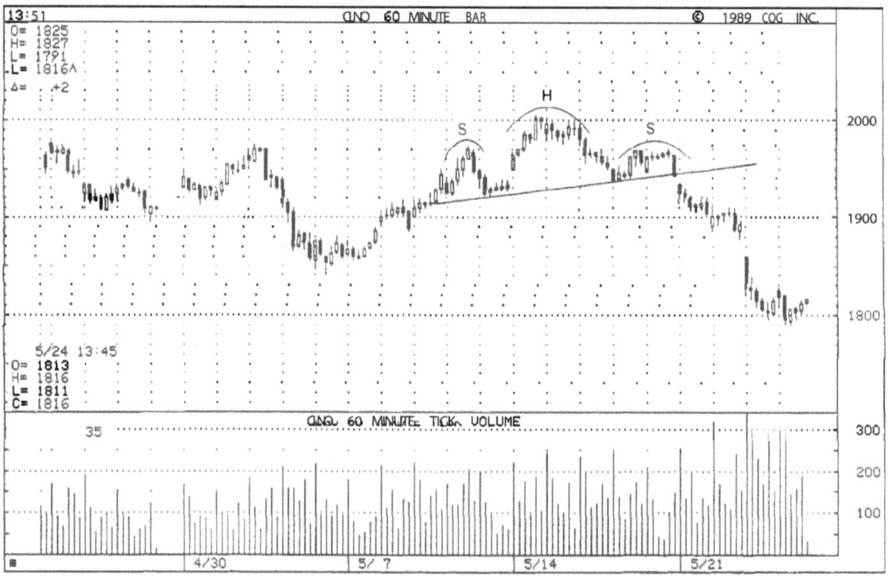

Рис. 11.3. Нефть, часовой график, апрель-май 1990 г.

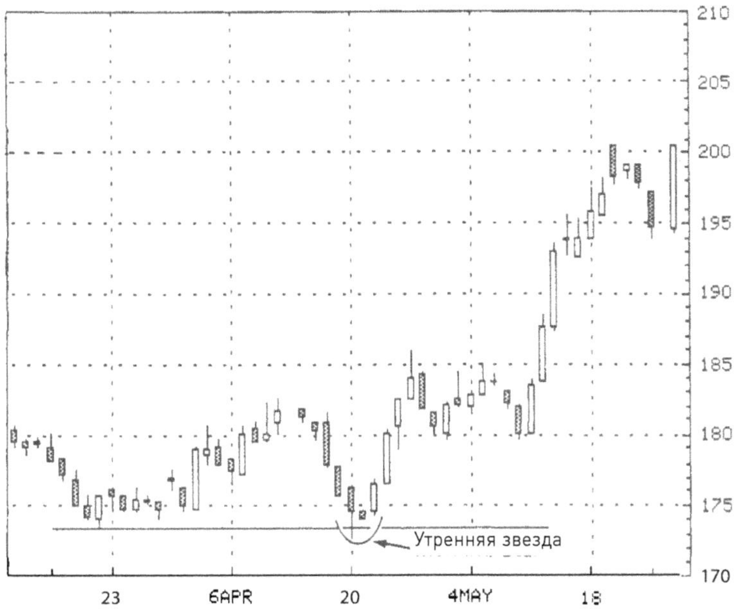

Рис. 11.4. Акции CBS, дневной график, апрель-май 1990 г.

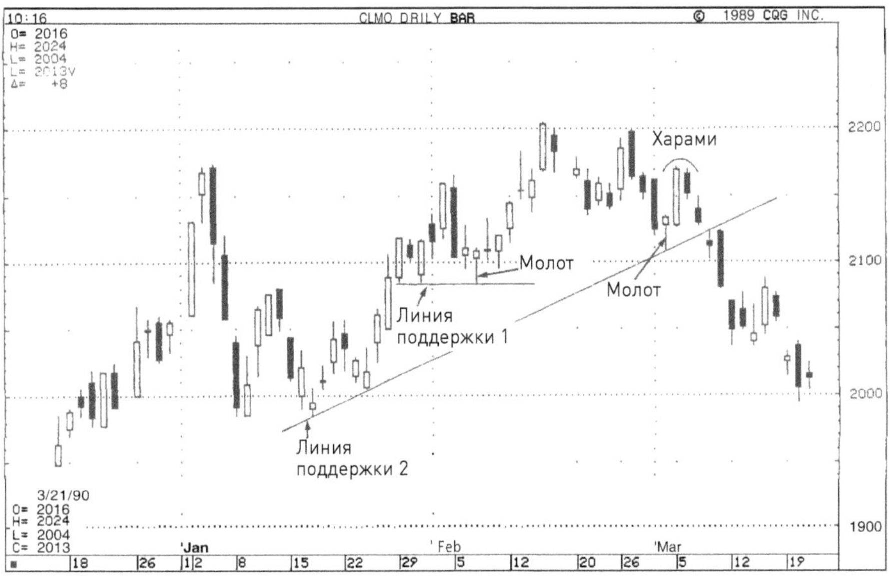

Рис. 11.5. Нефть, дневной график, 1990 г.

2. Восходящая линия поддержки 2 в середине января — начале марта важнее горизонтальной линии 1, поскольку она является более долгосрочной. Эта линия успешно прошла проверку 2 марта с образованием бычьего молота, что соответствовало сигналу к покупке. Защитный стоп-приказ на продажу следовало разместить ниже минимума молота или ниже линии поддержки 2. Ее прорыв означал бы, что восходящий тренд подошел к концу, и чуть позже модель «харами» послужила для быков первым тревожным сигналом.

Приведенный пример демонстрирует важность установки защитных стоп-приказов: существовало целых две причины ожидать продолжения роста после того, когда линия поддержки 2 подверглась проверке молотом, однако цены все-таки откатились. Заключая сделку, вы должны быть уверены в себе, но помнить, что и сомнения возникают не на пустом месте. Один из важнейших принципов трейдинга, особенно на фьючерсном рынке, — контроль над рисками, а это означает, прежде всего, использование стоп-приказов.

На рисунке 11.6 представлена линия сопротивления, образованная завесами из темных облаков 1 и 2. Завеса из темных облаков 3 не смогла пересечь эту линию, подтвердив тем самым ее значимость как области активных продаж. Перед тем, как на рисунке 11.7 цены достигли точки А, на рынке наблюдалось ралли. Эта точка предварительно задала область сопротивления на отметке 0,6419. Чуть позже почти на том же уровне возникла длинноногая дожи, помеченная на графике буквой В,

Рис. 11.6. Платина, месячный график

что служило весьма тревожным сигналом для быков. A и B стали исходными точками для построения восходящей линии сопротивления. Трейдерам, торгующим по часовому графику, следовало реагировать на неудачные попытки роста вблизи этой линии и предпринимать соответствующие действия, особенно при наличии подтверждающих медвежьих свечных сигналов. Так, в точке C при попытке приблизиться к линии сопротивления сформировалась свеча, аналогичная длинноногой дожи в точке B, после чего цены откатились. При попытке штурма линии сопротивления в точке D появилась белая свеча с длинной верхней тенью — падающая звезда, а сразу за ней последовала черная свеча, и вместе они сложились в медвежью модель поглощения.

Рис. 11.7. Японская иена, часовой график, апрель 1990 г.

ВАЖНОСТЬ ЗАЩИТНЫХ СТОП-ПРИКАЗОВ

Технические факторы позволяют регулировать параметры риска/доходности и могут использоваться как часть стратегии по управлению рисками и капиталом. Ограничение рисков означает выставление стоп-приказов для защиты от неожиданных неблагоприятных рыночных движений. Отказываясь от стоп-приказов, трейдер лишает себя возможности пользоваться одним из главных преимуществ технического анализа.

Стоп-приказы следует отдавать одновременно с заключением исходной сделки, поскольку именно в этот момент трейдер наиболее объективен в оценках. Сохраняйте позицию открытой, только если рынок ведет себя в соответствии с ожиданиями, и не тяните время, если его поведение не подтверждает ваш прогноз. Увидев, что цена движется в «неправильном» направлении, вы можете подумать, что это временно, и оставить позицию открытой, надеясь, что направление очень скоро изменится. Запомните две вещи:

1. Все долгосрочные тенденции начинаются с краткосрочных движений.
2. На рынке нет места надеждам, он идет своим путем, не замечая вас и вашу позицию.

Ошибиться плохо, но еще хуже упорствовать в ошибке, и уж лучше расставаться со своим мнением, чем с деньгами. Умение выявлять ошибки как можно раньше дорогого стоит, ведь люди не любят признавать неправоту, поскольку это затрагивает их самолюбие и престиж. Но хороший трейдер не будет слишком упорно держаться за свои взгляды, а срабатывание стоп-приказа и есть признание допущенной ошибки. Считается, что знаменитый частный инвестор Уоррен Баффет следует двум правилам:

1) обеспечивайте защиту капитала;

2) помните о правиле 1.

Стоп-приказы — это правило 1 в действии. Ваш капитал ограничен, его надо как минимум сберечь, и если движение цены противоречит вашему прогнозу, то позицию следует закрывать и искать вашим деньгам другое применение. Относитесь к сработавшим стоп-приказам как к своеобразной плате за возможность заниматься трейдингом.

Раз уж в свечном анализе так часто используется военная терминология, можно и здесь провести соответствующие параллели. Каждая заключаемая сделка — это битва, в которой трейдеру точно так же, как и великим генералам на полях сражений, приходится совершать временные, тактические отступления. Чтобы победить в войне, иногда приходится проигрывать несколько сражений, но если цель генералов при этом — защитить войска и снаряжение, то ваша задача — сохранить капитал и хладнокровие. Как говорят японцы, «при ловле лосося не бойся упустить крючок». Если срабатывает стоп-приказ, считайте что вы теряете крючок, зато следующий крючок, вполне возможно, вернется к вам с лососем.

Медвежья модель поглощения, помеченная цифрой 1 на рисунке 11.8, послужила первым предостерегающим сигналом для держателей длинных позиций, а несколькими неделями позже появилась еще одна такая же модель, у которой максимумы соответствовали неудачной попытке пробить нисходящую линию сопротивления.

На рисунке 11.9 представлена восходящая линия сопротивления, которая образуется путем соединения возрастающих локальных максимумов. Она не так часто используется техническими аналитиками, как

Рис. 11.8. Апельсиновый сок, недельный график

нисходящая линия сопротивления (см. рис. 11.1), однако тоже может оказаться весьма полезным инструментом. Если рынок приближается к восходящей линии сопротивления, трейдерам следует принять защитные меры в ожидании отката цен вниз — например, закрыть часть длинных позиций, передвинуть вверх защитные стоп-приказы или продать колл-опционы. Обычно такие откаты бывают недолгими, ведь основной тренд остается восходящим. Но в то же время неспособность пробить эту линию может оказаться предварительным, очень ранним сигналом смены тренда на нисходящий.

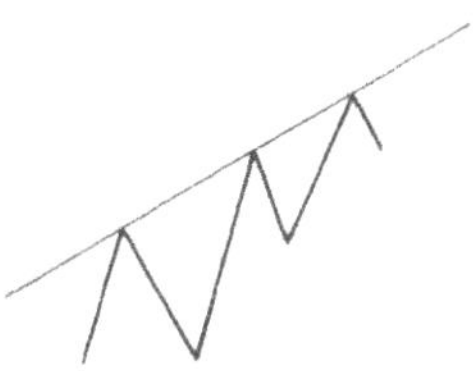

Рис. 11.9. Восходящяя линия сопротивления

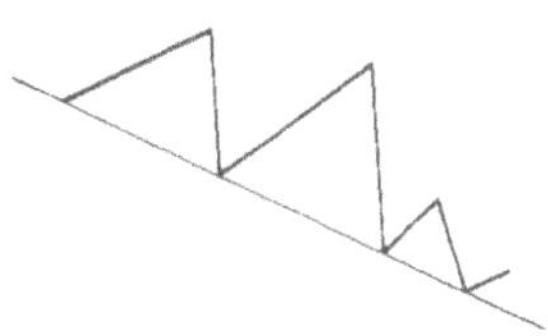

Рис. 11.10. Нисходящая линия поддержки

На рисунке 11.10 представлена нисходящая линия поддержки, возникающая в периоды рыночного снижения. Это еще один индикатор, который используется нечасто, хотя и бывает полезным. После безуспешной попытки штурма этой линии держателям коротких позиций стоит принять защитные меры в ожидании отскока цен вверх.

На рисунке 11.11 стоит обратить внимание прежде всего на нисходящую линию поддержки, отмеченную буквой А, которую предварительно задали минимумы в точках L1 и L2. При формировании свечи L3 цены почти коснулись этой линии, а затем отскочили, что подтвердило ее значимость. Свечи с минимумами на отметке L4 послужили не только очередной успешной проверкой поддержки, но и образовали бычью модель «просвет в облаках». Соответственно, в этот момент следовало закрыть короткие позиции или, по крайней мере, принять меры по их защите, опустив стоп-приказы или продав пут-опционы. Открывать длинные позиции было слишком рано, ведь основной тренд оставался нисходящим — об этом можно судить по медвежьему каналу между линией А и пунктирной линией сопротивления в верхней части графика. Тем не менее, как выяснилось впоследствии, с точки L4 началось многомесячное бычье наступление, завершившееся появлением повешенного и идущей перед ним длинноногой дожи (в данном случае рикши, поскольку ее цены открытия и закрытия лежат в середине дневного диапазона). Обратите также внимание на модель «просвет в облаках» от 19 и 20 октября, не помеченную на графике.

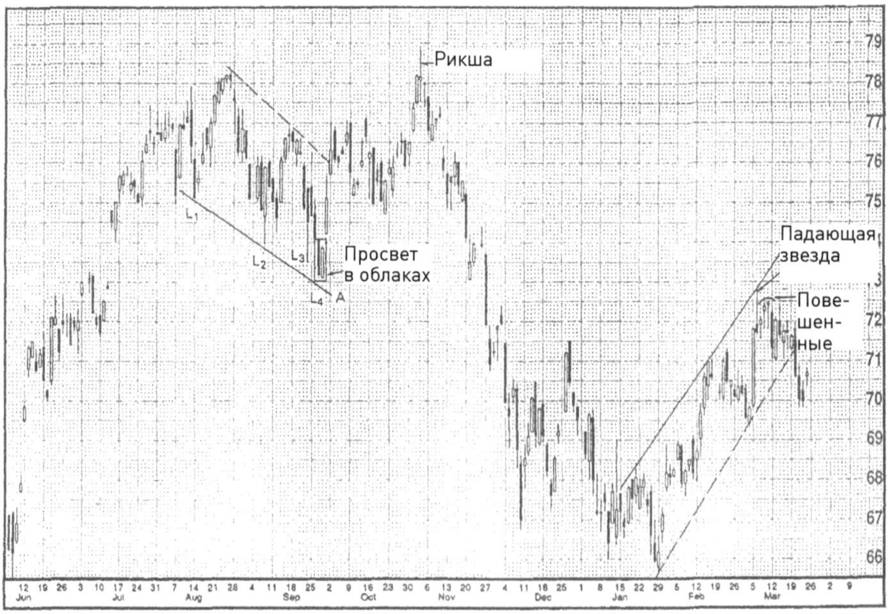

Рис. 11.11. Хлопок, дневной график, 1990 г.

Теперь давайте рассмотрим восходящую линию сопротивления, обозначенную на том же рисунке 11.11 буквой B. Начиная с 15 января рынок последовательно обновлял локальные максимумы, то есть находился в стадии восходящего тренда, ограниченного на графике линией B сверху и пунктирной линией сопротивления снизу. 6 марта третья по счету безуспешная попытка пробить сопротивление должна было настороить держателей длинных позиций и заставить их принять защитные меры, тем более что при этом образовалась модель «падающая звезда», включающая в себя соответствующую свечу с очень длинной верхней тенью и коротким телом. Три следующие сессии были представлены свечой «повешенный» и ее разновидностями. Стечение нескольких медвежьих факторов — отскока от линии сопротивления, появления падающей звезды и трех повешенных — давало четкий сигнал о том, что скоро начнется коррекция.

Нижнее и верхнее спруживания

Наибольшую часть времени на рынке отсутствует ярко выраженная тенденция и цены колеблются в границах горизонтального коридора. В такие периоды силы быков и медведей относительно равны, никто из них не удерживает за собой явного лидерства. Можно назвать состояние рынка, демонстрирующего боковое движение, японским словом «ва», которое переводится как спокойствие, умиротворенность. Подсчитано, что рынки пребывают в состоянии «ва» около 70% времени[1], поэтому инструменты технического анализа, позволяющие выявлять подходящие моменты для заключения сделок именно в такие периоды, весьма и весьма полезны. Они называются *верхнее спруживание* (upthrust) и *нижнее спруживание* (spring) и основаны на положениях, которые в начале XX в. внедрил в широкую практику Ричард Вайкофф (Richard Wyckoff).

Хотя в состоянии «ва» рынок в основном движется в горизонтальном направлении, время от времени быки или медведи пытаются атаковать предыдущие максимумы или минимумы. Кратковременные прорывы уровней поддержки или сопротивления дают хорошие возможности для получения прибыли, поскольку после них цены часто возвращаются к противоположной границе зоны консолидации.

На рисунке 11.12 представлено верхнее спруживание — кратковременный прорыв линии сопротивления. Восходящее движение не получило продолжения, и цены быстро опустились ниже «прорванных» отметок. В такой ситуации можно открыть короткую позицию с целью движения цены в районе нижней границы горизонтального коридора, а стоп-приказ разместить выше нового максимума. Если ложный прорыв вверх совпадает с медвежьим сигналом свечей, значит момент для короткой продажи особенно подходящий.

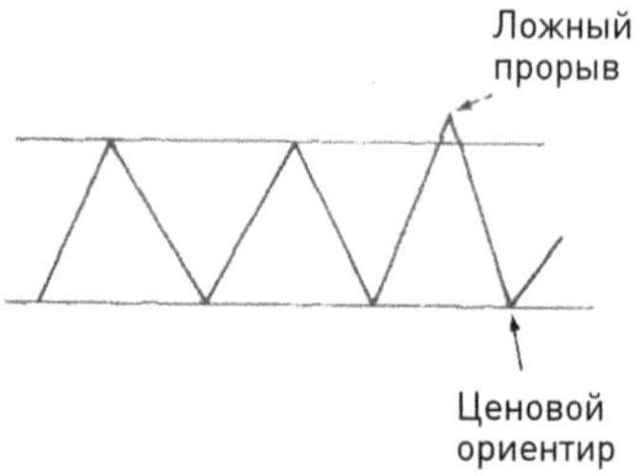

Рис. 11.12. Верхнее спружинивание

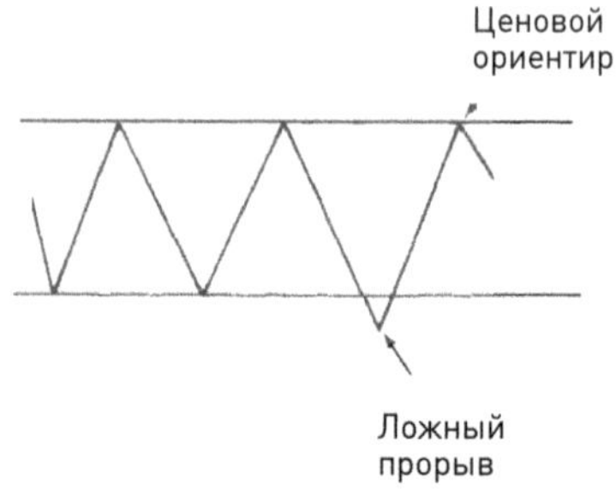

Рис. 11.13. Нижнее спружинивание

Нижнее спружинивание — противоположность верхнего по направлению. В данном случае цена опускается ниже минимумов бокового коридора, но затем быстро поднимается над прорванной областью поддержки, не удержавшись на новых отметках (см. рис. 11.13). Как только она окажется выше старых минимумов, стоит открывать длинные позиции. Цель движения цены находится в районе верхней границы зоны консолидации, а стоп-приказ следует устанавливать ниже отметок, достигнутых при ложном прорыве. Верхние и нижние спружинивания являются очень эффективными техническими инструментами, поскольку сразу известно, какова целевая цена (это противоположная граница торгового коридора) и где устанавливать защитный стоп-приказ (в районе новых максимумов или минимумов).

На рисунке 11.14 вы найдете пример использования верхнего спружинивания в комбинации со свечами. Максимумы, достигнутые в день А, задали уровень сопротивления на следующие недели (обратите внимание, что днем раньше повешенный предупредил об окончании восходящей тенденции), а минимумы в точках LI и L2 обозначили нижнюю границу торгового коридора. В точке В произошло верхнее спружинивание: в этот день быки прорвали уровень сопротивления, но не смогли удержать новые высоты. Появление в этот же день падающей звезды тоже предвещало снижение: если эта модель становится частью верхнего спружинивания, возникает мощный сигнал к продаже. Тем, кто все еще сомневался в предстоящем откате цен, рынок подал еще и третий медвежий сигнал в виде повешенного, возникшего после дня В. Целью движения цены после верхнего спружинивания являлась нижняя граница зоны консолидации, а именно — минимумы на отметках L1 и L2.

Индекс CRB достиг нового максимума 1 мая 1990 г. на отметке 248,44 пункта (см. рис. 11.15). Быкам удалось 10 мая поднять индикатор выше этого уровня приблизительно на 25 тиков, но удержать достигнутые высоты они не сумели, что привело к образованию верхнего спружинивания. В этот же день на графике возникла падающая звезда — признак окончания краткосрочного ценового подъема. Все это свидетельствовало

Рис. 11.14. Индекс Dow Jones, дневной график, 1990 г.

о том, что имеет смысл открыть короткую позицию со стоп-приказом над максимумами 10 мая и целью движения цены на уровне 245 пунктов — нижней границы недавнего торгового коридора.

На рисунке 11.16 можно видеть верхнее спружинивание: 5 апреля цены поднялись выше максимумов начала марта в районе $5,4, однако

Рис. 11.15. Индекс сырьевого рынка CRB, дневной график, 1990 г.

не смогли удержаться на новых высотах. Медвежий сигнал подтвердил повешенный, появившийся на следующий день. А на рисунке 11.17 в июле 1987 г. индекс CRB нащупал основание вблизи 220 пунктов, образовав модель «харами». На следующей неделе ее минимумы успешно выдержали проверку длинной белой свечой, которая одновременно являлась бычьим захватом за пояс. В третьем квартале того же года произошла попытка прорыва этого уровня поддержки, в ходе которой цены резко отскочили вверх, образовав молот. Целью дальнейшего движения служили отметки в районе предыдущих максимумов на уровне 235 пунктов.

На рисунке 11.18 в конце февраля произошел прорыв январских минимумов, завершившийся откатом вверх. В день нижнего спружинивания образовался молот, что давало все основания ожидать дальнейшего движения цены к $78 — верхней границе январско-февральского бокового диапазона. Подъем прекратился как раз вблизи этой отметки, чему сопутствовало формирование на графике вечерней звезды дожи.

Как можно видеть на рисунке 11.19, после харами цены устремились вниз и стабилизировались лишь с возникновением молота 1, который, кроме того, представлял собой успешную проверку предыдущего уровня поддержки вблизи отметки $0,5. Через неделю во время небольшого отката на графике сложился молот 2. Цена в этот момент незначительно (на 25 тиков) опускалась ниже уровня летних минимумов, но медведи не смогли удержать достигнутые рубежи, и в итоге нижнее

Рис. 11.16. Серебро, дневной график, 1990 г.

Рис. 11.17. Индекс CRB, недельный график

спружинивание вкупе с молотом и основанием «пинцет» послужили ярко выраженным бычьим сигналом.

Как явствует из рисунка 11.20, во вторую неделю марта цены на сою достигли минимальной отметки $5,96, образовали в этом

Рис. 11.18. Живой скот, дневной график, январь–март 1990 г.

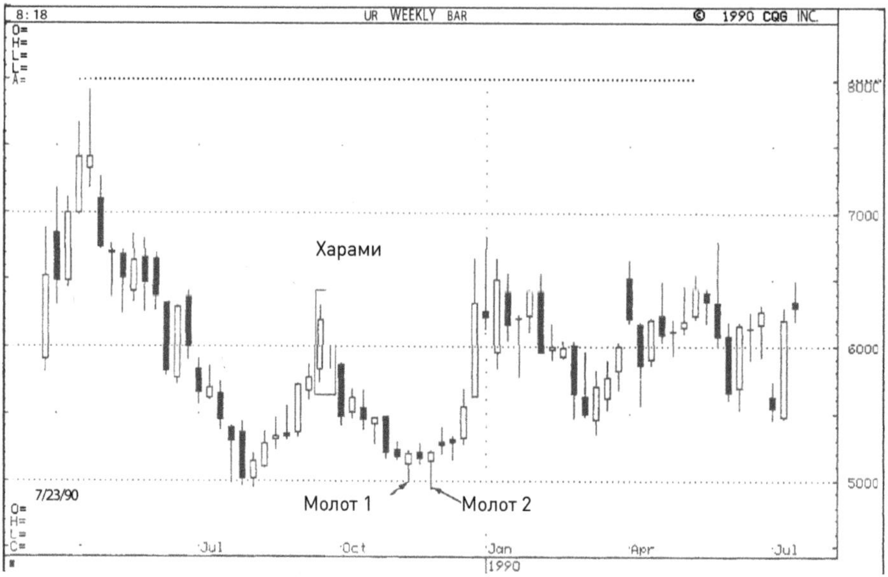

Рис. 11.19. Неэтилированный бензин, недельный график

районе бычью модель поглощения, а затем пошли вверх. В ходе сессии 3 апреля они опустились еще ниже, но ненадолго, причем нижнее спружинивание совпало с образованием бычьей модели поглощения.

Почему верхние и нижние спружинивания срабатывают так четко? Чтобы понять это, можно вспомнить ответ Наполеона на вопрос

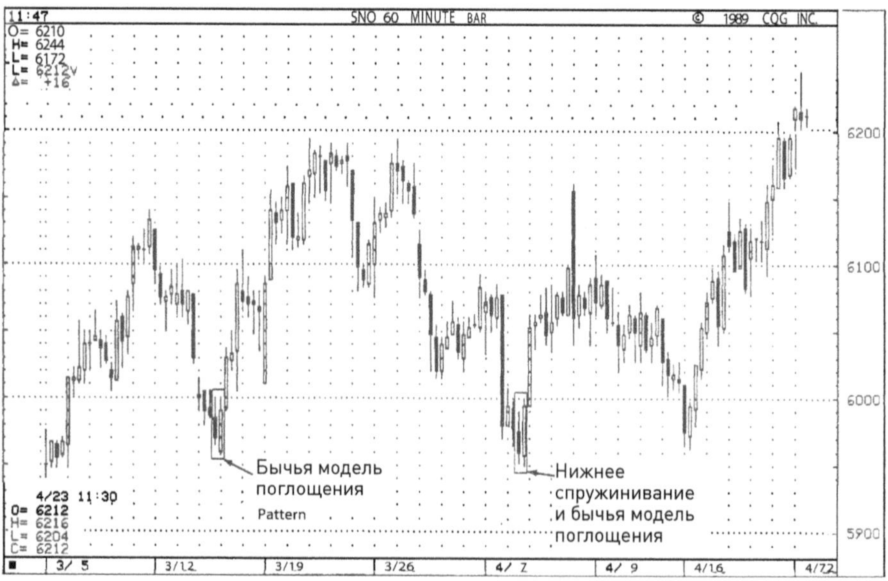

Рис. 11.20. Соя, часовой график, март-апрель 1990 г.

о том, какую армию он считает лучшей. «Ту, которая побеждает», — сказал он[2]. Представьте, что рынок — это поле битвы между армиями быков и медведей, и территории, которые каждая из них яростно защищает, становятся особенно заметными в условиях консолидации цен. Горизонтальная линия сопротивления ограничивает медвежьи владения, а горизонтальная линия поддержки — бычьи.

Иногда крупные участники торгов или даже обычные трейдеры, желая испытать стойкость врага, посылают на его территорию «разведывательные группы» (это выражение авторское и не входит в терминологию свечного анализа). В частности, быки могут попытаться подтолкнуть цены выше линии сопротивления. В этом случае нужно следить, насколько решительным будет отпор: если «разведгруппе» удастся закрепиться в чужих владениях (т.е. в течение нескольких сессий торги будут закрываться выше линии сопротивления), — значит у быков появился плацдарм для дальнейшего наступления. К «разведгруппе» примкнут дополнительные атакующие силы, и цены продолжат движение вверх. Пока быки удерживают свой плацдарм (т.е. пока прежняя область сопротивления выступает как новая область поддержки), они будут контролировать рынок.

Пример действий «разведгруппы» представлен на рисунке 11.21. В конце мая 1990 г. цены на пшеницу достигли локального максимума в $3,54. Многочисленные бычьи «разведгруппы» попытались обосноваться в медвежьих владениях, лежащих выше, но смогли поднять цены над отметкой $3,54 лишь внутри дня, а не по итогам торгов, поэтому плацдарма для дальнейшего роста не возникло. Каков итог? Рынок

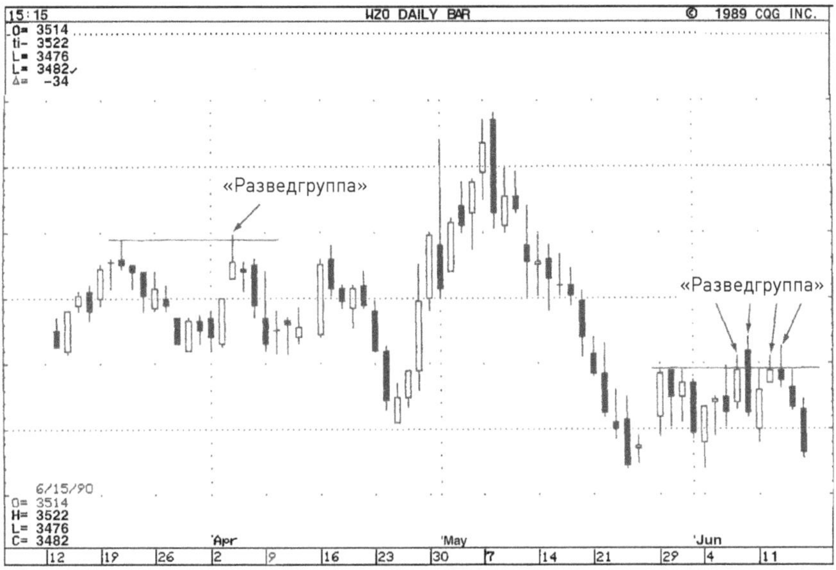

Рис. 11.21. Пшеница, дневной график, 1990 г.

вернулся к нижней границе зоны консолидации вблизи $3,45. Медвежья модель поглощения, сложившаяся в начале июня, подтвердила, что медведи все еще контролируют рынок. Падающие звезды от 12 и 13 июня также не добавили быкам оптимизма.

Ранее на этом же графике в начале апреля можно было видеть другую бычью «разведгруппу». Не сумев удержаться выше максимумов середины марта, быки вынуждены были отступить (в результате сформировалась падающая звезда), а цены вскоре вернулись к уровню мартовских минимумов.

Принцип изменения полярности

У японцев есть поговорка «красное лакированное блюдо не нуждается в украшении». Идея красивой простоты, описанная в этой поговорке, как нельзя лучше характеризует технический принцип, который я часто использую на свечных графиках, а именно — прежняя поддержка становится новым сопротивлением, прежнее сопротивление — новой поддержкой. Этот принцип выглядит настолько же простым, насколько является действенным. На рисунке 11.22 показана поддержка, переходящая в сопротивление, а на рисунке 11.23 продемонстрировано, как бывшее сопротивление начинает выступать в качестве поддержки. Сила этого изменения полярности прямо пропорциональна:

а) количеству проверок, который прошел прежний уровень поддержки/сопротивления;
б) объему объема и/или открытого интереса при каждой проверке.

Теоретическое обоснование принципа изменения полярности описывается в любом пособии по техническому анализу, однако его название, используемое в данной книге, не является общепринятым. Чтобы убедиться в высокой эффективности этого принципа, рассмотрим вкратце графики разных временных интервалов, относящиеся к разным рынкам.

На рисунке 11.24 представлено четыре случая перехода прежнего сопротивления в новую поддержку. На рисунке 11.25 показано, как минимумы конца 1987 г. и середины 1988 г. превратились в серьезную область сопротивления на весь 1989 г. На рисунке 11.26 можно видеть,

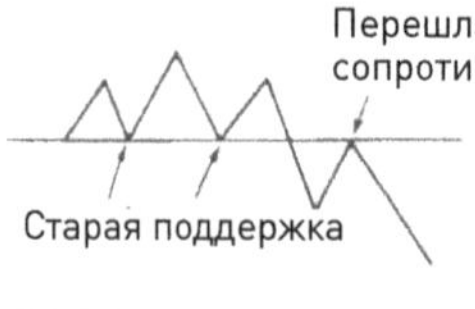

Рис. 11.22. Изменение полярности: поддержка переходит в сопротивление

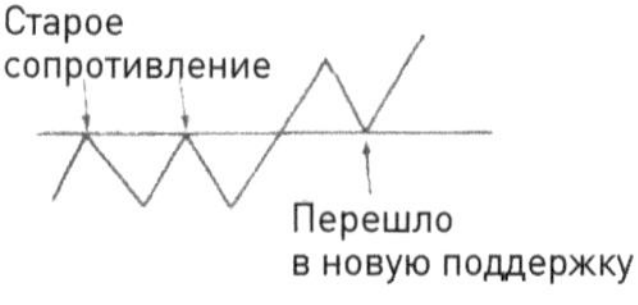

Рис. 11.23. Изменение полярности: сопротивление переходит в поддержку

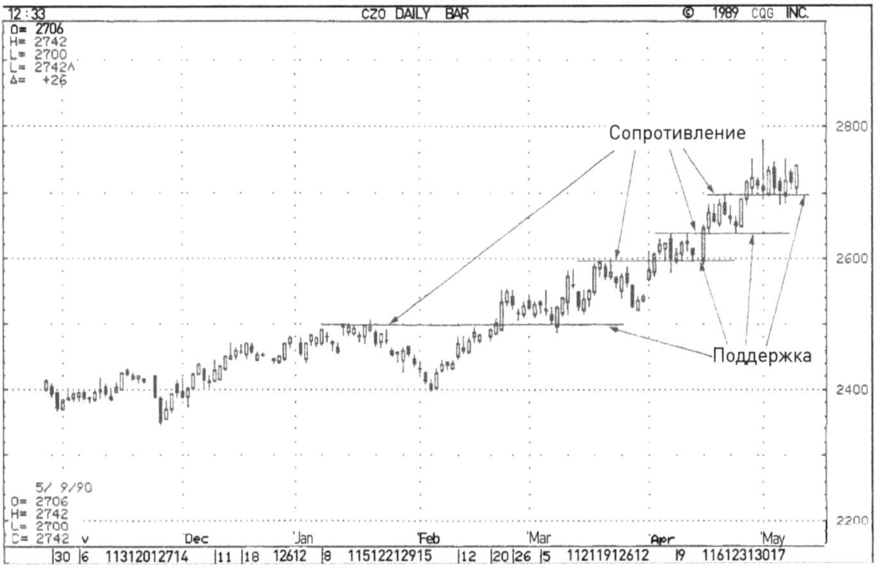

Рис. 11.24. Кукуруза, дневной график, 1990 г.

Рис. 11.25. Фьючерс на японскую иену, недельный график

что прежний уровень сопротивления, образованный в 1987 г. вблизи отметки 27 000, после прорыва в 1988 г. стал мощным уровнем поддержки.

Теперь обратимся к внутридневному графику на рисунке 11.27. До середины июля расположение уровня сопротивления было

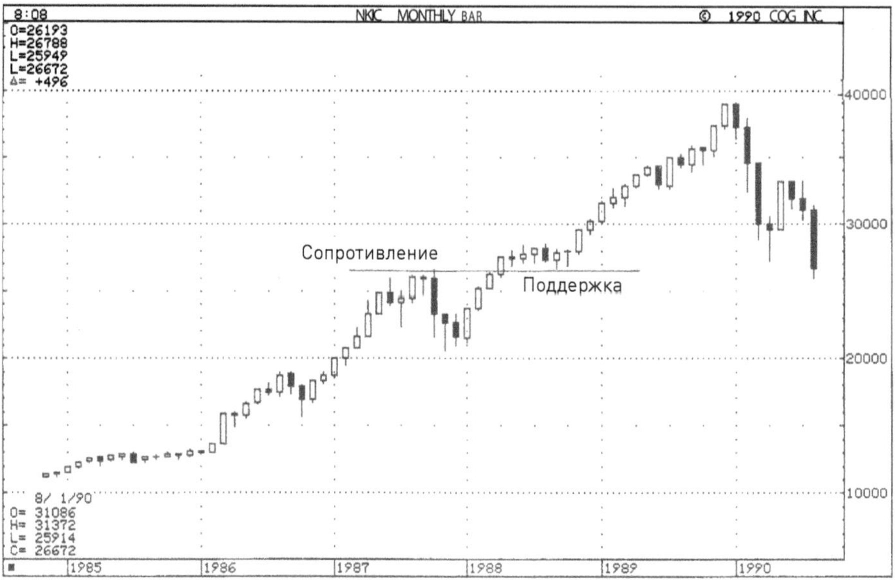

Рис. 11.26. Индекс Nikkei, месячный график

очевидным — $0,72, и затем после прорыва 23 июля он сразу же превратился в поддержку. Когда максимумы, установленные 24 и 25 июля на отметке $0,729, оказались прорваны, их уровень также стал новой поддержкой.

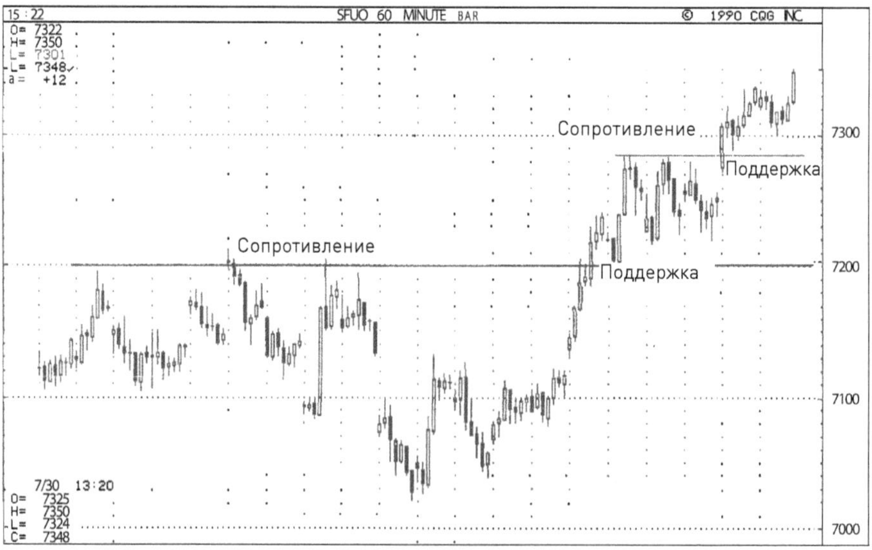

Рис. 11.27. Швейцарский франк, часовой график, июль 1990 г.

На рисунке 11.28 можно видеть, что в конце 1989 г. — начале 1990 г. на рынке произошел значительный подъем. В первой половине 1990 г. цена двигалась в горизонтальном диапазоне с поддержкой вблизи $ 1,85, помеченной на графике пунктиром. В июне 1990 г. этот уровень был прорван. Где же рынок мог найти следующую область поддержки, ведь повышение с $1,25 до $2,05 шло практически вертикально и не оставило в этом смысле каких-то ориентиров? Очевидно, что поддержка могла возникнуть вблизи $1,65 — причин для этого было сразу две. Во-первых, эта отметка соответствовала 50-процентной коррекции после предыдущего подъема на $0,8. Во-вторых, и это даже важнее, прежнее сопротивление в области A также находилось вблизи $1,65, и, соответственно, теперь оно должно было стать поддержкой. В реальности ступенчатое понижения цены завершилось у отметки $1,66.

Возьмите любой график какого угодно таймфрейма, и вы наверняка найдете на нем примеры действия принципа изменения полярности. Почему такой простой принцип настолько часто себя проявляет? Чтобы ответить на этот вопрос, вспомните смысл технического анализа как такового: его задача — давать оценку эмоциям и действиям широких масс трейдеров и инвесторов. Следовательно, чем лучше технический инструмент характеризует их поведение, тем выше его эффективность. В основе принципа изменения полярности лежит психология участников торгов — то, как они реагируют, когда рынок движется против их позиции, или когда считают, что могут упустить выгодную сделку.

Рис. 11.28. Апельсиновый сок, недельный график

Какая цена на любом графике является самой важной? Максимумы того или иного рыночного движения? Минимумы? Вчерашняя цена закрытия? Вовсе нет! *Самая важная цена на любом графике — та, по которой вы вошли в рынок. Люди испытывают сильную эмоциональную привязанность к цене, по которой они совершили покупку или продажу.*

Значит, чем активнее идут торги в той или иной ценовой области, тем больше участников рынка становятся эмоционально привязанными к ней. Но как это связано с переходом прежнего сопротивления в поддержку, а поддержки — в сопротивление? Для ответа обратимся к рисунку 11.29. В конце декабря резкое снижение цен завершилось на отметке $5,33, помеченной буквой А. При последующей проверке этого уровня существовало, по меньшей мере, три группы игроков, которые могли задуматься о покупках.

Группа 1 — это те, кто ожидал стабилизации рынка после снижения накануне. Цены обрели поддержку на отметке $5,33, которая соответствует минимуму от 28 декабря, помеченному буквой А. Через несколько дней успешная проверка этой поддержки в области В наверняка привела к покупкам со стороны таких игроков.

Группа 2 — это бывшие держатели длинных позиций, закрывшие их по стоп-приказам во время падения в конце декабря. Наблюдая за подъемом цен от точки В к В1, некоторые из них могли прийти к выводу, что были правы, делая ставку на рост, просто неверно выбрали момент входа на рынок. Надеясь реабилитироваться, они будут ждать

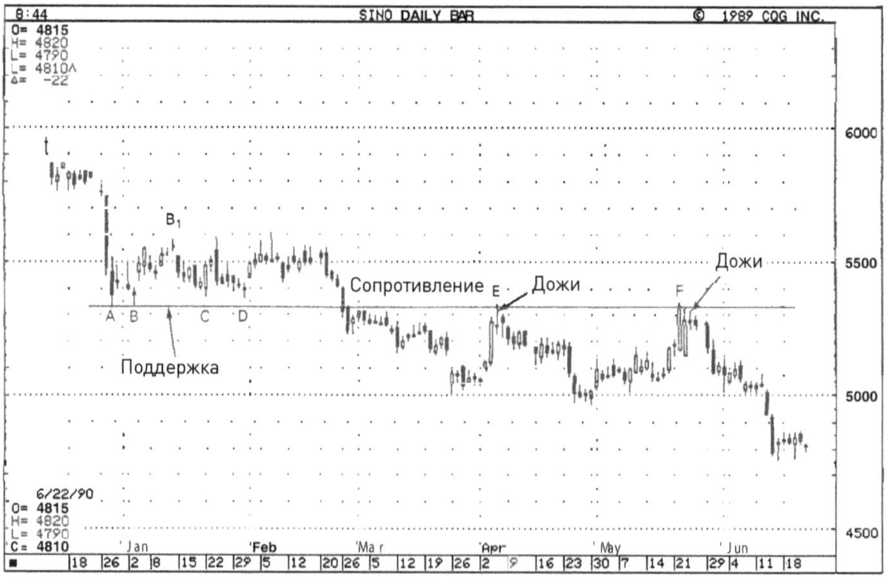

Рис. 11.29. Серебро, дневной график, 1990 г.

возвращения цен к области поддержки (это произошло в точке С), чтобы снова сыграть на повышение.

Наконец, группа 3 — это участники рынка, уже совершившие покупки на отметках А и В. Они тоже стали свидетелями ралли от В к В1, и при удобном случае, вполне вероятно, захотят нарастить уже открытые длинные позиции. Возвращение цены в области С к уровню поддержки предоставило им такую возможность. А еще одну волну покупок со стороны этой группы можно было ожидать во время отката к поддержке в зоне D.

Далее у быков начались проблемы: в конце февраля цены прорвали область поддержки в районе А, В, С и D, и те, кто ранее совершал покупки в районе указанных отметок, начали нести убытки. Разумеется, они захотят минимизировать потери, поэтому с удовольствием будут использовать попытки роста к $5,33 для закрытия длинных позиций. То есть покупавшие в районе отметок А, В, С и D, теперь станут продавцами. Это и есть основная причина, по которой прежний уровень поддержки превращается в новое сопротивление.

Тем, кто не закрыл убыточные длинные позиции при незначительном росте цен в начале марта, вскоре пришлось мучительно следить за их падением до $5. Для закрытия позиций они использовали следующий подъем в начале апреля, помеченный буквой Е. Как видим, в данном случае поддержка перешла в сопротивление, но точно также сопротивление зачастую переходит в поддержку. Пусть простота этого правила вас не смущает, оно действительно работает, причем лучше всего в сочетании со свечными индикаторами. Взгляните, например, на область Е, и вы увидите дожи после свечи с длинным белым телом — этот тревожный сигнал возник на линии сопротивления. То же самое произошло и в области F.

На рисунке 11.30 максимумы в точках А и В выступили в качестве уровня поддержки в конце 1986 г., а также в 1989 г. Обратите внимание, что значимость этой поддержки дважды подтвердили в 1989 г. идущие один за другим молоты.

На рисунке 11.31 в сентябре и начале октября в областях А и В рынок нащупал уровень поддержки вблизи отметки $1230. Стоило медведям 9 октября столкнуть цены ниже, как этот уровень превратился в сопротивление. После первой неудачной попытки его прорвать в зоне С, рынок демонстрировал падение до образования бычьей модели поглощения. Затем последовал небольшой подъем, который снова остановился в районе $1230, причем на графике в это время сформировалась завеса из темных облаков.

Рис. 11.30. Швейцарский франк, месячный график

Рис. 11.31. Какао, дневной график, 1990 г.

ГЛАВА 12

СВЕЧИ И УРОВНИ КОРРЕКЦИИ

待てば海路の日和あり

Все приходит к тем, кто ждет.

Обычно рынок движется вверх или вниз не по прямой, а ступенчато, на время отступая назад, прежде чем продолжить основное движение. Наиболее распространенными уровнями таких коррекций (retracement levels) являются 50%-ный, а также 38%-ный и 62%-ный, которые соответствуют коэффициентам Фибоначчи (см. рис. 12.1 и 12.2). Фибоначчи жил в XIII в. и был математиком, открывшим особую числовую последовательность. Не вдаваясь в подробности, напомним, что результат деления определенных чисел дает коэффициенты, названные по имени их первооткрывателя, в том числе коэффициенты

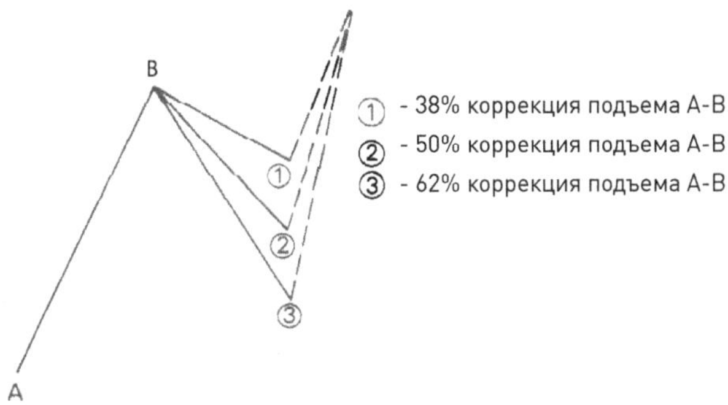

Рис. 12.1. Наиболее распространенные уровни коррекции при восходящей тенденции

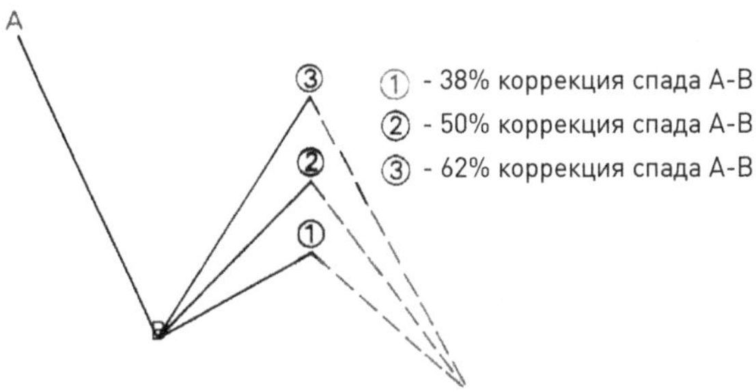

Рис. 12.2. Наиболее распространенные уровни коррекции при нисходящей тенденции

61,8% и 38,2%. Округленные значения данных чисел являются одними из самых известных уровней коррекции. Но, пожалуй, пристальнее всего участники рынка следят за 50-процентным уровнем: он не только совпадает с одним из коэффициентов Фибоначчи, но еще и используется приверженцами теорий Ганна, Доу и волн Эллиотта.

На обоих рисунках исправить надписи по аналогии со следующими: *38%-ная коррекция после подъема от А к В* и *38%-ная коррекция после спада от А к В.*

Рисунок 12.3 иллюстрирует, как с помощью уровней коррекции можно определять зоны сопротивления на медвежьем рынке. Рассмотрим три случая, в которых уровень коррекции на 50% в сочетании с свечными индикаторами сигнализировал о развороте на вершине.

Коррекция 1. В конце 1987 г. в области А были достигнуты максимумы на отметке $502, и при этом образовалась медвежья модель поглощения. Начавшееся затем снижение завершилось с образованием просвета в облаках в области В на уровне $425. При 50%-ной коррекции после спада от А к В сопротивление должно было проходить примерно на $464 — эта цифра получена путем прибавления к цене в точке В половины разности между ценами в точках А и В. Вблизи $464 следовало ожидать медвежьего свечного индикатора, который подтвердил бы наличие там сопротивления. Таким индикатором в области С оказалась медвежья модель поглощения, у которой максимум составил $469 — всего на $5 выше уровня 50%-ной коррекции. Затем рынок вновь устремился вниз.

Рис. 12.3. Золото, недельный график

Коррекция 2. Падение цен, начавшееся с $469 в точке C, закончилось с появлением утренней звезды в области D ($392). Коррекция вверх на 50% после снижения от C до D дает уровень сопротивления в $430, и, соответственно, именно на этой отметке следовало ждать появления подтверждающего медвежьего свечного сигнала. В точке E цена достигла $433, при этом для образования медвежьей модели поглощения ей не хватило лишь $0,5.

Коррекция 3. Снижение цен от максимума E до минимума F, зафиксированного в 1989 г. на отметке $357, составило $76. Кстати, примечательно, что при всех трех спадах — от A к B, от C к D и от E к F — цены снизились приблизительно на $77. Достижение минимумов 5 июня не сопровождалось появлением какого-либо свечного индикатора, а вот повторная проверка этого уровня в сентябре привела к формированию свечи, напоминающей молот.

Уровень сопротивления, соответствующий 50%-ной коррекции после снижения от E к F, составлял $395. Почему же не стоит удивляться, что цены в итоге перешагнули его вверх? Потому что в конце 1989 г. была прорвана двухгодичная линия сопротивления, отмеченная на графике пунктиром. Более того, в этот период сформировалось двойное основание на отметке $357. Следовательно, нужно было ожидать 50%-ной коррекции в рамках более долгосрочного нисходящего тренда — от максимума 1987 г. в области A до минимума 1989 г. в области F. Уровень сопротивления в этом случае должен находиться у $430. В конце ноября в области G на отметке $425 рынок подал два сигнала о нестабильности восходящего движения: во-первых, возникла модель «харами», а во-вторых, в ее состав вошел повешенный. Спустя некоторое время максимумы свечи за неделю с 22 по 26 января слегка превысили $425, однако на следующей неделе появился еще один повешенный, и после этого рынок пошел вниз.

Обратимся к рисунку 12.4, на котором комбинация основания «пинцет» и харами, образовавшаяся в области A на отметке $18,58, послужила стартовой точкой для повышения цен на $3,5. Рост прекратился в точке B на уровне $22,15 с появлением медвежьей модели поглощения. Коррекция вниз на 50% после подъема от A к B предполагала наличие поддержки вблизи $20,36. В области C у отметки $20,15 возникла бычья модель «просвет в облаках», а затем произошел небольшой подъем, встретивший препятствие в виде завесы из темных облаков в районе D. Примечательно, что максимум D составлял $21,25 — это всего 10 тиков ниже уровня 50%-ной коррекции вверх после снижения цены от B к C.

Нетрудно подсчитать, что на рисунке 12.5 уровень 62-процентной коррекции после подъема от A к B соответствует $5,97. В районе этой отметки находилось и старое сопротивление — максимумы января и февраля. 2 и 3 апреля данное сопротивление превратилось

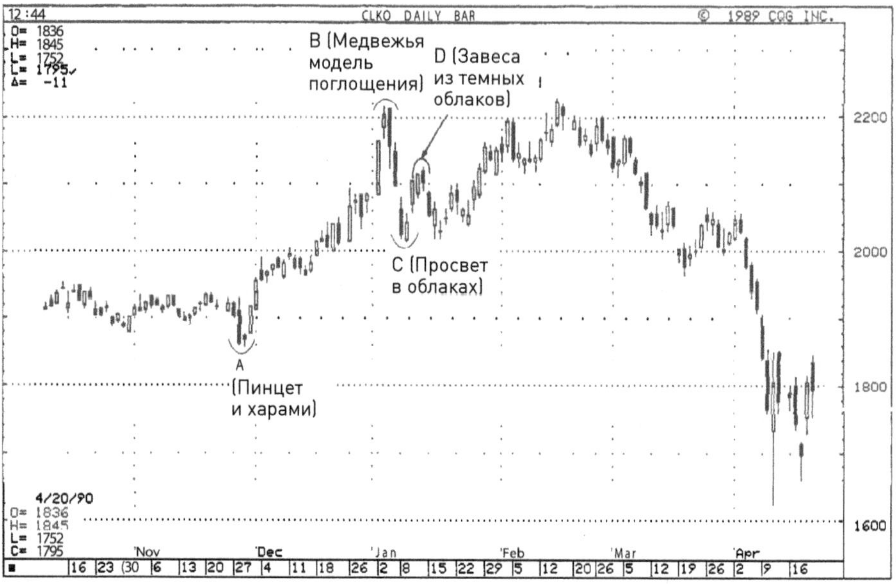

Рис. 12.4. Нефть, дневной график, 1989–1990 гг.

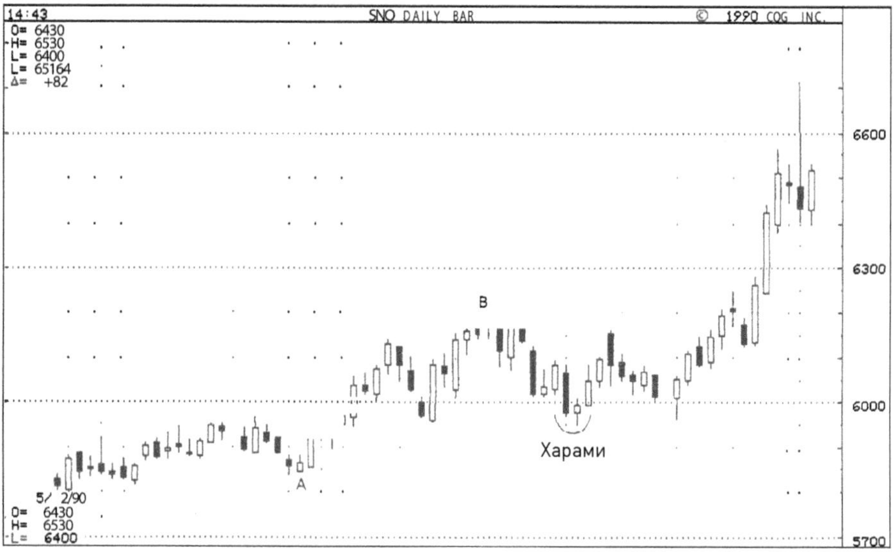

Рис. 12.5. Соя, дневной график, 1990 г.

в поддержку, причем на графике при этом образовалась модель «харами», дополнительно подтвердившая окончание краткосрочного спада. В середине апреля рынок еще раз проверил прочность этой поддержки, а затем перешел к росту.

Как можно видеть на рисунке 12.6, от июльского минимума L до октябрьского максимума H цены на нефть поднялись на $21,7. Коррекция

Рис. 12.6. Нефть, дневной график, 1990 г.

на 50% после этого подъема соответствовала $29,05, поэтому рынок должен был нащупать в этом районе поддержку в ходе начавшегося снижения. Так и произошло: 23 октября цены достигли локального минимума на отметке $28,3, сформировав молот, а затем рынок подрос более чем на $5. На часовом графике нефти (см. рис. 12.7) в самом

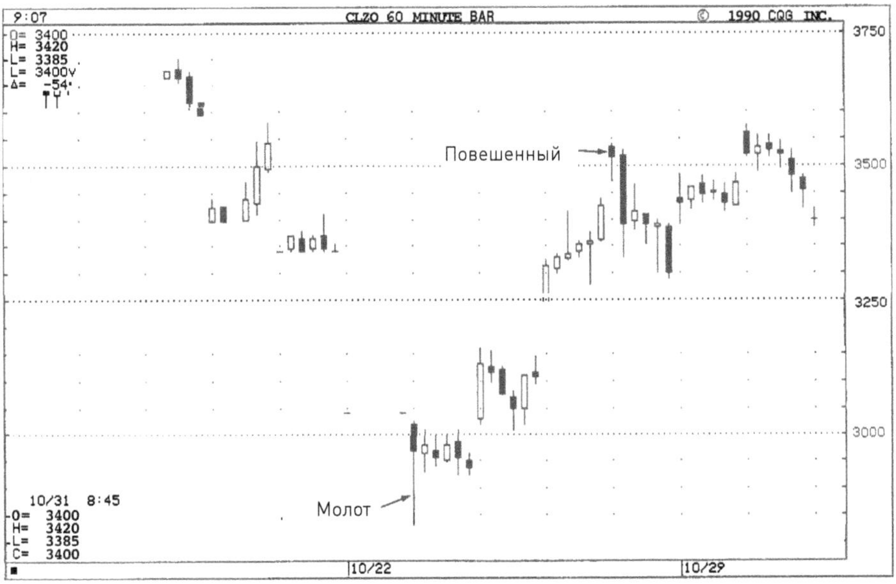

Рис. 12.7. Нефть, часовой график, октябрь 1990 г.

начале торгов 23 октября также образовался молот, т.е. свеча этого типа возникла в один и тот же день на графиках разного таймфрейма. Это редкое и, как нетрудно догадаться, важное совпадение. Обратите внимание, что на часовом графике быстрый подъем, начавшийся с молота, исчерпал себя 26 октября, когда возник повешенный.

ГЛАВА 13

СВЕЧИ И СКОЛЬЗЯЩИЕ СРЕДНИЕ

十人十色

Десять человек — и каждый со своим вкусом.

Скользящая средняя (moving average) — один из старейших и наиболее известных инструментов технического анализа. Он относился к числу индикаторов тренда и позволяет выявлять смену основного вектора движения, поэтому лучше всего работает на рынках с ярко выраженной направленностью. Вместе с тем скользящая средняя — это запаздывающий индикатор, который сигнализирует о новой тенденции лишь спустя некоторое время после ее начала.

Простая скользящая средняя

Базовым вариантом этого индикатора является простая скользящая средняя. Она представляет собой среднее арифметическое всех цен за определенный промежуток времени. Допустим, пять последних цен закрытия на рынке золота составляли \$380, \$383, \$394, \$390 и \$382. Тогда пятидневная скользящая средняя будет рассчитываться по формуле:

$$\frac{\$380+\$383+\$394+\$390+390}{5}=\$385{,}80.$$

Общая формула такова:

$$\frac{(P1+P2+P3+P4+P5)}{n},$$

где P1 — самая последняя цена за данный период;
P2 — предпоследняя цена, и т.д.;
n — количество используемых ценовых значений.

Слово «скользящая» в названии этого индикатора используется потому, что по мере добавления к расчетам свежих данных старые данные опускаются. Соответственно, получаемое среднее значение с течением времени словно скользит по числовому ряду.

Как видно из вышеприведенного примера, в простой скользящей средней все используемые в расчетах значения обладают одинаковым весом. В данном случае на каждую цену закрытия приходится 1/5 от итогового результата, в случае девятидневной скользящей средней — 1/9 и т.п. Таким образом, чем длиннее период, который охватывает скользящая средняя, тем ниже ее зависимость от каждой отдельно взятой цены, а чем короче этот период, тем сильнее индикатор будет реагировать на единичные ценовые движения. Долгосрочные скользящие средние хороши тем, что благодаря более сильному эффекту сглаживания они реже дают ложные сигналы. Но, с другой стороны, они с более высоким запаздыванием реагируют на смену рыночной ситуации.

Потенциальный круг участников рынка, которым могут пригодиться скользящие средние, очень широк. Так, в краткосрочной торговле часто используются четырех-, девяти- и 18-дневные скользящие средние, у позиционных трейдеров в ходу 13-, 26- и 40-недельные, а в Японии популярны 13- и 40-недельные. Помимо длины числового ряда скользящие средние отличаются друг от друга типом цен, используемых в расчетах. В большинстве случаев выбирается цена закрытия, но иногда применяются и скользящие средние, привязанные к минимальным или максимальным ценам либо к среднему арифметическому между минимумами и максимумами. Бывают даже скользящие средние самих скользящих средних.

Взвешенная скользящая средняя

У взвешенной скользящей средней ценам, используемым в расчетах, присваивается разный вес. Почти всегда этот индикатор имеет смещенный вперед «центр тяжести», т.е. последние по времени ценовые значения наделяются более высоким весом, чем предыдущие. Выбор алгоритма взвешивания зависит от предпочтений того или иного аналитика.

Экспоненциальная скользящая средняя и индикатор MACD

Особым видом взвешенной скользящей средней является экспоненциальная скользящая средняя. Она тоже имеет смещенный вперед центр тяжести, но ее особенность заключается в том, что вес каждой цены рассчитывается по специальной формуле, в которой учитываются значения всех предыдущих цен рассматриваемого периода. Влияние старых цен на итоговый результат экспоненциально убывает по мере их отдаления от текущей цены, что и отражено в названии данного вида скользящей средней.

Чаще всего экспоненциальная скользящая средняя применяется в составе индикатора MACD (схождение/расхождение скользящих средних). Он состоит из двух линий, первая из которых представляет собой разность между двумя экспоненциальными скользящими средними, обычно 26- и 12-периодными. Вторая линия называется сигнальной и является, как правило, 9-периодной разностью между теми же самыми экспоненциальными скользящими средними. Примеры индикатора MACD можно найти на рисунках 13.7 и 13.8.

Как пользоваться скользящими средними

Скользящие средние позволяют вырабатывать торговые стратегии с четкими правилами, поэтому их очень часто используют в алгоритмической торговле. Вот наиболее распространенные способы применения этой группы индикаторов:

1. Сопоставление текущей цены и скользящей средней для определения господствующего тренда. Например, хорошим индикатором среднесрочного восходящего тренда будет нахождение текущей цены выше 65-дневной скользящей средней. А о более долгосрочном восходящем тренде будет свидетельствовать, например, нахождение текущей цены выше 40-недельной скользящей средней.
2. Использование линии скользящей средней в качестве уровня поддержки или сопротивления. Закрытие рынка выше этой линии обычно считается бычьим сигналом, закрытие ниже — медвежьим.
3. Отслеживание диапазона скользящей средней — так называемого конверта. Этот диапазон охватывает области, находящиеся на определенный процент выше и ниже самой скользящей средней. Какой именно процент — зависит от выбора аналитика. Эти области также могут выступать в качестве поддержки или сопротивления.
4. Наблюдение за наклоном скользящей средней. Так, если после длительного подъема линия скользящей средней выравнивается или поворачивает вниз, это может быть медвежьим признаком. Самый простой способ следить за тем, как меняется наклон, заключается в построении линий тренда вдоль скользящей средней на одном и том же графике.
5. Использование комбинации из двух скользящих средних. Подробнее об этом будет рассказано ниже.

В примерах, представленных в этой главе, встречаются разные типы скользящих средних. Я не берусь утверждать, что они являются оптимальными, тем более что та разновидность этого индикатора, которая прекрасно работает на вашем графике сегодня, спустя какое-то время может и не давать желаемых результатов. Также наряду с широко распространенными типами скользящих средних вы найдете в примерах и менее употребительные, основанные на числах Фибоначчи. Не придавайте этому большого значения: сейчас нас интересуют не сами скользящие средние, а их сочетание со свечами.

Во многих случаях я отдаю предпочтение 65-дневной скользящей средней — опыт показывает, что она хорошо работает на многих фьючерсных графиках. На рисунке 13.1 использована именно эта разновидность индикатора, выступившая в качестве поддержки в областях 1, 2 и 3. В моменты, когда рынок нашел опору, возникли бычья модель поглощения (в области 1), молот и харами (в области 2), а также молотообразная свеча (в области 3).

На рисунке 13.2 три технических фактора 2 и 3 апреля должны были послужить предостережением для трейдеров, играющих на повышение. А именно:

1. В начале марта цены опустились ниже 65-дневной скользящей средней, и с этого момента она стала линией сопротивления.

2. Две свечи от 2 и 3 апреля образовали завесу из темных облаков, которая представляла собой безуспешную попытку прорвать сопротивление на уровне скользящей средней.

3. Максимум, установленный 3 апреля, находился всего лишь на 7 тиков ниже 50%-ной уровня коррекции после снижения рынка от точки А к точке В.

Как можно видеть на рисунке 13.3, в конце февраля проверка линии поддержки, соответствующей 65-дневной скользящей средней,

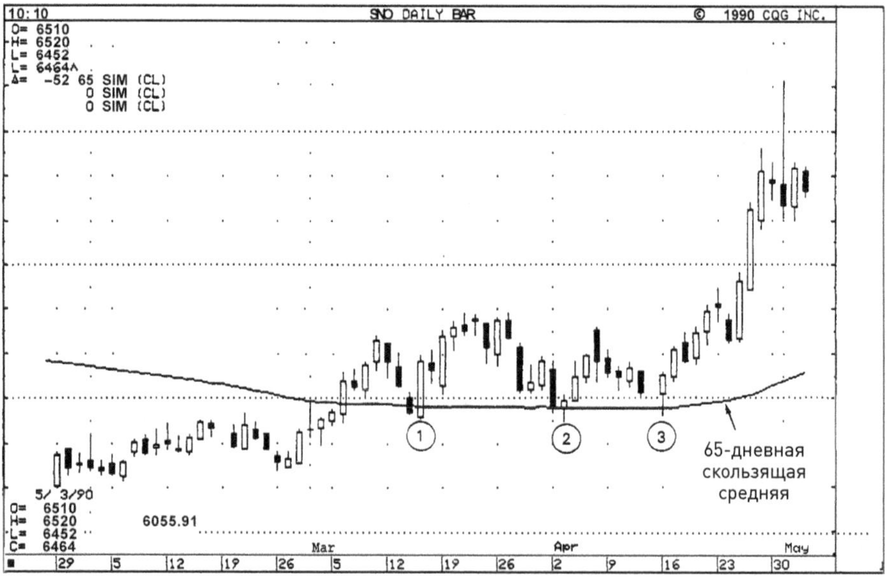

Рис. 13.1. Соя, дневной график, 1990 г.

Рис. 13.2. Нефть, дневной график, 1990 г.

была подкреплена молотом. Через несколько дней рынок вновь безуспешно попытался прорвать эту линию, в ходе чего образовалось основание «пинцет».

Рис. 13.3. Сахар, дневной график, 1990 г.

Комбинация из двух скользящих средних

Существует множество вариантов использования комбинаций из двух скользящих средних. Один из них — в качестве индикатора перекупленности, или перепроданности, или осциллятора скользящих средних. Этот индикатор получается путем вычитания долгосрочной скользящей средней из более краткосрочной и может принимать как положительные, так и отрицательные значения. Для чего нужно сопоставлять динамику двух индикаторов одной группы? Краткосрочная скользящая средняя более чувствительна к последним изменениям цены, и если она значительно превышает (или находится ниже) долгосрочной, значит рынок считается перекупленным (перепроданным).

Еще один способ получения сигналов с помощью комбинации из двух скользящих средних, долгосрочной и краткосрочной, — это выявление точек, в которых они пересекаются. Пересечение может оказаться ранним признаком смены тренда. Например, если краткосрочная скользящая средняя пересекает долгосрочную снизу вверх, это означает бычий сигнал. Японские аналитики называют такое пересечение *золотой крест* (golden cross), а обратную ситуацию, когда краткосрочная скользящая средняя пересекает долгосрочную сверху вниз — *мертвый крест* (dead cross). Скажем, золотой крест возникнет в момент, когда трехдневная скользящая средняя пересекает снизу вверх девятидневную.

В качестве индикатора краткосрочной перекупленности или перепроданности некоторые аналитики сопоставляют текущую цену закрытия с пятидневной скользящей средней (см. рис. 13.4.) Например, если пятидневная скользящая средняя проходит на отметке $1,1, а цена закрытия составляет $1,14, значит медь перекуплена на $0,04. В данном примере дополнительный график в нижней части рисунка построен путем вычитания значений пятидневной скользящей средней из текущих цен. Как можно видеть на этом графике, в моменты, когда линия указанных скользящих средних поднимается до 400 пунктов (что соответствует $0,04), рынок становится уязвимым, и это подтверждается медвежьими сигналами свечей. В точке 1 указание на перекупленность дополнялось моделью «харами», эта же модель образовалась в точке 2, затем на отрезке 3 возникла дожи, а на отрезке 4 — опять харами. Выходом из состояния перекупленности может быть либо снижение цен, либо их переход в нейтральный торговый коридор. В данном случае перекупленность на отрезках 1 и 3 была снята переходом к боковому движению, а на отрезках 2 и 4 — последующим снижением. В условиях перекупленного рынка обычно не следует открывать короткие позиции, а вот обладателям длинных позиций стоит принять защитные меры. Обратное правило справедливо для рынка, который характеризуется как перепроданный.

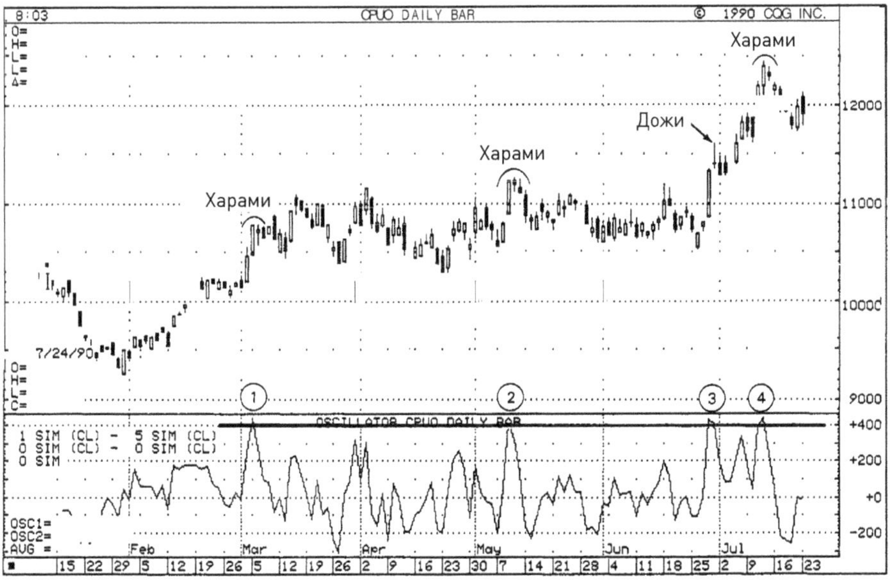

Рис. 13.4. Медь, дневной график, 1990 г.

Обе скользящие средние могут наноситься непосредственно на график цены. Как отмечалось ранее, когда краткосрочная скользящая средняя пересекает долгосрочную снизу вверх, возникает бычий сигнал, называемый японцами «золотой крест». На рисунке 13.5 можно видеть как раз такой бычий сигнал, а также свечной индикатор «основание

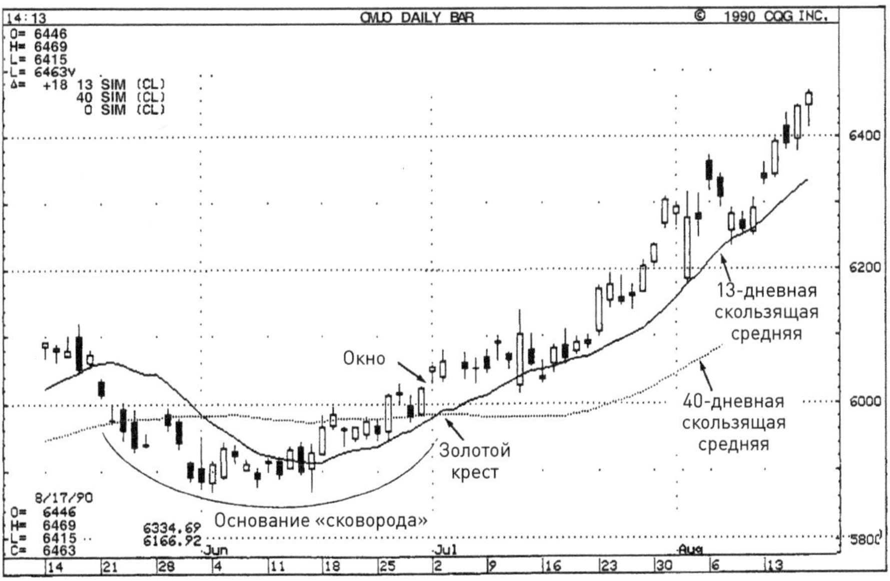

Рис. 13.5. Немецкая марка, дневной график, 1990 г.

"сковорода"», который дополнительно был подтвержден открытием окна 2 июля. Обратите внимание, что в первой половине июля окно выступило в качестве уровня поддержки, а потом, по мере роста цен, эту же роль играла краткосрочная скользящая средняя.

Сравнение динамики двух скользящих средних используется также для выявления расхождений — дивергенций (divergences). В идеале по мере повышения цен краткосрочная скользящая средняя должна демонстрировать рост относительно долгосрочной, то есть разность между ними должна достигать все более высоких положительных значений. Если же цены идут вверх, а расхождение между скользящими средними, наоборот, сглаживается, это сигнализирует о том, что краткосрочная тенденция теряет темп, что рынок выдыхается, поэтому подъем может скоро закончиться.

На рисунке 13.6 расхождение между двумя скользящими средними представлено в виде гистограммы. На отрезках 1 и 2 рост цен сопровождался повышением и на гистограмме, значит краткосрочная скользящая средняя росла быстрее долгосрочной, что предвещало продолжение восходящего тренда. На отрезке 3 быки столкнулись с проблемой. Подъем на $0,5, который начался 23 февраля, совпал с уменьшением разности между значениями скользящих средних, а это говорило об ослаблении краткосрочной восходящей тенденции. Добавьте к этому возникшую в этот момент завесу из темных облаков, и вы получите совокупность признаков, указывающих на возможность отката.

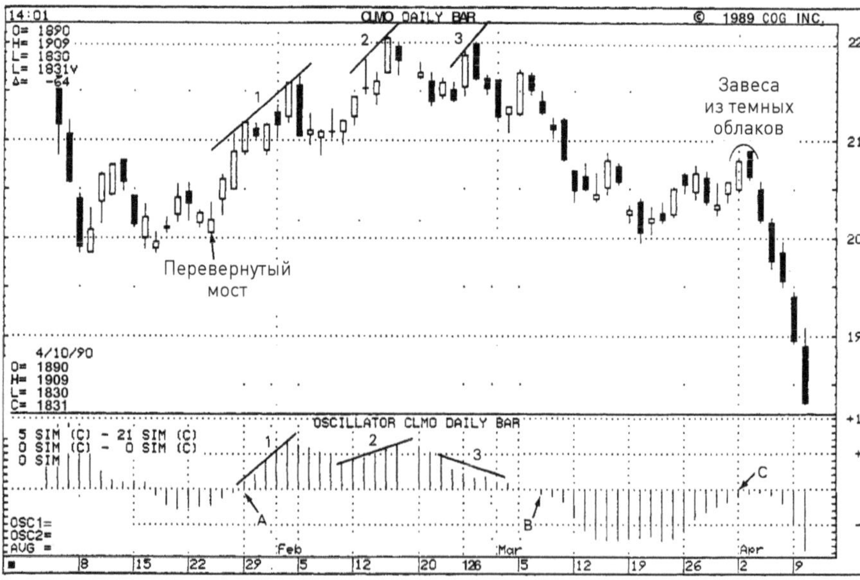

Рис. 13.6. Нефть, дневной график, 1990 г.

По гистограмме можно определить, в какой момент краткосрочная скользящая средняя пересекает долгосрочную снизу вверх, а в какой — сверху вниз. Когда осциллятор имеет положительные значения, первая из них находится выше второй, а когда отрицательные — вторая превышает первую. Таким образом, мертвый крест соответствует на гистограмме пересечению нулевой отметки сверху вниз, а золотой крест — снизу вверх.

В данном случае в области A наблюдался золотой крест (причем несколькими днями ранее на графике цены возник бычий перевернутый молот), а в области B сложился мертвый крест. В области C цены росли, но краткосрочная скользящая средняя не смогла подняться выше долгосрочной, так что осциллятор остался ниже нулевой отметки. Кроме того, с образованием 2 и 3 апреля завесы из темных облаков возник еще один медвежий сигнал.

В нижней части рисунка 13.7 представлен график индикатора MACD, состоящего из двух линий. Более подвижная сплошная линия является сигнальной. Когда она пересекает сверху вниз более сглаженную пунктирную линию, возникает сигнал к продаже. Это и произошло в точках, помеченных стрелками, причем в обоих случаях в качестве подтверждения выступили медвежьи модели поглощения.

На рисунке 13.8 сигнальная линия MACD пересекла вверх вторую, более медленную, линию в начале июля — этот момент помечен стрелкой. Таким образом, можно было ожидать, что рынок достиг дна, тем более что на графике цены возникла модель «утренняя звезда». Сначала

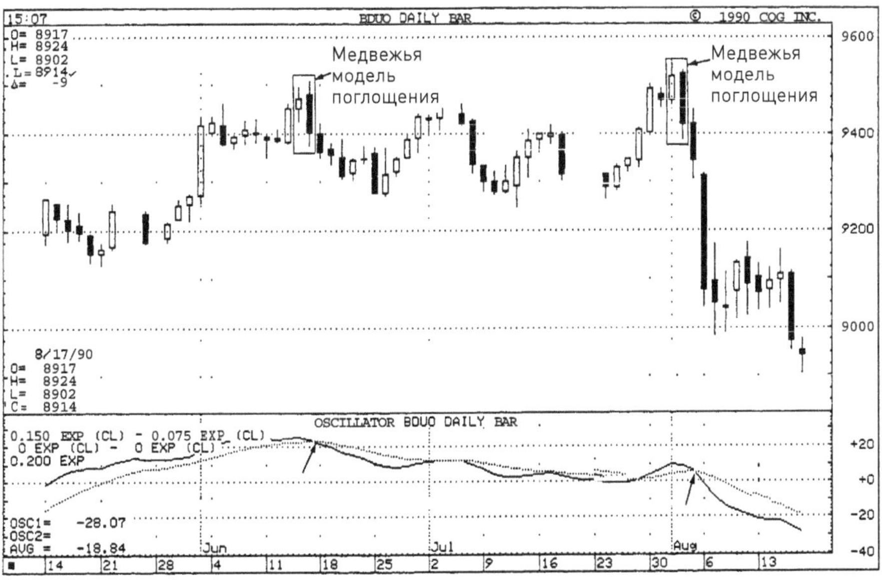

Рис. 13.7. Облигации, дневной график, 1990 г.

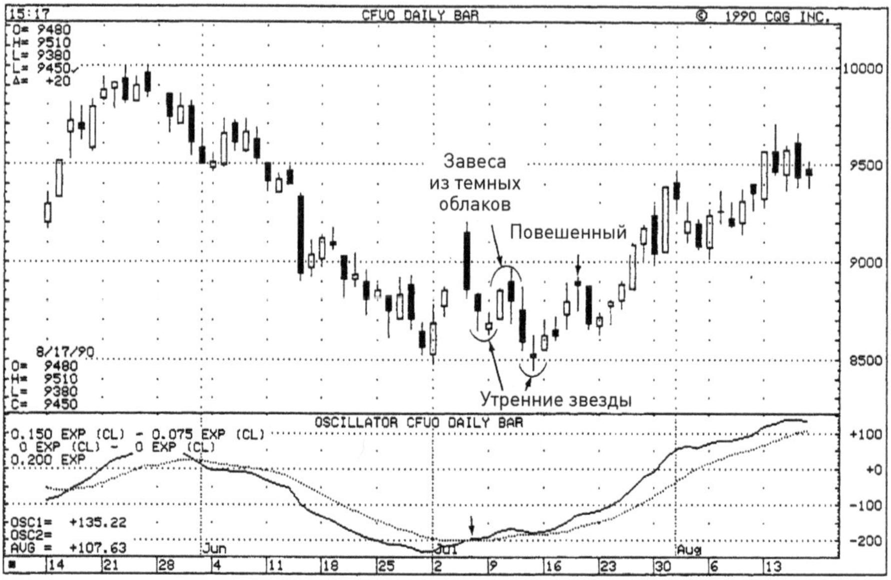

Рис. 13.8. Кофе, дневной график, 1990 г.

ее бычий сигнал был нивелирован завесой из темных облаков, но последовавшее за этим падение привело к появлению еще одной утренней звезды. В дальнейшем после небольшого отката, начавшегося с повешенного, рынок перешел к росту.

ГЛАВА 14

СВЕЧИ И ОСЦИЛЛЯТОРЫ

得手に帆をあげよ

Пусть каждая птица поет собственную ноту.

Процесс распознавания графических моделей, в том числе свечных, во многом носит субъективный характер, в то время как в основе осцилляторов лежит математика, и, следовательно, они являются более объективным средством рыночного анализа. Неудивительно, что они часто используются в компьютерных торговых системах.

Осцилляторы

К этой группе относятся такие технические инструменты, как индекс относительной силы (relative strength index, RSI), стохастический осциллятор (stochastics) и индикатор скорости изменения цены — моментум (momentum). Как вы увидите в этой главе, существует по меньшей мере три способа использования осцилляторов. А именно:

1. В качестве индикатора дивергенции осцилляторы могут предупреждать об окончании наблюдаемого тренда. Это происходит, когда цена и осциллятор движутся в разных направлениях. При отрицательной, или медвежьей, дивергенции (negariue, bearish divergence) цена достигает нового максимума, а осциллятор — нет, что свидетельствует о внутренней слабости рынка. При положительной, или бычьей, дивергенции (positiue, bullish diuergence) цена опускается до нового минимума, а осциллятор за ней не следует, что говорит об ослабевающем давлении продавцов.

2. Осцилляторы позволяют выявлять состояния перекупленности или перепроданности, при которых быки или медведи становятся легко уязвимыми. Но здесь нужно соблюдать осторожность, поскольку с этой функцией осцилляторы справляются в основном в условиях горизонтального торгового коридора. Их применение в моменты формирования нового большого тренда ведет к проблемам. Например, когда происходит прорыв верхней границы области консолидации, это может

означать переход рынка к бычьей фазе, и тогда осциллятор будет демонстрировать перекупленность все время, пока продолжается рост.

3. С помощью осцилляторов можно судить о силе рыночного импульса путем оценки скорости изменения цены. Теоретически скорость должна возрастать, пока тренд остается в силе, а ее снижение может оказаться ранним признаком затухания рыночного импульса.

Сигналы осциллятора следует использовать для открытия позиций в направлении основного тренда. Так, по бычьему сигналу стоит совершать покупки в случае восходящего тренда, а в случае нисходящего достаточно будет закрыть короткие позиции. То же самое относится и к медвежьему сигналу осциллятора: если основной тренд является нисходящим, то можно открывать короткие позиции, если нет — достаточно будет закрыть длинные.

Индекс относительной силы (RSI)

Индекс относительной силы (relative strength index, RSI)* — один из наиболее популярных технических инструментов. Он встроен во множество программ технического анализа и применяется многими трейдерами, в частности, на фьючерсных рынках. RSI отражает относительную силу подъема цен по сравнению с силой спадов за определенный период, например — девятидневный либо 14-дневный.

Как рассчитать RSI

RSI вычисляется путем сопоставления прироста цен в дни подъема с потерями в дни снижения. Расчеты делаются на основе цен закрытия. Формула такова:

$$RSI = 100 - \left(\frac{100}{1+RS}\right),$$

$$\text{где } RS = \frac{\text{среднее значение прироста цен для данного периода}}{\text{среднее значение снижения цен для данного периода}}.$$

Например, расчет 14-дневного RSI на первом этапе предполагает суммирование прироста цен в дни подъема за последние 14 торговых сессий и деление полученного результата на 14. Затем та же процедура выполняется для сессий, по итогам которых цены снизились.

* Не следует путать RSI с понятием относительной силы акции, которое используется фондовыми аналитиками и характеризует динамику отдельной акции либо группы акций по сравнению с динамикой общерыночного индекса, такого как Dow Jones или S&P 500.

Осталось рассчитать значение показателя относительной силы (RS) и включить его в итоговую формулу, чтобы получить индекс в диапазоне от 0 до 100.

Как пользоваться RSI

RSI применяется, главным образом, в качестве индикатора перекупленности или перепроданности, а также как инструмент для выявления дивергенций.

Так, RSI указывает на перекупленность рынка, когда приближается к верхней границе своего диапазона, т.е. поднимается выше отметки 70 или 80. После этого может произойти откат цен либо начаться период консолидации. И напротив, находясь у нижней границы диапазона, под отметками 30 или 20, RSI предупреждает о перепроданности рынка. В такой ситуации может произойти повышение цен в связи с закрытием коротких позиций.

Как индикатор дивергенций RSI применяется следующим образом. Если цены достигают новых локальных максимумов, а значение этого осциллятора — нет, значит наблюдается отрицательная дивергенция, что считается медвежьим сигналом. Если же цены опускаются до новых минимумов, а RSI за ними не следует, тогда дивергенция является положительной.

Важность сигналов дивергенции повышается, если во время их возникновения RSI свидетельствует также о перекупленности или перепроданности рынка.

На рисунке 14.1 можно видеть как бычью положительную дивергенцию RSI, так и медвежью отрицательную в сочетании со свечными сигналами. Когда 24 января рынок обновил минимум, значение RSI составляло 28%. Затем 31 января цены упали еще ниже, однако RSI достиг 39%, т.е. находился на существенно более высокой отметке, чем 24 января. Другими словами, наблюдалась бычья положительная дивергенция, в дополнение к которой 31 января на ценовом графике появилась белая свеча, поглотившая предшествующую черную, и таким образом возникла бычья модель поглощения.

14 марта на том же графике образовалась звезда дожи, а на следующий день — свеча, похожая на повешенного, хотя в идеале его нижняя тень и должна быть несколько длиннее. Осциллятор RSI при появлении этих медвежьих свечных признаков тоже давал быкам повод для тревоги: он демонстрировал снижение несмотря на то, что 15 и 16 марта цены достигли новых максимумов, т.е. наблюдалась медвежья отрицательная дивергенция. 21 марта произошла еще одна попытка роста и цены опять обновили максимум, но RSI продолжал снижаться. В итоге рынок откатился к мартовскому уровню поддержки в районе $1,1.

Рис. 14.1. Медь, дневной график, 1990 г.

На рисунке 14.2 падение, начавшееся с медвежьей модели поглощения, прекратилось с формированием просвета в облаках, что сопровождалось положительной дивергенцией RSI. Некоторые аналитики наносят линии тренда непосредственно на график этого индикатора,

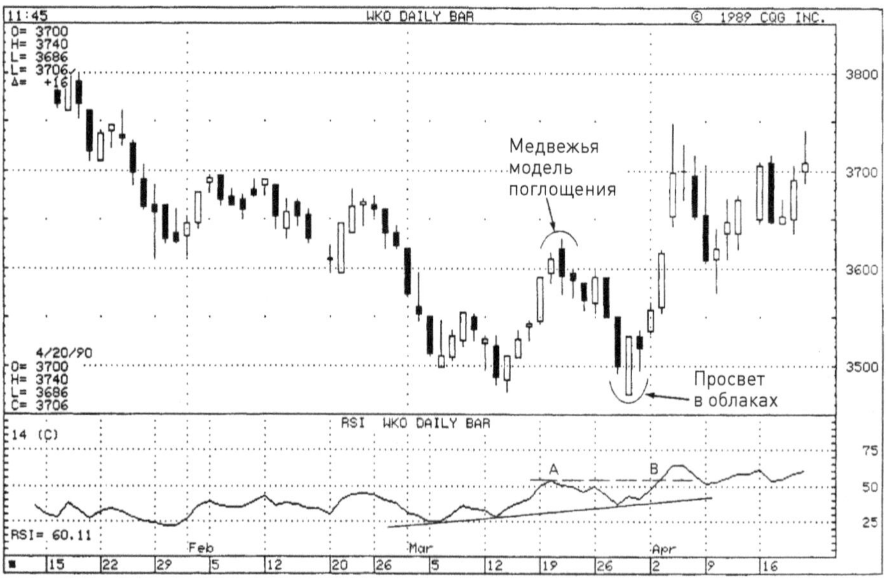

Рис. 14.2. Пшеница, дневной график, 1990 г.

и в данном случае линия поддержки восходящего тренда RSI устояла, хотя на основном графике — ценовом — 29 марта были зафиксированы новые минимумы.

Рисунок 14.2 иллюстрирует, почему рассматриваемый нами осциллятор лучше всего использовать в сочетании со свечами. На свечном графике бычьи или медвежьи подтверждающие сигналы могут возникнуть раньше, чем появится достаточно оснований реагировать на сигналы от RSI в отдельности. Например, бытует точка зрения, что о предстоящем росте рынка этот осциллятор предупреждает при соблюдении двух условий: во-первых, наличия положительной дивергенции, а во-вторых, подъема над уровнем предыдущего собственного максимума. Так, в рассматриваемом нами примере RSI должен был подняться над отметкой от 20 апреля, помеченной буквой А. Это произошло лишь в области В, в то время как свечной индикатор — модель поглощения — в сочетании с дивергенцией RSI предупредили о развороте рынка на несколько дней раньше.

Образование дожи в период восходящего тренда — тревожный симптом, однако, как другие технические индикаторы, иногда свечи этого типа наводят на ложный след. Одним из способов избежать этого служит применение других технических инструментов для проверки сигналов дожи. Так, на рисунке 14.3 эту функцию выполняет RSI. В середине мая на графике индекса Dow Jones появились падающая звезда и две дожи (на графике RSI эта зона помечена буквой А), что предвещало завершение предыдущего восходящего тренда, по крайней

Рис. 14.3. Индекс Dow Jones, дневной график, 1990 г.

мере, на время. Несколько следующих недель рынок держался в горизонтальном коридоре, а затем достиг новых максимумов в области B, после того как индекс поднялся на 100 пунктов по сравнению со значениями в области A. Однако RSI при этом находился на одинаковых отметках. Такое сочетание отражало истощение внутренней силы рынка, и дополнительно области B появился еще один медвежий сигнал в виде модели «харами».

После временного 100-пунктного отката начался новый подъем, и индекс достиг отметки 3000 в зоне C. Максимумы из области B оказались значительно превышены, но при этом RSI находился ощутимо ниже. Эта медвежья дивергенция сопровождалась появлением падающей звезды, дожи и повешенного, что говорило о слабости рынка, хотя индекс и бил рекорды.

Стохастический осциллятор

Стохастический осциллятор, или стохастик (stochastic oscillator), — еще один распространенный технический инструмент. Будучи осциллятором, он позволяет выявлять перекупленность или перепроданность рынка, подает сигналы дивергенции, а также может использоваться для сопоставления краткосрочной тенденции и более долгосрочной. При расчете этого осциллятора, принимающего значения от 0 до 100, последняя цена закрытия сравнивается с диапазоном цен за определенный период. Высокое значение стохастика означает, что цена закрытия лежит в верхней части этого диапазона, а, соответственно, низкое значение говорит о том, что она находится в нижней части. Логика данного осциллятора основана на том, что при повышении рынка цены закрытия стремятся к максимумам рассматриваемого диапазона, а при понижении — к минимумам.

Как рассчитать стохастик

Стохастический осциллятор представлен двумя линиями, обозначаемыми символами %K и %D. Наиболее чувствительная к колебаниям рынка линия именуется быстрой %K, или сырым стохастиком (fast %K, raw stochastic). Ее формула такова:

$$\frac{\text{(Текущая цена закрытия)} - \text{(Минимум данного периода)}}{\text{(Максимум данного периода)} - \text{(Минимум данного периода)}} \times 100 = \%K.$$

Таким образом, если сегодняшняя цена закрытия равна максимальной цене за рассматриваемый период, то значение линии %K составит 100% (коэффициент 100 в формуле используется для того, чтобы преобразовать результат деления в процентный показатель). Выбранный период может исчисляться в днях, неделях или даже внутридневных интервалах, например в часах. Чаще всего этот осциллятор бывает 14-, 19- и 21-периодным.

Линия %K бывает настолько хаотичной, что обычно ее сглаживают, используя скользящую среднюю трех ее последних значений. Это трехпериодная скользящая средняя от %K называется медленной линией %K (slow %K), и многие аналитики применяют ее вместо чересчур нестабильной быстрой %K. Медленная %K затем снова может сглаживаться с помощью трехдневной скользящей средней, и в итоге получается линия %D (%D line) — в сущности, скользящая средняя от другой скользящей средней. Чтобы лучше уяснить различие между линиями %K и %D, можно, например, воспринимать их как скользящие средние разных периодов: первую — как краткосрочную, а вторую — как долгосрочную.

Как пользоваться стохастиком

Как уже отмечалось, стохастический осциллятор можно использовать по-разному, но чаще всего с его помощью выявляют дивергенции. Большинство аналитиков при этом ориентируются еще и на его сигналы о перекупленности или перепроданности, которые рассматриваются как подтверждающие. Некоторые, кроме того, руководствуются следующим правилом: если медленная %K пересекает кривую %D сверху вниз, то возникает сигнал к продаже, если снизу вверх — сигнал к покупке. Аналогичное правило, напомним, применяется для скользящих средних: когда краткосрочная скользящая средняя пересекает долгосрочную снизу вверх, сигнал является бычьим, когда сверху вниз — медвежьим. Так сигнал к покупке возникает, если рынок перепродан (%D находится на отметке 25% или ниже), налицо положительная дивергенция, а кривая %K пересекает кривую %D снизу вверх.

Взгляните на рисунок 14.4: дожи от 3 января, возникшая сразу за длинной белой свечой, должна была заставить быков призадуматься. В этот день цены превзошли декабрьские максимумы, но стохастический осциллятор не повторил их успеха, т.е. дивергенция была отрицательной, что служило важным подтверждением медвежьего сигнала дожи.

На рисунке 14.5 в середине 1989 г. цены на медь образовали основание в виде молота. В начале 1990 г. возникла новая серия молотов, но можно ли было считать их признаком еще одного основания? Безусловно, учитывая показания стохастического осциллятора. Молот B возник в районе новых минимумов, лежащих ниже минимальных отметок молота A, однако осциллятор при этом находился на более высокой отметке. Другими словами, наблюдалась положительная дивергенция, которая свидетельствовала об ослаблении давления продавцов.

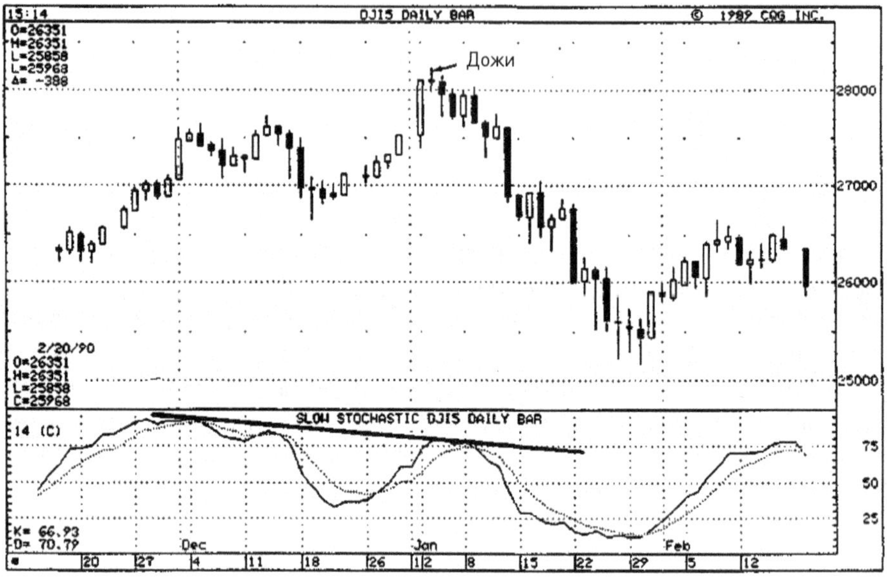

Рис. 14.4. Индекс Dow Jones, дневной график, 1989–1990 гг.

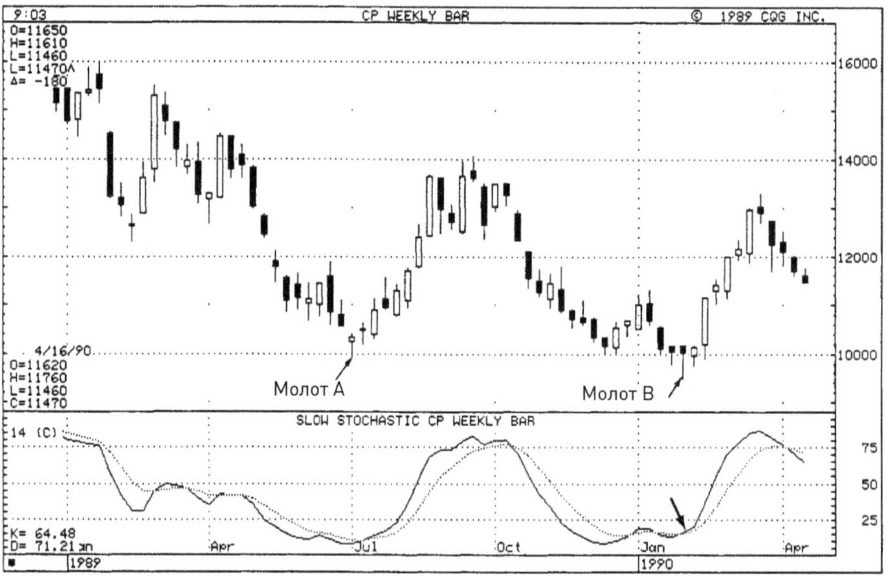

Рис. 14.5. Медь, недельный график

Кроме того, в это же время на графике стохастика произошло положительное пересечение — более подвижная линия %K пересекла снизу вверх (см. стрелку) линию %D, нарисованную пунктиром. Особую значимость этому сигналу придавал тот факт, что пересечение произошло в зоне перепроданности — на отметке ниже 25%. Таким образом, в начале 1990 г. наблюдался целый ряд технических признаков завершения предыдущей нисходящей тенденции: это серия молотообразных свечей, положительная дивергенция и, наконец, положительное пересечение стохастика в период перепроданности рынка.

Как можно видеть на рисунке 14.6, свечи от 12 и 16 апреля образовали завесу из темных облаков. При формировании черной свечи от 16 апреля цены поднимались выше уровня мартовских максимумов, однако стохастик при этом не демонстрировал новых достижений. Завеса из темных облаков вместе с отрицательной дивергенцией сигнализировали о вероятном завершении ралли. А дополнительным подтверждением того, что цены пойдут вниз, стало отрицательное пересечение: быстрая кривая %K опустилась ниже медленной %D в точке, помеченной на графике стохастика стрелкой.

Я редко пользуюсь свечным анализом на дневном графике британского фунта: как видно из рисунка 14.7, на нем слишком часто возникают дожи или свечи с маленькими телами, а также гэпы, вызванные ночной торговлей. Тем не менее иногда и здесь свечные сигналы все-таки бывают полезными, особенно если они подтверждаются другими индикаторами.

Так, на неделе с 19 марта 1990 г. на этом графике сформировалась разновидность утренней звезды, у которой белое тело третьей свечи не перекрывало значительную часть черного тела первой свечи, как в идеальном варианте этой модели. Чтобы решить, стоит ли уделять внимание сигналу несовершенной модели, следует обращаться

Рис. 14.6. Индекс S&P, дневной график, 1990 г.

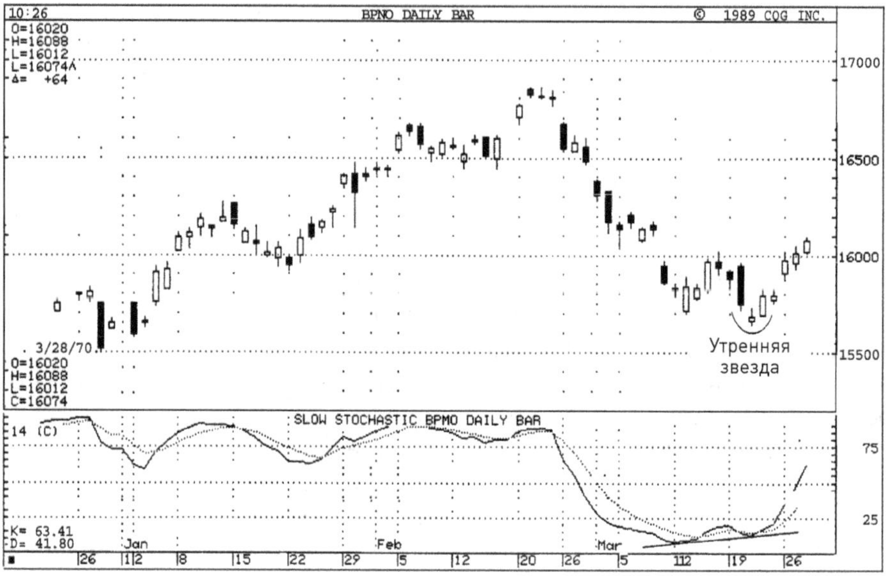

Рис. 14.7. Британский фунт, дневной график, 1990 г.

к другим техническим индикаторам. В данном случае в момент возникновения утренней звезды (точнее, ее вариации) цены достигли новых локальных минимумов, однако на графике стохастического осциллятора этого не наблюдалось. Налицо была бычья положительная дивергенция, которую вскоре подтвердило пересечение линией %K снизу вверх линии %D. Соответственно, тот факт, что модель «утренняя звезда» выглядела несовершенной, всего лишь отсрочил окончательный вывод о том, что рынок достиг основания.

Моментум

Моментум (momentum), или индикатор скорости изменения цены (price velocity), рассчитывается как разность между сегодняшней ценой закрытия и ценой закрытия определенное число дней назад. Так, при расчете 10-дневного моментума сегодняшняя цена закрытия сопоставляется с ценой десятидневной давности, и если она оказывается выше, то значение данного осциллятора будет положительным, если ниже — то отрицательным. По мере того как восходящий тренд набирает силу, разница между этими ценами должна нарастать: это означает, что увеличиваются темпы рыночного роста. Если же цены обновляют максимумы, а моментум тем временем выравнивается, значит рост замедляется, что может оказаться ранним признаком окончания тренда. Когда моментум пересекает нулевую отметку сверху вниз — это медвежий сигнал, а когда снизу вверх — бычий.

Моментум также используется для выявления состояний перекупленности или перепроданности. Если он принимает сравнительно высокие положительные значения, это может означать, что рынок перекуплен и готов к откату. Как правило, моментум достигает наивысшей точки прежде, чем рынок обновляет локальный максимум, поэтому очень высокое значение данного осциллятора бывает предвестником ценового пика.

Обратимся к рисунку 14.8, на котором январская длинноногая дожи призывала быков соблюдать осторожность. Тревожным для них был и другой сигнал: в то время как цены при формировании дожи достигли новых высот, моментум находился значительно ниже своего предыдущего максимума, установленного в конце ноября в точке A. В начале февраля появился дополнительный признак возможного начала нисходящей тенденции — линия рассматриваемого нами осциллятора опустилась ниже нулевой отметки.

На рисунке 14.9 моментум используется для выявления уровней перекупленности или перепроданности (см. рис. 14.9). В данном случае о перекупленности свидетельствует его приближение к отметке +200 (это означает, что текущая цена закрытия на $0,02 превышает аналогичный показатель десятидневной давности), а о перепроданности — снижение в район отметки –400. Когда моментум находится на 200 пунктах, продолжение предыдущего ралли маловероятно: рынок должен либо войти в горизонтальный коридор, либо перейти

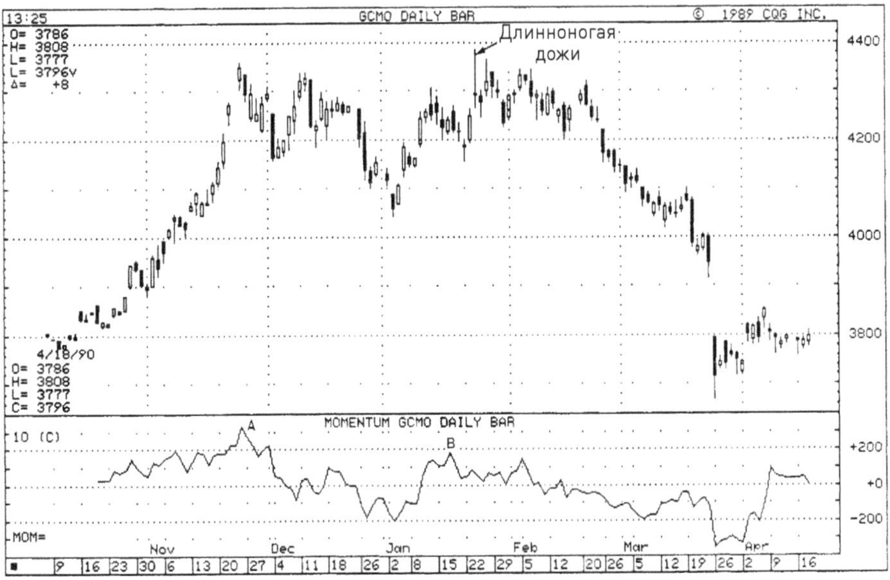

Рис. 14.8. Золото, дневной график, 1989–1990 гг.

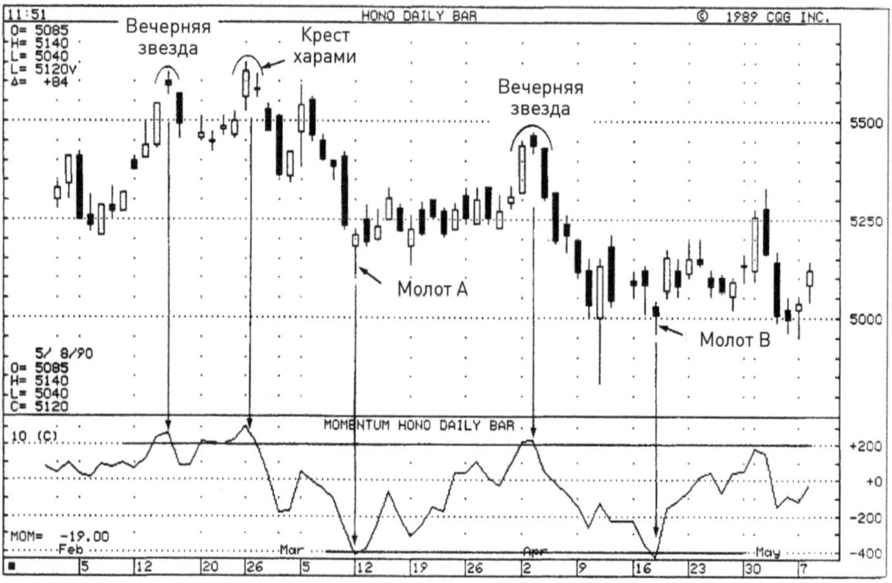

Рис. 14.9. Мазут, дневной график, 1990 г.

к падению. При этом вероятность разворота на вершине возрастает, если медвежьему сигналу моментума сопутствует соответствующее подтверждение от свечей. В данном примере в периоды, когда моментум свидетельствовал о перекупленности рынка в феврале, на ценовом графике возникали вечерняя звезда и крест харами. В начале апреля он вновь достиг уровня перекупленности, что сопровождалось еще одной вечерней звездой. В свою очередь, медвежьи свечные сигналы — молоты A и B — появлялись, когда моментум достигал в марте и апреле уровней перепроданности. После этого новое падение цен было маловероятным: следовало ожидать либо их консолидации в боковом коридоре, либо подъема.

ГЛАВА 15

СВЕЧИ И ИНФОРМАЦИЯ ОБ ОБЪЕМЕ И ОТКРЫТОМ ИНТЕРЕСЕ

一条の矢は折るべく、十条は折るべからず

Одну стрелу переломить легко — но не десяток в связке.

Считается, что чем больше объем торгов, тем выше сила наблюдаемого рыночного движения, поэтому рост объема предвещает продолжение текущего тренда, а снижение может свидетельствовать о его скором завершении. Объем используется также как индикатор, подтверждающий достижение вершин и оснований. Так, попытка прорвать уровень поддержки на фоне низкой торговой активности, то есть низкого объема торгов, отражает слабеющее давление продавцов, поэтому является бычьим сигналом, а проверка максимумов в таких же условиях — медвежьим, поскольку демонстрирует истощение сил покупателей.

Хотя динамика объема торгов и помогает судить об интенсивности ценового движения, некоторые особенности этого показателя ограничивают его практическую ценность. Особенно это заметно на фьючерсном рынке, где объем торгов может сильно меняться под влиянием побочных факторов, таких как операции участников рынка с опционами на фьючерсы или торговля спредами. Тем не менее иногда этот индикатор бывает весьма полезным, и в данной главе мы поговорим о его использовании со свечным анализом.

Объем торгов

Рисунок 15.1 иллюстрирует, как объем торгов и сигналы свечей могут подтверждать образование двойных вершин и оснований. При формировании свечи 1 от 22 марта цена фьючерса на облигации приближалась к максимальным отметкам конца февраля, а дневной объем торгов составил 504000 контрактов (см. столбчатый график в нижней части рисунка). В течение следующих нескольких сессий покупатели пыта-

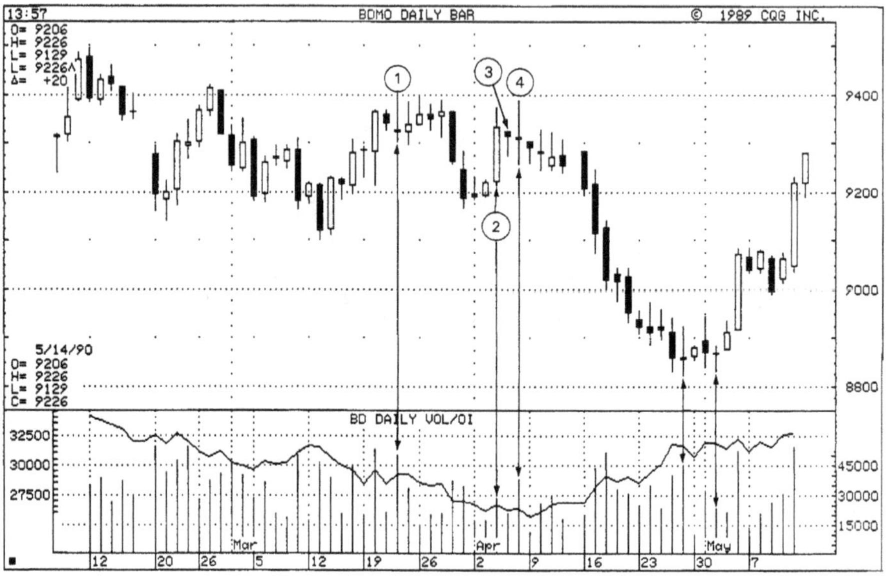

Рис. 15.1. Облигации, дневной график, 1990 г.

лись пробиться выше, но действовали чересчур нерешительно, о чем свидетельствовали маленькие тела соответствующих свечей и невысокие показатели объема. Спустя неделю быки сдались, и рынок всего за пару дней просел на два пункта.

А теперь рассмотрим высокую белую свечу, появившуюся 4 апреля и помеченную цифрой 2. Не предвещала ли эта сессия наступление быков? Пожалуй, нет. Во-первых, подъем цен произошел при относительно низком объеме в 300 000 контрактов — это меньше, чем при формировании длинных черных свечей от 29 и 30 марта. Во-вторых, на следующий день для быков прозвучал дополнительный тревожный сигнал, а именно возникла свеча 3 с маленьким телом, которая вместе со свечой 2 образовала харами. Свеча 3, кстати, еще и напоминала повешенного, хотя в идеале тот должен возникнуть у верхней границы торгового коридора либо во время восходящего тренда. На следующий день произошла еще одна попытка достичь уровня февральских максимумов, омраченная образованием свечи-рикши, которая помечена на графике цифрой 4. Бесперспективность этого движения вверх подтверждалась более низким объемом торгов (379 000 контрактов), чем во время возникновения свечи 1 от 22 марта (504 000 контрактов). После безуспешного штурма старых максимумов на фоне низкой торговой активности еще сильнее возросла вероятность образования двойной вершины. Падение цен ниже минимума от 30 марта, которое за этим последовало, окончательно подтвердило эту гипотезу. Исходя из параметров возникшей двойной вершины можно было ожидать движения рынка к отметке 9000.

Позже на этом же графике возникли сигналы разворота в основании: в частности, по итогам сессии от 27 апреля сформировалась дожи. В силу причин, рассмотренных в главе 8, свечи этого типа гораздо чаще сигнализируют о развороте при восходящих трендах, чем при нисходящих, однако и в периоды снижения они могут предвещать смену рыночных настроений, если подтверждаются другими индикаторами. В данном случае значимость сигнала разворота возросла с появлением еще одной дожи всего через три дня. А теперь обратите внимание на сопутствующие этому обстоятельства: во-первых, минимумы двух этих свечей оказались почти равными, т.е. образовалось основание «пинцет», а во-вторых, резко изменился объем торгов. Если 27 апреля, при появлении первой дожи, он составил 448 000 контрактов, то 2 мая, когда возникла вторая, упал почти наполовину — до 234 000. Проверка области поддержки при снижении торговой активности служила бычьим сигналом.

На рисунке 15.2 в конце апреля формирование белой свечи сопровождалось рекордным для последних месяцев объемом торгов. Это свеча вошла в состав бычьей модели поглощения, которая сигнализировала о твердости быков. Чуть позже попытка медведей достичь новых минимумов на фоне низкой торговой активности привела к образованию молотообразной свечи, что подтвердило наличие в этом районе прочного основания.

Существует множество специальных технических инструментов, основанных на информации об объеме торгов. Рассмотрим два, относящихся к наиболее распространенным, — балансовый объем и тиковый объем.

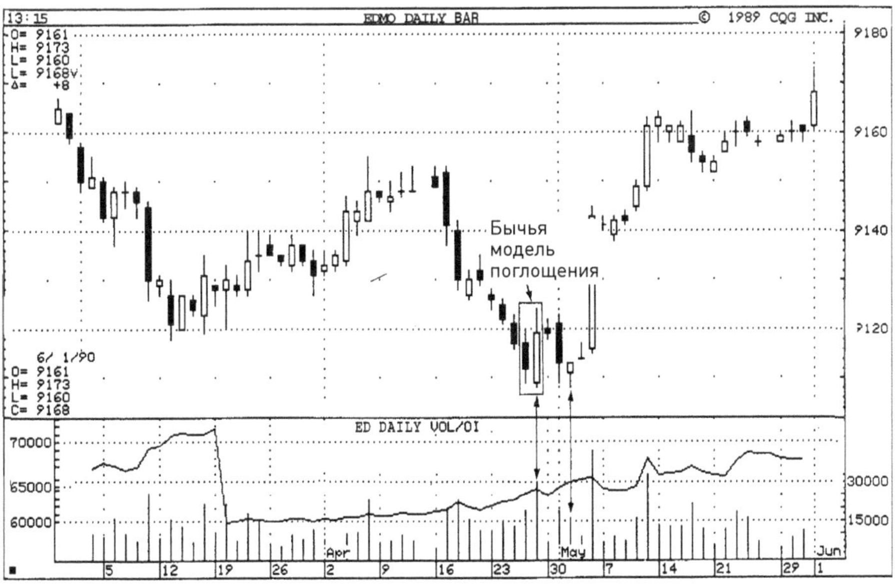

Рис. 15.2. Евродоллар, дневной график, 1990 г.

Балансовый объем

При расчете этого индикатора (on balance volume, OBV) не используется никаких других данных, кроме информации об объеме торгов. Если цена закрытия оказывается выше, чем накануне, то объем торгов за этот день прибавляется к кумулятивному (т.е. накопленному за предыдущие дни рассматриваемого периода) значению индикатора. Если цена закрытия оказывается ниже — объем торгов за этот день вычитается из него.

Индикатор OBV можно использовать, например, для подтверждения силы быков или медведей: для этого он должен изменяться в направлении тренда. Если рынок растет при увеличении OBV, это говорит об усилении активности покупателей даже при более высоких ценах, что следует считать бычьим сигналом. Если цены и OBV падают, значит рост объема торгов связан, прежде всего, с активностью продавцов, и снижение должно продолжиться.

OBV можно использовать и в условиях, когда наблюдается горизонтальный торговый коридор. Если значение этого индикатора будет увеличиваться, значит наблюдается период накопления (accumulation), который должен смениться ростом, особенно если рынок находится в зоне низких цен. Если же OBV падает, то это свидетельствует о периоде распределения (distribution) и служит медвежьим сигналом, особенно в зоне высоких цен.

На рисунке 15.3 после резкого снижения, произошедшего 13 июня, появилась свеча с маленьким телом, и вместе с предыдущей черной

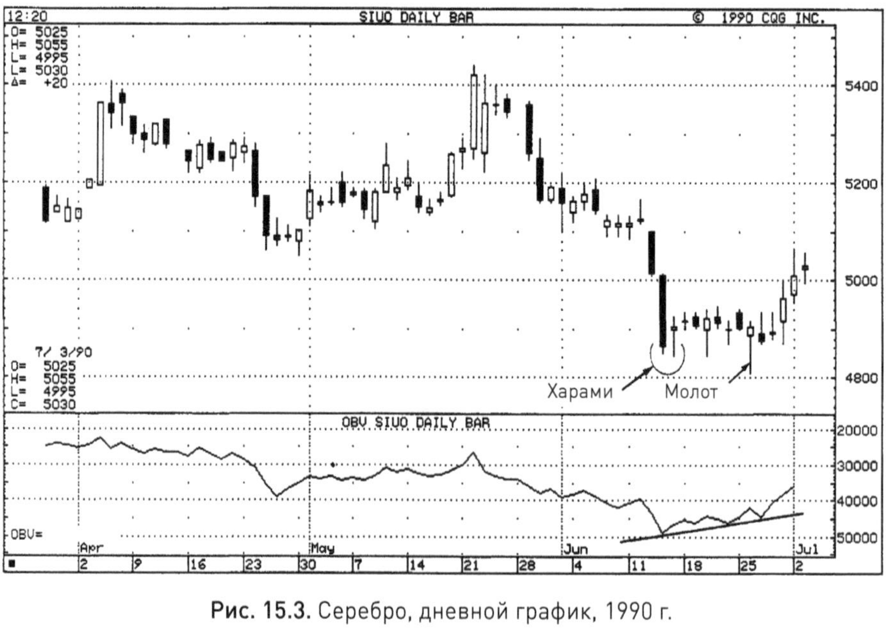

Рис. 15.3. Серебро, дневной график, 1990 г.

свечой они образовали модель «харами». Выраженная нисходящая тенденция на две недели перешла в горизонтальную, в этот период значение OBV возрастало, отражая тем самым бычье накопление. В ходе торгов 25 июня были достигнуты новые минимумы, однако они не устояли, и на графике возник молот. Положительная дивергенция OBV, неудавшаяся попытка медведей удержать минимумы и образование молота сигнализировали о том, рынок достиг краткосрочного основания.

Тиковый объем

На некоторых рынках данные об объеме торгов раскрываются с задержкой или вовсе остаются недоступными. Чтобы хотя бы отчасти компенсировать этот недостаток, иногда трейдеры прибегают к индикатору тикового объема (tick volume). Он отражает число сделок, заключенных за определенный период, без учета количества контрактов или лотов, задействованных в этих сделках. Например, значение тикового объема может составлять 50 сделок в час, однако из этой цифры не видно, насколько крупными были объемы покупок и продаж. Так, могло быть исполнено 50 заявок на 1 контракт каждая или такое же их число на 100 контрактов каждая. Хотя индикатор тикового объема и не передает информацию об объеме торгов как таковом, он тоже является полезным техническим инструментом, поскольку позволяет судить об активности быков и медведей хотя бы в первом приближении.

Это можно увидеть, в частности, по часовому графику, представленному на рисунке 15.4. После появления бычьей свечи «молот» в конце торговой сессии 4 мая цены пошли вверх на фоне падения тикового объема, что стало первым признаком неуверенности покупателей. Вторым тревожным сигналом служили короткие белые тела свечей. Позже, 8 мая, в первые три часа торгов наблюдалось стремительное падение, в ходе которого были достигнуты новые минимумы. Однако во второй половине этого дня движение цен уже указывало на крайне низкую вероятность продолжения утреннего спада: вслед за длинной черной свечой третьего часа торгов возникла дожи, из этих двух свечей сложился крест харами, а еще чуть позже появилась свеча с белым телом, поглотившим два предшествующих черных тела, т.е. сложилась бычья модель поглощения. Минимумы этой свечи, а также длинной черной свечи, возникшей ранее, еще и образовали основание «пинцет».

Тиковый объем также свидетельствовал о развороте: после бычьей модели поглощения его значение повышалось одновременно с ростом цен. Кроме того, увеличилась высота тел свечей. Появление падающей звезды и достижение вблизи $1340 уровня сопротивления, заданного неделей ранее, приостановили восхождение. Но позже рынок прорвал

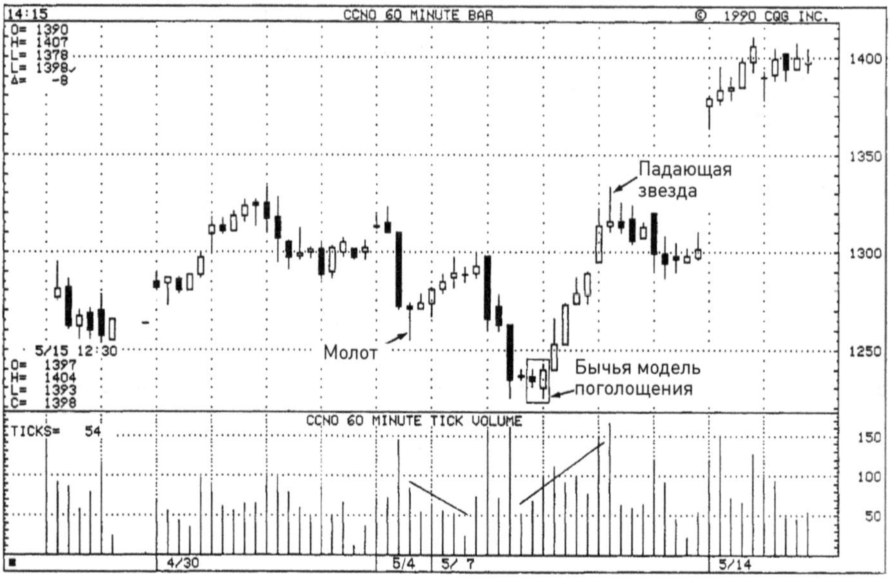

Рис. 15.4. Какао, часовой график, апрель-май 1990 г.

сопротивление посредством окна, и сомнений уже не осталось: инициатива перешла к быкам.

На рисунке 15.5 молот от 19 июня предупредил о том, что рынок нащупывает основание. В первый час торгов 20 июня цены достигли новых минимумов на отметке $16,62, отмеченной цифрой 1, а тиковый

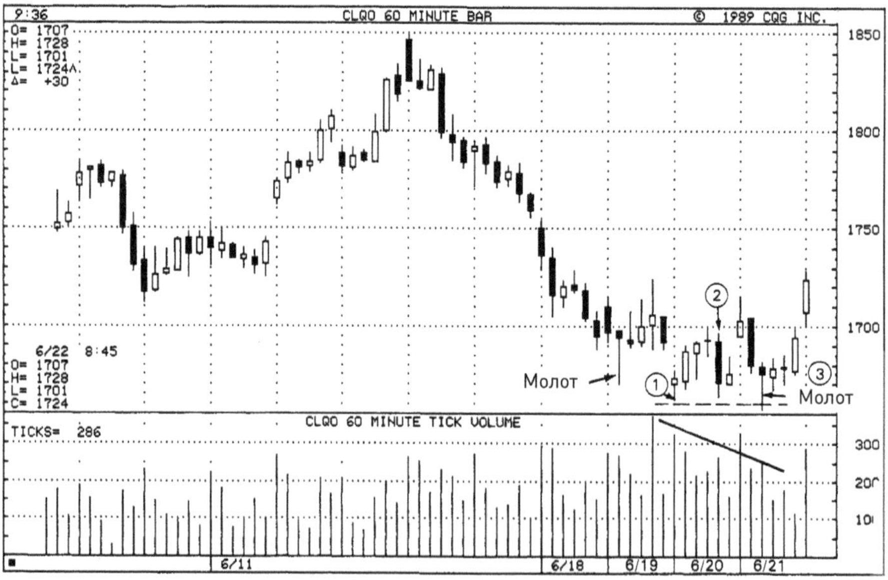

Рис. 15.5. Нефть, часовой график, июнь 1990 г.

объем в этот момент подскочил до 324 сделок. Спустя несколько часов произошло еще одно движение к минимумам и образовалась длинная черная свеча, помеченная цифрой 2, но на этот раз тиковый объем составил лишь 262 сделки. Сессию следующего дня, 21 июня, можно отнести к числу самых интересных. В течение третьего ее часа наблюдалось падение до новой минимальной отметки $16,57, и этому сопутствовал еще более низкий тиковый объем, чем в предшествующие два раза, — всего 249 сделок. Все говорило о том, что напор продавцов ослабевает. Уже к концу этого часа цены спружинили вверх и образовали на графике молот (из главы 11 вы знаете, что теперь следовало ожидать повторной проверки недавнего максимума, а именно отметки $17,24).

Открытый интерес

На срочном рынке на каждого покупателя фьючерсного или опционного контракта приходится продавец, поэтому общее число обращающихся в данный момент контрактов всегда соответствует объему реального товара, подлежащему поставке. Открытый интерес (open interest) представляет собой сумму всех длинных либо всех коротких позиций, которые на данный момент остаются открытыми. Эти суммы всегда равны.

Как и информация об объеме торгов, открытый интерес помогает оценить силу наблюдаемого тренда исходя из того, происходит приток денег на рынок или их отток. Рост или падение открытого интереса характеризуют поведение покупателей и продавцов, вступающих в игру, равно как и действия выбывающих из нее трейдеров. Главный принцип таков: увеличение открытого интереса подтверждает силу наблюдаемой тенденции. Если индикатор растет вместе с ценами, значит выходящие на рынок покупатели действуют агрессивнее продавцов, поскольку продолжают открывать длинные позиции даже на более высоких отметках. Если же открытый интерес растет в период падения, это говорит об упорстве игроков на понижение, которые совершают продажи несмотря на падение цен. Таким образом, в случае роста открытого интереса при восходящем тренде тон задают быки, и рынок, вероятно, продолжит идти вверх. Если же открытый интерес увеличивается при нисходящем тренде, значит доминируют медведи и напор с их стороны должен сохраниться.

А вот когда движение вверх или вниз сопровождается падением открытого интереса, наблюдаемый тренд, скорее всего, подходит к завершению, поскольку ликвидация ранее открытых позиций как бы опустошает рынок и лишает его движущей силы. Рост на фоне падающего открытого интереса говорит в первую очередь о том, что игроки закрывают старые короткие позиции (хотя это и происходит одновременно с закрытием длинных). По мере завершения этого процесса силы, питающие рост, будут исчезать.

Можно провести такую аналогию: допустим, у вас имеется шланг, подведенный к водопроводу, и подача воды перекрывается с помощью крана. Растущий открытый интерес — это нечто вроде притока воды из водопровода: пока кран открыт, из шланга будет идти стабильный поток, а на рынке будет наблюдаться стабильный рост цен или устойчивое падение. Падающий открытый интерес, в свою очередь, подобен закрытому крану: из шланга продолжает вытекать оставшаяся в нем вода, но в отсутствии давления из водопровода этот поток быстро иссякает. Аналогичным образом сходит на нет и ценовая тенденция.

Анализируя данные об открытом интересе, нужно учитывать и еще несколько факторов, не упомянутых в нашем кратком обзоре, — в частности, факторы сезонного характера.

Вернемся к рисунку 15.1, который не только содержит значимую информацию об объеме торгов, но и иллюстрирует возможность использования открытого интереса для подтверждения тренда. С 13 по 22 марта наблюдался краткосрочный подъем цен, сопровождавшийся снижением открытого интереса (см. линейный график в нижней части рисунка). Это означало, что подъем являлся следствием закрытия коротких позиций и должен был прекратиться с завершением этого процесса, что и произошло у свечи 1, представляющей собой рикшу. В этот день цены не смогли подняться выше максимумов конца февраля. Когда с 9 апреля началось падение цен, открытый интерес стал расти, т.е. в игру вступали новые покупатели и продавцы, но вторые были агрессивнее, поскольку продолжали совершать продажи несмотря на снижение. Рост открытого интереса продолжался в течение всего периода спада и завершился лишь с появлением двух дожи от 27 апреля и 2 мая, что свидетельствовало об ослаблении давления продавцов.

На рисунке 15.6 на протяжении мая увеличение открытого интереса сопровождалось восходящим трендом на ценовом графике, что отражало потенциал для дальнейшего роста. Менее оптимистично выглядела июньская картина: цены поднимались, а открытый интерес падал, и это означало, что движение вверх было вызвано, главным образом, закрытием коротких позиций. Падающая звезда в начале июля послужила сигналом разворота, который за считанные дни свел на нет почти все июньские завоевания.

Если достижению ценовых максимумов сопутствуют необычно высокие значения открытого интереса, то это серьезный повод для беспокойства. Рост открытого интереса означает вступление в игру новых продавцов и покупателей, и если цены растут поступательно, то уровни, на которых выставляются стоп-приказы при открытии новых длинных позиций, также постепенно повышаются. В случае резкого падения срабатывание этих стоп-приказов может приобрести характер цепной

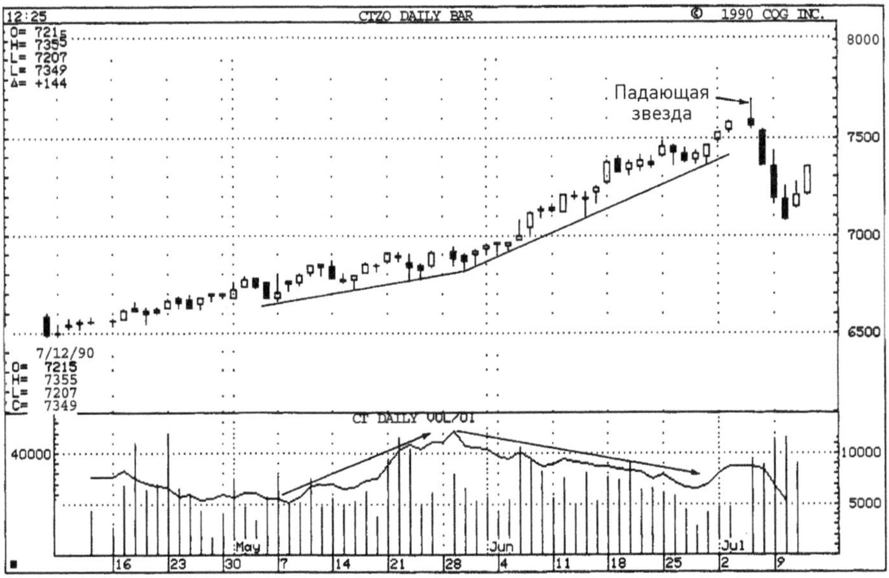

Рис. 15.6. Хлопок, дневной график, 1990 г.

реакции и спровоцировать обвал. Пример такого развития событий представлен на рисунке 15.7. В течение двух месяцев с начала марта цены на сахар держались в диапазоне $0,15–0,16, при этом открытый интерес заметно вырос во время последней волны подъема, наблюдавшейся в конце апреля, и в первых числах мая достиг необычно высокого

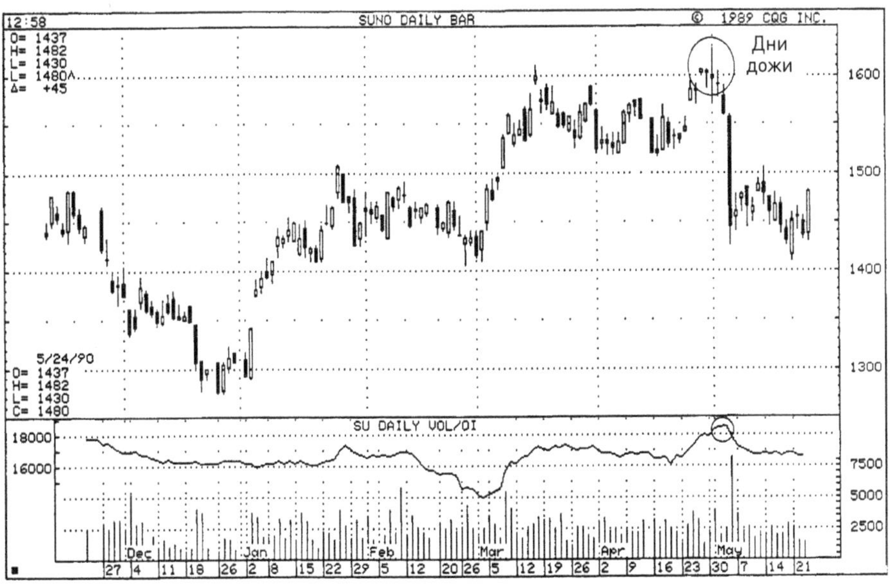

Рис. 15.7. Сахар, дневной график, 1989–1990 гг.

уровня. Очевидно, что выходившие на рынок покупатели выставляли защитные стоп-приказы на продажу все выше и выше. Появившаяся затем серия дожи указала на нерешительность быков и возможный откат. Когда 4 мая он начался, один за другим стали срабатывать стоп-приказы, и цены рухнули.

Другая особенность данной ситуации заключается в том, что держатели новых длинных позиций, не закрывшие их по стоп-приказам, после обвала оказались как бы в ловушке. Армия тех, чьи позиции стали убыточными, должна быть достаточно обширной, учитывая существенный рост открытого интереса вблизи максимума в $0,16 — как раз накануне падения. Эта армия теперь должна была использовать любые попытки роста цен для того, чтобы выйти с рынка с наименьшими потерями. Именно так развивались события в середине мая, когда краткосрочный подъем к уровню $0,15 натолкнулся на мощную волну продаж.

ГЛАВА 16

СВЕЧИ И ВОЛНОВАЯ ТЕОРИЯ ЭЛЛИОТТА

の両輪に於けるが如

Два сапога пара.

Волновая теория Эллиотта применима к графикам любого таймфрейма, от внутридневных до годовых, и ей руководствуется широкий круг технических аналитиков. В этой главе мы коснемся лишь основных положений этой теории, поскольку ее подробному описанию можно было бы посвятить целую книгу — что, кстати, уже сделано.

Ральф Нельсон Эллиотт открыл волновой принцип (wave principle) в начале XX в. Он заметил, что движение цен часто происходит по одной и той же модели: например, на бычьем рынке наблюдается подъем, состоящий из пяти волн, а за ним следует спад из трех. Эти восемь волн составляют полный цикл, изображенный на рисунке 16.1. Волны 1, 3 и 5 называются импульсными (impulse waves), а волны 2 и 4 — корректирующими (corrective waves). По аналогичному сценарию события развиваются и на медвежьем рынке, только импульсные волны на нем направлены вниз, а корректирующие — вверх, против течения.

Другое важное открытие Эллиотта заключалось в том, что цели движения цены для каждой из прогнозируемых волн можно рассчитать с помощью коэффициентов Фибоначчи. Так, например, высота волны 3 должна ориентировочно в 1,618 раза превосходить высоту волны 1, а волна 4 должна представлять собой коррекцию на 38,2% либо на 50%

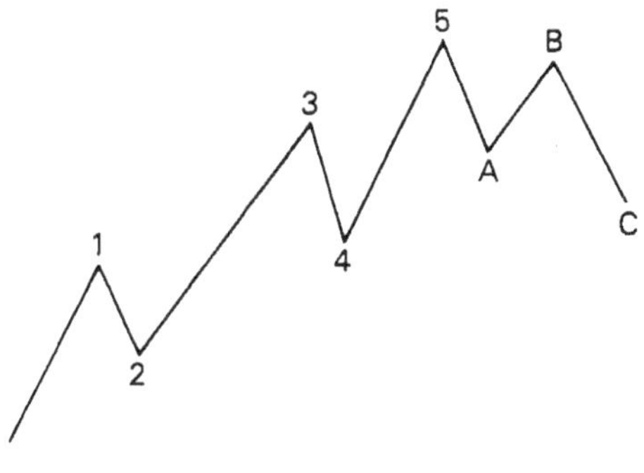

Рис. 16.1. Стандартный вид волны Элиотта

от высоты волны 3 и т.д. Наиболее важными с точки зрения возможностей для торговли являются волны 3 и 5. Первая из них, как правило, является самой мощной, а гребень второй указывает на необходимость смены открытых позиций на противоположные.

Свечные сигналы помогают подтверждать достижение конечной точки той или иной волны. Примеры, которые мы рассмотрим ниже, помог подобрать мой коллега Джона Гамбино, специалист по теории Эллиотта. Но выявление волн всегда субъективно — по крайней мере, пока они не сформировались на графике окончательно, и если бы в данном случае анализом занимался другой специалист, то результаты могли быть иными.

Рассмотрим друг за другом каждую из пяти волн, которые можно обнаружить на рисунке 16.2. Отсчет импульсной волны 1 начался в конце февраля с завесы из темных облаков и завершился в середине марта моделью «харами», что говорило об ослаблении давления продавцов. Далее последовал небольшой подъем, представлявший собой корректирующую волну 2 и завершившийся еще одной завесой из темных облаков. Импульсная волна 3 сопровождалась наиболее существенным снижением цен, масштаб которого можно было предварительно оценить, умножив высоту волны 1 на коэффициент Фибоначчи. Рассчитанная таким образом цель движения составляла $17,6, и именно в районе этой отметки следовало ожидать сигнала свечей, подтверждающего окончание волны 3.

Ход торгов 11 апреля, когда и появился соответствующий сигнал, иллюстрирует часовой график на рисунке 16.3. Во время первого часа

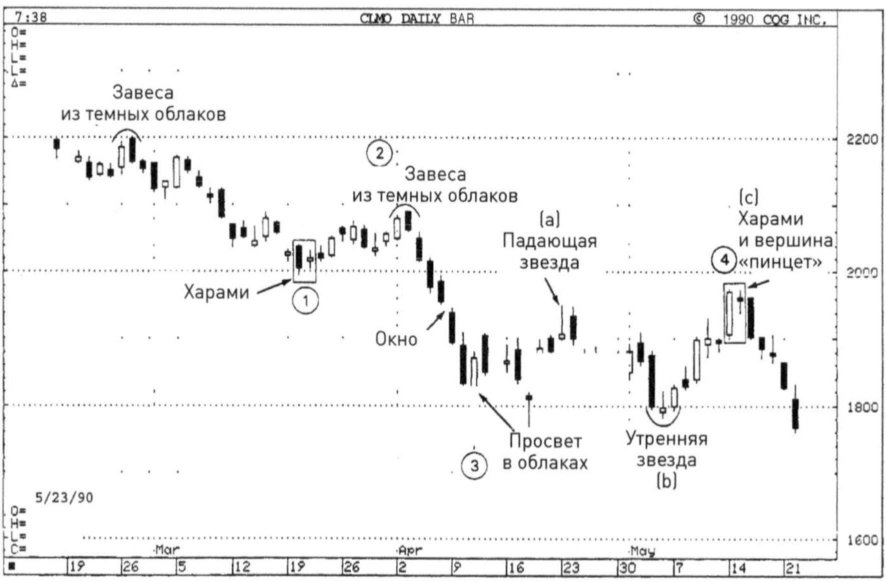

Рис. 16.2. Нефть, дневной график, 1990 г.

снижение доходило до $1 по сравнению с ценой предыдущего закрытия, и в этот момент казалось, что ему не будет предела. Однако ранок нащупал опору у отметки $17,35, которая очень близка к рассчитанной нами цели в $17,6. На графике при этом сформировался классический молот — бычий индикатор, а сразу за ним последовала серия свечей с длинными белыми телами. Таким образом, молот и эти свечи подтвердили окончание волны 3 на часовом графике, а на дневном (см. рис. 16.2) возник другой сигнал разворота в основании — модель «просвет в облаках», образованная свечами от 10 и 11 апреля.

Согласно теории Эллиотта, вершина корректирующей волны 4 не должна быть выше основания волны 1, в данном случае находящегося на отметке $19,95. С приближением цен к этому уровню следовало ожидать медвежьих свечных сигналов, и они действительно появились. Свечи 14 и 15 мая немного не дотянули до $20, образовав крест харами и вершину«пинцет» и обозначив гребень волны 4.

Любопытно, что при разложении этой волны на более мелкие волновые движения тоже можно видеть подтверждающие свечные сигналы. Так, при завершении волны (a) образовалась падающая звезда, максимумы которой соответствовали границам окна, открытого в начале апреля. Затем утренняя звезда в конце волны (b) указала на разворот в основании, и, наконец, конечная точка волны (c) оказалась гребнем большой волны 4 с сопутствующими ей медвежьими сигналами — крестом харами и вершиной «пинцет».

На рисунке 16.3 пятиволновое падение началось в конце декабря у отметки $100,16. В основании волны 1 возникла модель «харами»,

Рис. 16.3. Нефть, часовой график, апрель1990 г.

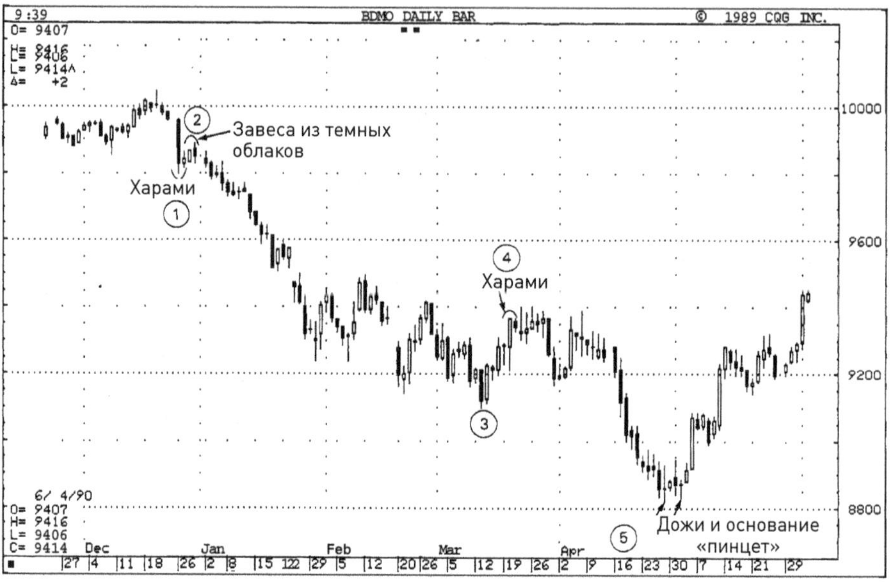

Рис. 16.4. Облигации, дневной график, 1989–1990 гг.

а гребень волны 2 представлял собой завесу из темных облаков. Волна 3 не сопровождалась какими-либо свечными индикаторами, а волна 4 увенчалась харами. Самой интересной оказалась пятая, завершающая волна. Цель движения цены для нее рассчитывается путем умножения высоты третьей волны на коэффициент Фибоначчи, и в данном случае она составляла $88,08. В конце апреля цены достигли минимума в $88,07, при этом от свечей поступил мощный бычий сигнал в виде основания «пинцет» из двух дожи. Достижение основания подтверждалось, кроме того, динамикой объема торгов — мы обсуждали это в главе 15, когда рассматривали рисунок 15.1.

ГЛАВА 17

СВЕЧИ И РЫНОЧНЫЙ ПРОФИЛЬ

共存共栄

Вместе обитать — вместе процветать.

Инструмент «рыночный профиль» (market profile) позволяет с помощью логики и статистики оценивать ситуацию на рынке, анализируя информацию о цене, времени и объеме торгов. В этой главе мы рассмотрим лишь некоторые варианты его использования и обойдем вниманием, например, такие аспекты, как различные типы «профильных» дней (стандартный, трендовый, нейтральный и т.д.) или банк данных о ликвидности (liquidity data bank). Наша цель — познакомиться с отдельными специфическими характеристиками рыночного профиля и способами его применения в комбинации со свечами.

Вот некоторые из постулатов, лежащих в основе концепции этого инструмента:

1. Назначение любого рынка — обеспечивать благоприятные условия для торговли.

2. Рынок — система саморегулирующаяся, и элементами регулирования в ней являются цена, время и объем торгов.

3. Рынок прибегает к так называемым ценовым пробам для привлечения внимания продавцов и покупателей, а реакция на эти пробы позволяет выявлять его силу или слабость.

При построении рыночного профиля движение цен за весь день разбивается на получасовые периоды, каждый из которых обозначается своей буквой. Нетрудно догадаться, что число этих периодов зависит от продолжительности торговой сессии. Ниже будут рассмотрены примеры, соответствующие режиму работы Чикагской товарной биржи (Chicago Board of Trade) в начале 1990-х гг.: период «A», например, в тот момент длился с 8:00 до 8:30, «B» — с 8:30 до 9:00 и т.д. Для рынков, которые открываются раньше 8:00, первые получасовые периоды принято обозначать буквами «y» и «z».

Каждая буква называется «цено-временная возможность» (time-price opportunity, TPO) и на рисунке профиля проставляется напротив

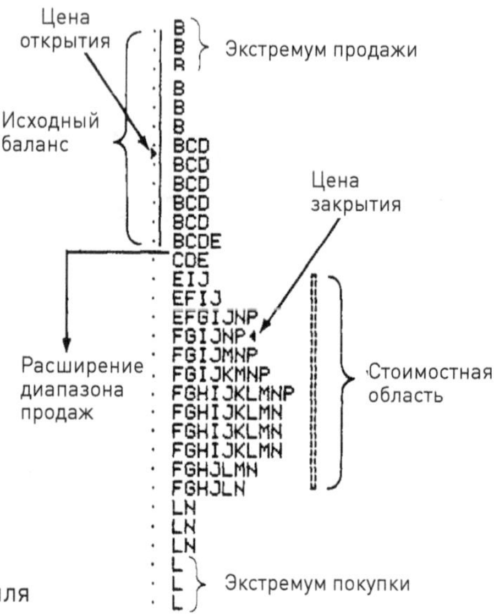

Рис. 17.1. Пример рыночного профиля

тех значений цены, которые наблюдались на рынке в данный получасовой промежуток (см. рис. 17.1). Таким образом, одна и та же буква будет повторяться на нем *n* раз, если торговый диапазон данного получаса охватывал *n* цен.

В первый час торгов — его называют «исходный баланс» (initial balance) — рынок как бы прощупывает торговый диапазон и предпринимает первую попытку определить справедливую стоимость (value). Расширение диапазона (range extension) — это любой новый максимум или минимум, достигаемый в ходе дальнейших торгов, после исходного баланса. На рисунке 17.1 можно видеть лишь расширение диапазона продажи (selling range extension), но на нем нет расширения диапазона покупки (buying range extension), поскольку в ходе торгов не были достигнуты новые максимумы по сравнению с ценами исходного баланса.

Под справедливой стоимостью в данном случае понимается цена, которую рынок «принимает» в течение определенного времени, что отражается в объеме заключенных по ней сделок. Таким образом, время и объем — главные факторы, обусловливающие такую стоимость. Если торговля по той или иной цене продолжается недолго, значит рынок ее отвергает, а если сделки заключаются по ней продолжительное время и при хорошем объеме — рынок ее принимает, и она может считаться справедливой стоимостью. Область принятой цены называется «стоимостная зона» (value area), она соответствует диапазону, на который приходится 70% объема торгов данного дня (для знатоков статистики: это одно стандартное отклонение, округленное до 70%). Таким образом, если 70% объема сделок с пшеницей приходится на область $3,30–3,33, то это и есть ее стоимостная зона.

Ценовая проба (price probe) — это нащупывание рынком границ справедливой стоимости, после которого либо цены возвращаются в исходную стоимостную зону, либо эта зона перемещается в границы нового ценового диапазона. Ее перемещение должно подтверждаться возросшим объемом и продолжительностью периода, в течение которого цены держатся на новых отметках. Если же они возвращаются в прежнюю стоимостную зону, значит рынок отвергает новый диапазон как слишком высокий или низкий.

Резкое неприятие цены может привести к образованию экстремума (extreme), то есть появлению двух или более одиночных ТРО на вершине или в основании профиля (данные за последние полчаса торгов в данном случае не учитываются). Экстремум на вершине профиля обычно появляется вследствие большого количества продавцов, которых заинтересовали более высокие цены, и нехватки покупателей. Экстремум в основании связан с притоком покупателей, прельщенных более низкими ценами, и одновременным недостатком продавцов. На рисунке 17.1 обозначены экстремумы как покупки, так и продажи.

Важно также то, как меняются цены относительно предыдущей стоимостной зоны. Совершаемые покупки или продажи могут являться инициирующими (initiating) либо реагирующими (responsive) — в зависимости от того, где именно образуется экстремум и происходит расширение диапазона по сравнению со стоимостной зоной предыдущего дня. Если ниже этой зоны идут покупки, то они считаются реагирующими: цены находятся ниже прежней справедливой стоимости, и покупатели просто реагируют на аномальную, по их мнению, ситуацию, ожидая возврата рынка к прежнему диапазону. Если же ниже этой зоны идут продажи, то они называются инициирующими: продавцы заключают сделки, не сомневаясь в снижении справедливой стоимости по сравнению с предыдущими значениями.

Покупки по ценам выше стоимостной зоны предыдущего дня называются инициирующими, а ведущие их покупатели рассчитывают, что справедливая стоимость подтянется к уровню, на котором они наращивают позиции. И, наконец, продажи по ценам выше этой зоны являются реагирующими: продавцы заключают сделки в расчете на то, что справедливая стоимость предыдущего дня не потеряла актуальности.

Если цена не отвергается рынком сразу, то позиции следует открывать в направлении инициирующих сделок. Так, если на фоне растущего объема торгов наблюдается инициирующая продажа, т.е. достигнуты экстремумы и/или произошло расширение диапазона, это предвещает дальнейшее снижение цен.

На рисунке 17.2 дожи от 2 июля и следующий за ней повешенный сигнализировали о возможном образовании вершины. Теперь посмотрим, на что указывал в это же время рыночный профиль (см. рис. 17.3). 2 июля стоимостная зона была невелика по сравнению со значениями

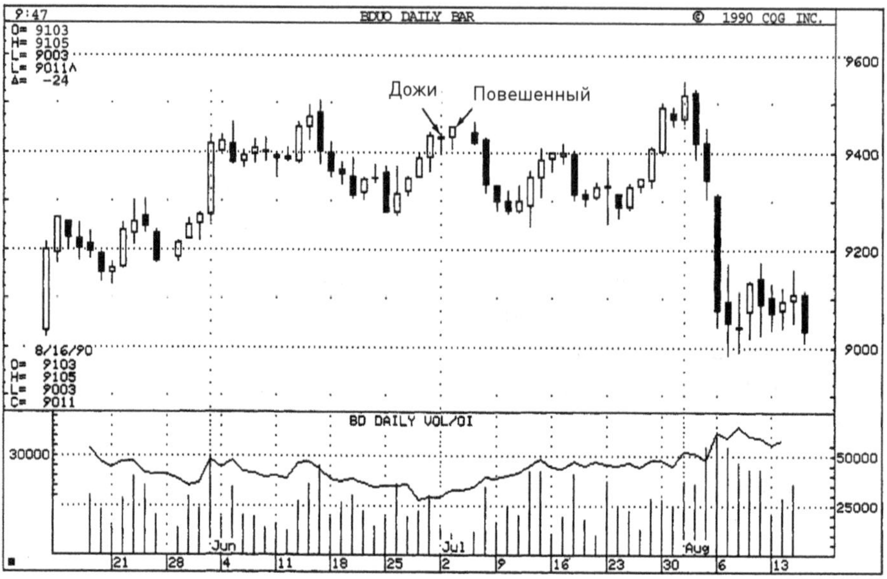

Рис. 17.2. Облигации, дневной график, 1990 г.

предыдущей сессии, объем торгов также оставался небольшим и составил 132 000 контрактов на фоне 303 000 днем ранее. Это означало, что с принятием цены на этом более высоком уровне не все складывалось гладко — благоприятные условия для торговли отсутствовали. Кроме того, профиль имел расширение диапазона в обе стороны, а значит силы быков и медведей были приблизительно равны.

Сессия от 3 июля также ознаменовалась низким объемом торгов в 109 000 контрактов, что заставляло сомневаться в других успехах быков — расширении диапазона вверх и завершении дня на максимальных отметках. В ходе следующей сессии от 5 июля рынок уже отчетливо продемонстрировал слабость: если в самом ее начале были достигнуты новые максимумы с одновременным расширением диапазона вверх, то во второй половине (в периоды J, K, L) наблюдалось падение, причем завершились торги вблизи дневных минимумов. Сессия от 6 июля началась с инициирующей продажи, так как рынок открылся ниже стоимостной зоны предыдущего дня. Снижение сопровождалось растущим объемом торгов и достижением в период «y» экстремума, представленного одиночными отметками в верхней части профиля. Все это говорило о нездоровой рыночной ситуации.

Стоит отметить, что свечу «повешенный» в данном примере следовало признать полноценным медвежьим сигналом лишь в свете последующих событий. Непосредственно 3 июля, в день ее появления, рыночный профиль не предвещал ничего плохого, и только во время сессии от 5 июля и особенно утром 6 июля он подтвердил образование вершины.

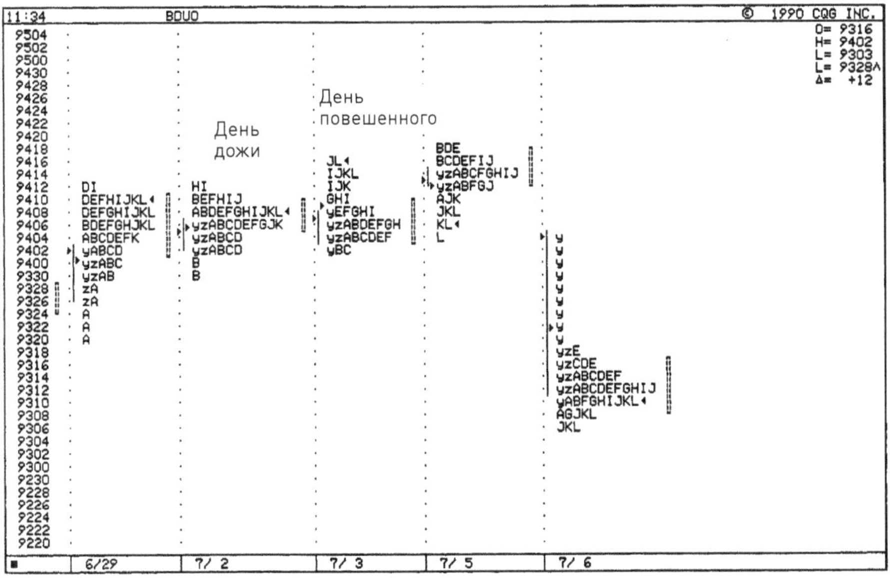

Рис. 17.3. Облигации, рыночный профиль, июнь-июль 1990 г.

На рисунке 17.4 сессия от 5 июля ознаменовалась ярко выраженной падающей звездой, после чего цены стремительно снижались в течение трех дней. А теперь посмотрим, не поступало ли до этого каких-либо негативных сигналов от рыночного профиля, представленного на рисунке 17.5? Оказывается, они были: с 29 июня по 3 июля на рынке еще продолжался восходящий тренд, но стоимостная зона становилась у́же, что говорило об ухудшении условий торговли при более высоких ценах. Рынок неохотно принимал новые максимумы в качестве справедливой стоимости, а кроме того, падал объем, выраженный общим числом TPO. Заметим, что фактический объем торгов в эти три сессии тоже оказался невелик, однако биржа в тот период не транслировала о нем оперативные данные, поэтому внутри дня приходилось оценивать этот показатель, в частности, по количеству TPO.

5 июля, когда падающая звезда просигнализировала о достижении вершины, на рисунке рыночного профиля можно видеть безуспешную попытку расширения диапазона вверх. В итоге же приток продавцов, привлеченных более высокими ценами, привел к расширению диапазона вниз, что наряду со слабой ценой закрытия являлось медвежьим признаком. Те, кому требовались дополнительные доказательства разворота, получили их уже при открытии торгов 6 июля — оно ознаменовалось экстремумом инициирующей продажи ниже стоимостной зоны предыдущего дня. Инициатива была в руках продавцов, поэтому следовало ожидать дальнейшего снижения рынка, и, таким образом, сигналы рыночного профиля подтвердили медвежий характер падающей звезды.

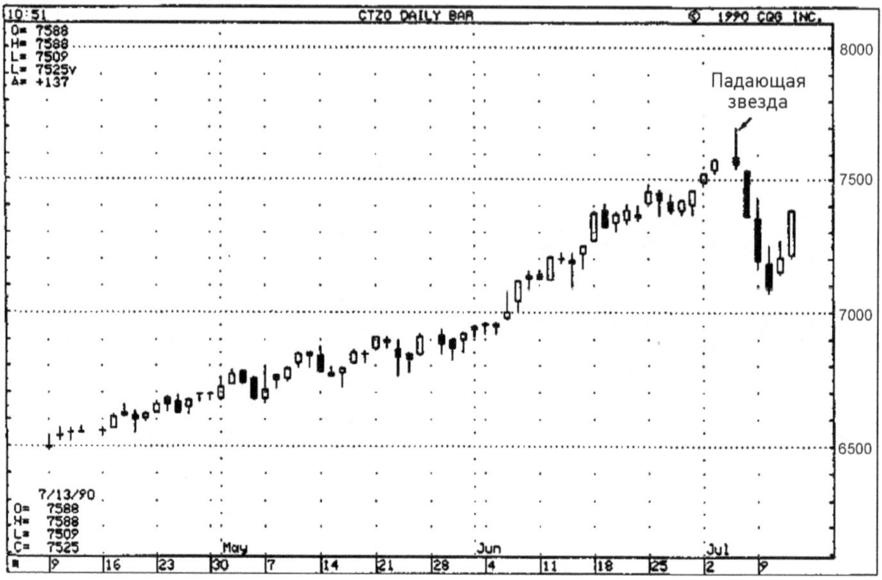

Рис. 17.4. Хлопок, дневной график, 1990 г.

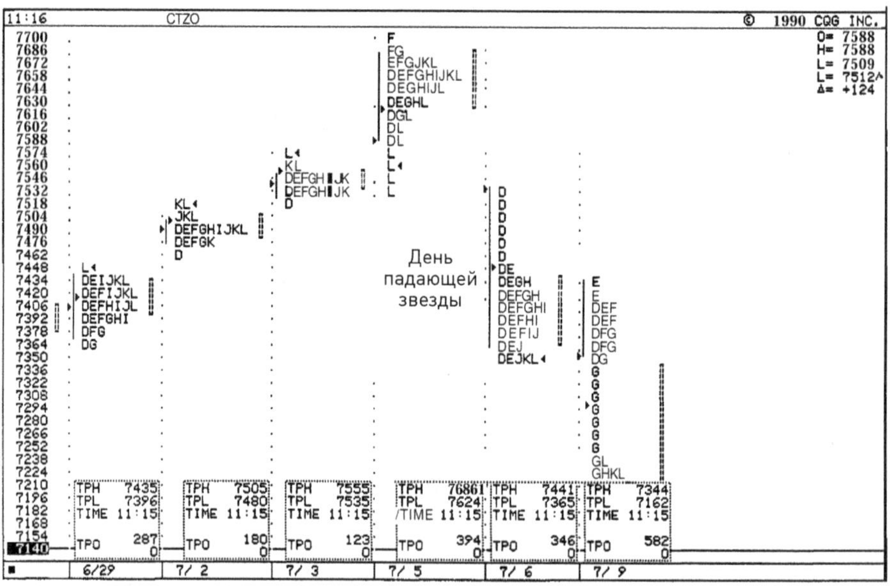

Рис. 17.5. Хлопок, рыночный профиль, июнь-июль 1990 г.

Надо отметить, что подходы, которые используются при работе с рыночным профилем и со свечами, имеют любопытные общие черты. Так, широкие стоимостные зоны рыночного профиля обычно отражают благоприятные условия для торговли и высокую вероятность продолжения наблюдаемой тенденции, поэтому при восходящем тренде их расширение считается хорошим знаком. Схожая логика и в свечном анализе: удлинение белых тел в период повышения цен рассматривается как сигнал, подтверждающий силу движения вверх.

С другой стороны, сужение стоимостных зон рыночного профиля отражает менее благоприятные условия для торговли, а значит меньшую вероятность продолжения тренда. То же самое наблюдается при образовании таких свечных моделей, как «отбитое наступление» и «торможение»: цены все еще продолжают расти, но белые тела при этом уменьшаются, и, следовательно, наблюдаемая тенденция теряет силу.

А как насчет центральной свечи в модели «звезда»? При восходящей тенденции ее короткое тело является признаком ослабления быков, при нисходящей — медведей. То же самое можно сказать об узкой стоимостной зоне после сильного подъема или спада: она свидетельствует о неадекватных условиях для торговли и предупреждает о возможном изменении тренда. Образование нижней тени молота может представлять собой экстремум покупки, при котором понижение цены вызывает приток покупателей, уверенных в грядущем росте, а длинная верхняя тень падающей звезды может быть следствием экстремума продажи, заставляющего продавцов активно действовать в ожидании дальнейшего снижения.

ГЛАВА 18

СВЕЧИ И ОПЦИОНЫ

合わぬ蓋もあれば合う蓋もあり

Если есть крышка, которая не подходит, есть та, что подойдет.

В некоторых случаях опционы имеют преимущества перед прямым открытием позиций по инструментам, которые лежат в их основе (базовым активам). А именно:

1. При использовании опционов снижается чувствительность трейдеров к колебаниям рынка. Риски потенциальных потерь ограничены размером выплачиваемой премии, поэтому опционные контракты бывают полезны, например, при попытках поймать вершины и основания. Сама по себе такая торговая стратегия достаточно рискованна, но благодаря использованию опционов степень риска можно существенно снизить.

2. С помощью опционов можно зарабатывать в периоды, когда цена базового актива колеблется в горизонтальном коридоре — например, играя на спредах между опционными контрактами пут и колл с идентичными датами экспирации (исполнения) и одинаковой ценой исполнения (страйком).

3. Использование опционов делает торговые стратегии более гибкими: с их помощью можно добиться оптимальных параметров соотношения риска и доходности.

4. Также опционы могут усиливать «эффект плеча»: например, если рынок резко повышается, при определенных условиях опцион колл «вне денег» (out-of-the money) принесет более высокий процентный доход, чем непосредственная покупка базового актива.

Прежде чем перейти к рассмотрению способов использования свечей с опционами, напомним основные положения, касающиеся опционной торговли. Для расчета теоретической стоимости опциона необходимо знать пять показателей: цену и дату его исполнения, ожидаемую стоимость базового актива, уровень волатильности и, наконец, значение краткосрочных процентных ставок. Три из них известны, а именно — цена и дата исполнения и процентные ставки, поэтому необходимо спрогнозировать два оставшихся — ожидаемую стоимость базового актива и его волатильность.

Не следует пренебрегать ролью волатильности: иногда она влияет на премию по опциону даже больше, чем цена базового актива.

Допустим, у вас имеется опцион колл на золото «вне денег» со страйком $390 и сроком исполнения через 60 дней. Если уровень волатильности принимается равным 20%, то теоретическая цена этого контракта составит $1300, а при волатильности в 15% он будет теоретически оценен уже в $1000 — значительно ниже.

Уровень волатильности отражает ожидаемый диапазон колебаний цены базового актива в течение ближайшего года (этот параметр всегда рассчитывается на годичной основе). Не вдаваясь в математические подробности, замечу: волатильность в 20% говорит о 68%-ной вероятности того, что в течение года цена будет держаться в диапазоне +/–20% от текущего значения. Кроме того, с вероятностью 95% ее колебания не превысят вдвое более высокий диапазон, а именно +/–40%. Так, если текущая цена составляет $400, а показатель волатильности принимается равным 20%, то в течение года с вероятностью 68% торги будут идти в границах между $320 и $480, что составляет +/–20% от $400. При этом с вероятностью 95% они будут проходить в диапазоне $240–$560 (+/–40% от $400). Помните, однако, что это только прогнозы, а на практике иногда волатильность оказывается более высокой.

Чем выше волатильность — тем дороже опцион, что обусловлено как минимум тремя факторами. Во-первых, с точки зрения спекулянтов сильная волатильность увеличивает шансы на то, что опцион окажется «в деньгах» либо приобретет еще более высокую внутреннюю стоимость, чем сейчас. Во-вторых, с позиции хеджеров чем выше волатильность — тем сильнее риски и тем больше оснований покупать опционы для хеджирования этих рисков. Наконец, в-третьих, сами продавцы опционов рассчитывают на повышенную компенсацию за более высокие риски, которые они на себя принимают.

Волатильность опционов бывает двух видов: историческая и подразумеваемая (historic and implied volatility). Первая рассчитывается по данным о предыдущих колебаниях цены базового актива. Так, в случае с опционами на фьючерсы в расчетах зачастую используются данные о дневной волатильности за 20-дневный или 30-дневный периоды. Но если сейчас значение 20-дневной исторической волатильность составляет, допустим, 15%, это не означает, что она останется такой же в течение всего срока действия опционного контракта. То, как именно она будет меняться, является предметом прогнозирования.

Этот процесс можно предоставить самому рынку. Так, подразумеваемая волатильность представляет собой общерыночную оценку вероятного диапазона колебаний базового актива в течение срока жизни опциона. В отличие от исторической волатильности, этот показатель рассчитывается не по данным за предыдущие периоды, а исходя из текущей рыночной информации. Для проведения расчетов в данном случае не обойтись без компьютера, хотя их логика достаточно проста. Нужно знать пять показателей: текущую цену фьючерса, дату и цену исполнения опциона, его текущую цену, а также краткосрочную процентную ставку. Введя эти переменные в формулу, вы получите значение подразумеваемой волатильности.

Итак, существуют два вида волатильности: историческая, отражающая изменения цены базового актива в прошлом, и подразумеваемая, которая является общерыночным прогнозом колебаний цены в будущем — до момента исполнения опциона. Некоторые трейдеры, работающие с опционами, уделяют основное внимание исторической волатильности, другие — ориентировочной, а третьи сопоставляют первую и вторую.

Как известно, опционные стратегии позволяют торговать волатильностью. Если в результате сильного рыночного движения волатильность достигает необычно высокого уровня, то появление сигнала свечей о развороте может свидетельствовать о благоприятных условиях для ее продажи или закрытии по ней длинной позиции. При таком подходе к торговле наиболее полезными для трейдеров будут те свечные модели, которые указывают на грядущее перемирие между быками и медведями — в частности, харами, контратака и некоторые другие, описанные в главе 6. При переходе цен в горизонтальный коридор волатильность должна снизиться автоматически — если только этому не помешают другие факторы, такие как сезонность, выход важной экономической статистики и т.п. Но и в случае начала нового тренда, противоположного предыдущему, она может, по крайней мере, не вырасти, если ранее и так уже достигла высоких значений.

По сигналам свечей можно также покупать волатильность или закрывать по ней короткие позиции, в том числе открытые с помощью таких опционных комбинаций, как стрэнгл или стрэдл. Так, если цены движутся в боковом коридоре и появляется разворотный свечной индикатор, следует ожидать начала нового тренда, чему, скорее всего, будет сопутствовать усиление волатильности, если до этого ее уровень был относительно низким. Вероятность такого сценария особенно велика при наличии сразу нескольких подтверждающих сигналов.

Используя свечи для открытия и закрытия позиций по волатильности, следует помнить, что чаще всего ее изменения носят краткосрочный характер. Например, если по свечному сигналу вы покупаете волатильность в расчете на ее рост и она действительно повышается, то это не значит, что она останется высокой вплоть до истечения срока действия опционов.

На рисунке 18.1 во второй половине мая прозвучали два предупреждения о развороте на вершине: первое от дожи, появившейся вслед свечой за длинным белым телом, а второе от трех черных ворон. Во время падения, которое началось после этих медвежьих сигналов и завершилось в начале июня с образованием креста харами, историческая волатильность нарастала. Затем рынок держался в горизонтальном коридоре, что сопровождалось снижением диапазона колебаний

Рис. 18.1. Серебро, дневной график, май-июль 1990 г.

цены. Таким образом, для тех, кто открывал опционные позиции в расчете на рост волатильности, крест харами, предупредивший о завершении нисходящего тренда, послужил также сигналом для их закрытия.

Практика показывает, что свечные индикаторы лучше всего помогают прогнозировать краткосрочные изменения исторической волатильности, однако иногда они бывают полезны и при анализе подразумеваемой волатильности. Так, когда в январе 1990 г. на рынке сахара происходил резкий подъем, подразумеваемая волатильность тоже возрастала (см. рис. 18.2 и 18.3). Затем она снизилась — большую часть февраля рынок держался в довольно узком диапазоне $0,14–0,15. На свечном графике 26 февраля образовался молот, которому на рисунке 18.3 соответствует буква A. Нижняя тень молота прорвала область поддержки конца января, однако медведям не удалось удержать новые минимумы, и произошел отскок. Через три дня нижняя тень белой свечи от 2 марта (это область B на рисунке 18.3) подтвердила прочность других минимальных отметок — середины января. Более того, эта свеча в сочетании с ранее возникшим молотом образовали основание «пинцет». Сразу несколько свечных индикаторов предупреждали о достижении основания, что значительно повышало вероятность дальнейшего резкого подъема. Поскольку уровни подразумеваемой волатильности в точках A и B были сравнительно низким, подъем цен наверняка сопровождался бы скачком этого показателя, что и произошло в действительности.

Другой вариант использования свечей в торговле опционами связан с попытками ловить основания и вершины. Практически каждая книга,

Рис. 18.2. Сахар, дневной график, 1990 г.

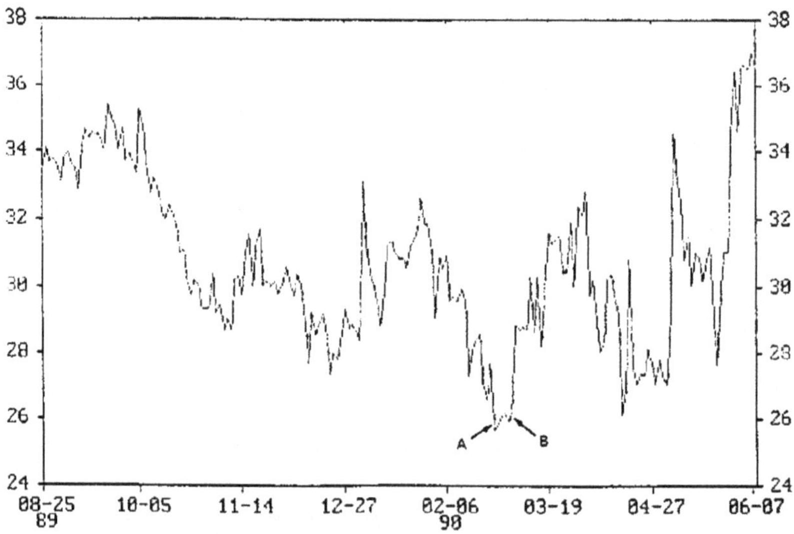

Рис. 18.3. Подразумеваемая волатильность сахара, 1989–1990 гг.

посвященная торговым стратегиям, предостерегает от таких рискованных действий, но ведь все мы, признаться, иной раз на них отваживаемся. На рисунке 18.3 представлен пример ситуации, в которой с помощью опционов на фьючерс можно было провести сделку, крайне опасную при открытии позиции по самому этому фьючерсу. Данную сделку я в свое время рекомендовал клиентам, и не будь у опционов свойства ограничивать риски, я никогда бы на это не пошел.

В тот момент на рынке какао господствовала сильная бычья тенденция, начавшаяся еще в ноябре 1989 г. на отметке $900. На данном рисунке можно видеть этап роста цен, который представлял собой три последние волны последовательности Эллиотта. Гребню волны 3 сопутствовала падающая звезда, а основанию волны 4 — бычья модель «просвет в облаках». Исходя из коэффициента Фибоначчи, цель движения цены для волны 5 находилась вблизи отметки $1520, и именно у нее нужно было ожидать появления свечного сигнала, подтверждающего достижение вершины. И вот в конце мая, после того как рынок достигал максимума в $1541, именно в этом районе возникла медвежья модель поглощения.

Как мне было устоять перед таким мощным сочетанием медвежьих факторов — гребня пятой волны Эллиотта и медвежьей модели поглощения? Опционы, на помощь! Я рекомендовал покупку опционных контрактов пут с ценой исполнения $1400 (с еще большей охотой я посоветовал бы ликвидировать ранее открытые длинные позиции, но, к сожалению, у моих клиентов таковых не было). Если бы даже мой прогноз о развороте на вершине оказался неверным и какао продолжило дорожать, то последствия неблагоприятного движения цены частично компенсировало бы повышение волатильности — его можно было отыграть с помощью еще одной опционной стратегии. Но, как оказалось, медвежья модель поглощения и гребень пятой волны Эллиотта действительно образовали вершину.

Рис. 18.4. Какао, дневной график, 1990 г.

ГЛАВА 19

ХЕДЖИРОВАНИЕ С ПОМОЩЬЮ СВЕЧЕЙ

転ばぬ先の杖

Принимай все необходимые меры предосторожности.

Времена, когда хеджеры могли открывать позиции и больше о них не вспоминать, давно прошли. Благодаря возросшему информационному потоку эта категория участников рынка стала искушеннее и технически грамотнее, так что вопрос о том, когда именно и какую часть активов следует хеджировать, стоит перед ней постоянно, а от решений зависят итоговые цифры доходности. Свечной анализ помогает принимать такие решения, поскольку многие его индикаторы являются сигналами разворота и указывают на подходящие моменты для заключения хеджевых сделок.

Задача хеджера — нейтрализовать риски неблагоприятного изменения цены на имеющийся у него актив или на тот актив, которым он планирует обладать. Для этого он открывает фьючерсную или опционную позицию, направленную против такого ценового движения. В соответствии с биржевой терминологией медведем является тот хеджер, который хочет застраховаться от падения цен и для этого открывает короткую позицию, продавая фьючерсные контракты либо покупая опционы пут. Хеджером-медведем может быть, например, производитель меди или фермер. Если цена базового актива упадет, то упущенная прибыль частично будет компенсирована доходами по фьючерсам или опционам.

В свою очередь хеджерами-быками являются потребители сырья, например хлопка для пошива рубашек. Чтобы защитить себя от роста стоимости необходимых им ресурсов, они открывают длинные хеджевые позиции, покупая фьючерсы или опционы колл. Если актив подорожает, то более высокие расходы на его покупку тоже будут компенсированы, хотя бы отчасти, доходами по соответствующим фьючерсным или опционным контрактам.

Зачастую весь объем базового актива не удается захеджировать по одной и той же цене, и приходится делать это ступенчато — путем серии сделок с разными ценами. Как вы увидите из приводимых ниже примеров, свечной анализ помогает понять, в какой момент лучше наращивать хеджевую позицию. Однако сигналы свечей могут оказаться полезными и для тех участников рынка, чьи позиции уже захеджированы. Допустим, вы выращиваете кукурузу, а цены на нее падают, то есть движутся в невыгодном для вас направлении. Если ранее вы открыли короткую позицию по фьючерсу, став хеджером-медведем, то прибыль по ней будет нарастать. Но вот в один из дней появляется мощная бычья модель разворота, и вы уверены, что ценовой спад сменится подъемом. Вполне возможно, что вам захочется уменьшить размер хеджевой позиции или даже закрыть ее, чтобы зафиксировать прибыль, хотя для хеджеров доход от трейдинга сам по себе и не является главной целью биржевых сделок.

На рисунке 19.1 видно, что в 1988 г. на рынке сои произошел мощный подъем, в результате которого цены выросли почти вдвое — с $6 до $11. В верхней точке возникла медвежья модель поглощения — сигнал разворота на вершине, видимый только на свечном графике. По правилам западного технического анализа для получения такого сигнала требовалось, чтобы рынок за один и тот же временной интервал успел обновить максимум и опуститься ниже предыдущей цены закрытия, а в данном случае черная свеча медвежьей модели поглощения к обновлению максимума не привела. Для фермера, выращивающего сою, модель поглощения служила сигналом к открытию короткой хеджевой позиции либо к ее наращиванию, если ранее он уже защитил от обесценения часть будущего урожая.

Когда в 1989 г. об образовании новой вершины предупредила еще одна медвежья модель поглощения, хеджерам-медведям имело смысл наращивать короткие позиции. Спустя еще несколько недель образовалось окно, т.е. возник очередной медвежий сигнал, по которому, опять же, им следовало увеличивать объемы своих фьючерсных или опционных портфелей. А вот после октябрьской бычьей модели «просвет в облаках», предупреждавшей о завершении нисходящего тренда, короткие позиции уже следовало сокращать. Разумеется, для тех участников рынка, которые хотели застраховать себя от роста цен на сою, та же самая модель служила сигналом к открытию или наращиванию длинных хеджевых позиций.

На рисунке 19.2 в последнюю сентябрьскую и первую октябрьскую недели 1988 г. возникло сразу несколько свечных сигналов, предупреждавших о росте. Самым ярким из них была бычья модель поглощения, но одновременно с ней сформировалось еще и основание «пинцет», белая свеча которого, к тому же, оказалась бычьим захватом за пояс и поглотила предыдущие пять свечей. В этот период тем, кто опасался подъема цен, следовало открывать длинные хеджевые позиции или наращивать их объем. В начале 1989 г., после появления важного сигнала разворота — креста харами, — эти позиции следовало сокращать.

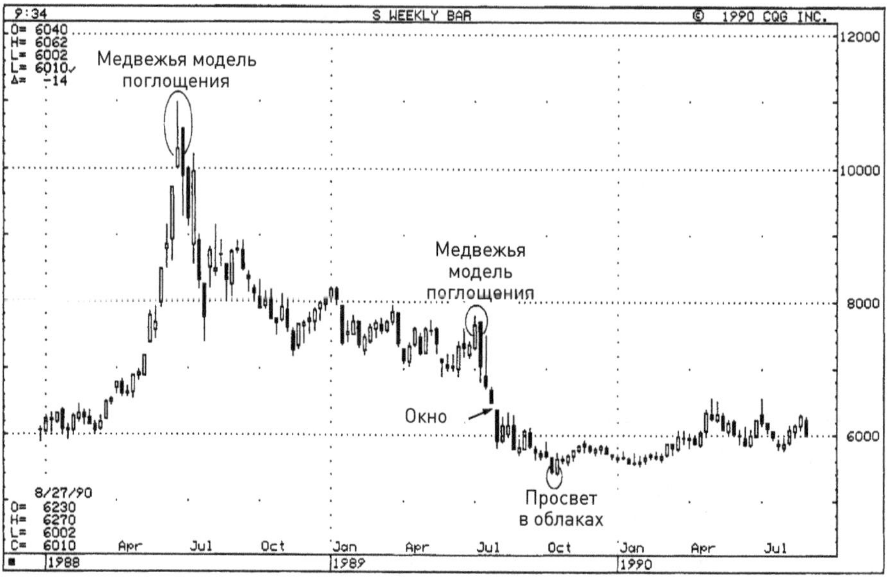

Рис. 19.1. Соя, недельный график

Особую значимость кресту харами придавало то, что он состоял из длинной белой свечи и дожи, а, как отмечалось в главе 8, такая комбинация часто служит признаком достижения вершины.

В июле 1990 г. хеджеры, желающие защититься от повышения цены на нефть, с помощью свечного анализа могли распознать ранние признаки разворота в основании (см. рис. 19.3). Предварительный сигнал разворота поступил 5 июля в виде молота, однако поскольку тот возник после гэпа вниз относительно предыдущих минимумов, бычьим его можно было считать лишь при наличии какого-либо подтверждающего индикатора. Таковым оказалась бычья модель поглощения, которая, к тому же, сама по себе являлась чрезвычайно важным сигналом разворота, учитывая, что ее белая свеча от 9 июля поглотила не одно, а сразу два черных тела. Уже на данном этапе покупателям сырой нефти следовало всерьез задуматься об открытии или наращивании длинной хеджевой позиции.

Другой бычий сигнал возник, когда ценовые минимумы в точках A, B и C не были подтверждены достижением минимумов осциллятором «моментум». Это означало, что скорость снижения рынка замедляется — нисходящая тенденция теряет силу. Хотя вышеперечисленных причин уже более чем достаточно, чтобы ожидать роста, на рисунке можно заметить еще один аргумент в пользу разворота. Западная модель графического анализа «нисходящий клин» была прорвана вверх почти тогда же, когда моментум пересек нулевую отметку и вышел в область положительных значений (на рисунке эта точка помечена стрелкой).

Рис. 19.2. Какао, недельный график

Рис. 19.3. Нефть, дневной график, 1990 г.

На основании нисходящего клина можно определить цель дальнейшего движения цены: она соответствует начальной точке данной модели.

В зависимости от того, как именно рассматривать клин, ориентиром мог служить либо июньский максимум вблизи $19, либо максимум от 18 мая вблизи $20. Соответственно, момент прорыва нисходящего клина можно было считать сигналом к наращиванию длинной хеджевой позиции.

Из приведенного примера видно, что японские свечи могут предупреждать о развороте тренда раньше, чем западные технические инструменты. Кроме того, очевидно, что одновременное применение свечных графиков и западных методик значительно расширяет возможности для анализа рынка, ведь чем больше возникает технических сигналов, подтверждающих друг друга, тем выше вероятность, что они окажутся истинными.

ГЛАВА 20

МОЙ ОПЫТ ИСПОЛЬЗОВАНИЯ СВЕЧЕЙ

備えあれば憂いなし

Предусмотрительный воин имеет больше одной тетивы к своему луку.

В этой главе рассказывается о некоторых рекомендациях, которые я давал группе Merrill Lynch в течение одного месяца, руководствуясь, в том числе, сигналами свечей. Поскольку я специализируюсь на фьючерсах и занимаюсь в основном краткосрочной торговлей, во всех рассматриваемых примерах используются внутридневные и дневные графики различных фьючерсных контрактов. У каждого трейдера собственный стиль торговли, и я не собираюсь навязывать кому-либо свою тактику или давать готовый набор правил. Моя задача — показать, как мне удалось дополнить свечным анализом свою торговую систему, и я надеюсь, что эта глава поможет вам тоже начать внедрение свечей в ваш технический арсенал.

Как видно из рисунка 20.1, 29 мая 1990 г. цены на сою прорвали линию шеи фигуры «голова и плечи» и, следовательно, тренд повернул вниз. Зачастую после прорыва этой линии рынок к ней еще возвращается, прежде чем возобновить падение. В начале второй июньской недели действительно наметился рост — в частности, сессия от 11 июня ознаменовалась появлением сильной белой свечи. Короткая продажа в тот момент была достаточно рискованной: мне нужны были доказательства, что начавшийся подъем не получит продолжения. Первым из них стала свеча с маленьким черным телом, возникшая на следующий день. А 13 июня я рекомендовал открыть по сое короткую позицию по $6,27 со стоп-приказом выше линии шеи на отметке $6,35 и целью движения цены $5,9, которая соответствовала уровню поддержки, образовавшемуся в начале года. Короткая позиция выглядела весьма привлекательной до конца недели, пока продолжалось падение, однако 18 июня рынок возвестил о том, что пора ее ликвидировать. А именно:

1. Высокая белая свеча этой сессии поглотила предшествующую свечу с черным телом, и вместе они образовали бычью модель поглощения.

2. При открытии торгов был достигнут локальный минимум, однако затем цена подросла, т.е. произошло нижнее спружинивание, исходя из которого я рассчитывал, что рынок попытается вновь проверить верхнюю границу торгового коридора на уровне $6,3.

3. Свеча от 18 июня представляла собой мощный бычий захват за пояс.

4. Минимумы на ценовом графике не были подтверждены достижением новых минимальных отметок на графике стохастического осциллятора, т.е. образовалась положительная дивергенция, подтвердившая, что медведи теряют контроль над ситуацией.

Таким образом, по итогам торгов 18 июня стало очевидно, что для игры на понижение условия стали неподходящими, и на следующий день я посоветовал закрыть короткие позиции по цене $6,12. Как видите, в данном примере при входе на рынок я руководствовался, прежде всего, инструментом западного технического анализа, однако изменить оценку рыночной ситуации и уйти с рынка меня заставили сигналы свечей.

Фьючерс на кофе в конце мая 1990 г. продемонстрировал серию убывающих максимумов, обозначенную на рисунке 20.2 нисходящей линией сопротивления, т.е. основной тренд был направлен вниз. Область поддержки, образовавшаяся еще в конце марта и начале мая, находилась вблизи отметки $0,92. Когда 14 июня медведи ее прорвали, настало время задуматься об открытии короткой позиции, поскольку длинная черная свеча, появившаяся по итогам этой сессии, указывала, что давление с их стороны очень сильное. Тем не менее рынок выглядел чересчур перепроданным, чтобы сразу же приступать к действиям.

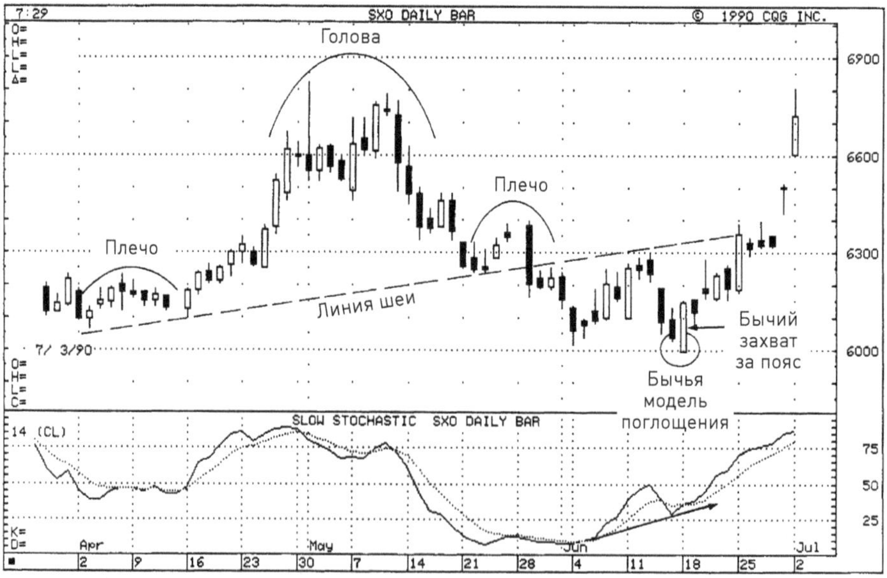

Рис. 20.1. Соя, дневной график, 1990 г.

Длинная черная свеча от 14 июня и последовавшая за ней свеча с маленьким телом образовали харами, которая указала на стабилизацию цен и удержала меня от игры на понижение. После этой модели рынок мог остаться в нейтральном диапазоне или перейти к росту, и действительно на нем наметился небольшой подъем, остановившийся именно там, где и ожидалось, — вблизи $0,92. В чем была особенность этой отметки как уровня сопротивления? В том, что сопротивлениями зачастую становятся прежние уровни поддержки, а минимумы конца марта и начала мая как раз и находились вблизи $0,92. После того, как рынок, споткнувшись об указанную отметку, вернулся к снижению, я понял, что силы медведей еще не исчерпаны. Окно, открывшееся 20 июня, стало сигналом о возобновлении нисходящего тренда, и на следующий день, когда цены не смогли подняться выше новой области сопротивления, заданной окном, я посоветовал открыть короткую позицию по цене $0,9015 со стоп-приказом выше максимума от 20 июня в $0,9175. Цель составляла $0,8675 — это был уровень поддержки, сложившийся в начале года.

В период, представленный графиком на рисунке 20.3, на рынке нефти господствовала медвежья тенденция, и, следовательно, нужно было открывать короткие позиции при подъемах. Один из таковых начался 21 июня с молота (обратите внимание, что я не стал в данном случае реагировать на него открытием длинной позиции, поскольку основной тренд был нисходящим). Несколькими днями позже одна за другой образовались две медвежьи модели поглощения, и в этот

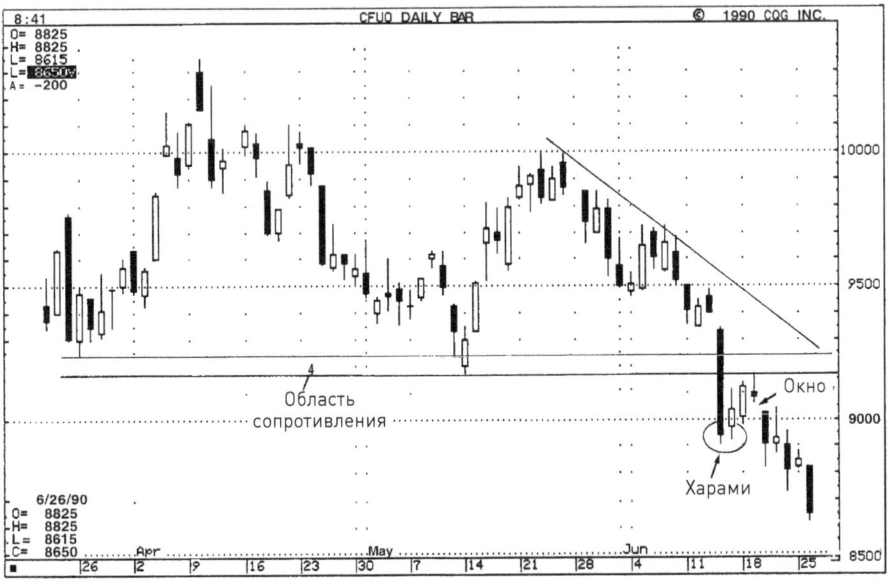

Рис. 20.2. Кофе, дневной график, 1990 г.

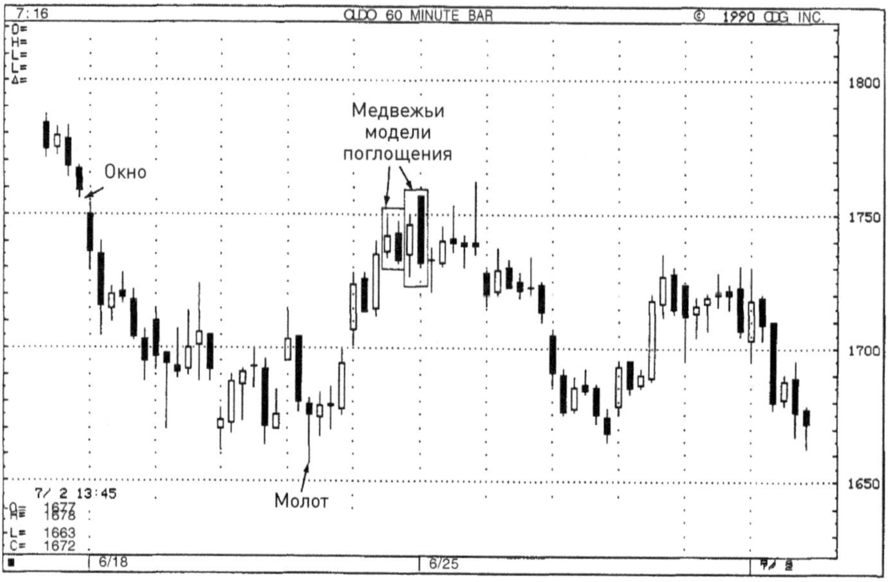

Рис. 20.3. Нефть, часовой график, июнь-июль 1990 г.

момент я посоветовал начать игру на понижение. Ранее, между сессиями от 15 и 18 июня, открывалось небольшое окно. Полагая, что оно станет зоной сопротивления, я разместил стоп-приказ чуть выше него — на отметке $17,65, а ориентиром для движения цены служила повторная проверка минимумов молота. В ходе подъема в конце сессии от 25 июня цены лишь ненамного превысили область сопротивления, образованную медвежьей моделью поглощения и окном, а затем вновь упали.

На рисунке 20.4 сессия от 4 июня ознаменовалось появлением молота, при этом цена закрытия оказалась выше $2,65, и, таким образом, минимумы конца апреля — середины мая успешно прошли проверку и устояли. Налицо также было бычье нижнее спруживание, учитывая, что рынок достигал новых минимумов, но не смог на них удержаться.

Несмотря на бычий характер молота, об открытии длинной позиции можно было говорить, только получив соответствующее подтверждение на следующий день, ибо судьба уровня поддержки пока была неясна. Торги открылись на более высокой отметке, тем самым рынок продемонстрировал силу, и я посоветовал совершить покупку по $2,68, выставив стоп-приказ на уровне $2,64 — ниже изображенной на графике линии поддержки. Целью движения цены была проверка нисходящей линии сопротивления на отметке $2,79. По итогам сессии этого дня, кроме того, сформировалась сильная белая свеча, завершившая образование бычьей модели «утренняя звезда».

Рис. 20.4. Кукуруза, дневной график, 1990 г.

Хотя в ситуации, представленной на рисунке 20.5, мне и не удалось провести прибыльную сделку, она наглядно демонстрирует, что японские свечи помогают находить подходящие точки для входа на рынок и выхода с него. Так, в пятницу 2 марта на свечном графике возникли сигналы к покупке: во-первых, образовался молот, а во-вторых, его

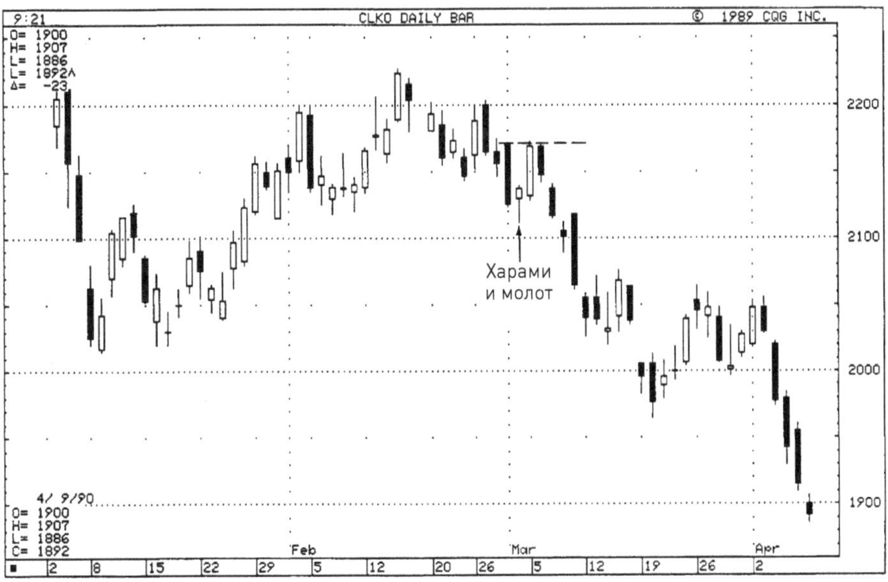

Рис. 20.5. Нефть, дневной график, 1990 г.

короткое тело находилось в границах длинного тела предыдущей свечи, т.е. возникла харами, и это означало, что предыдущий краткосрочный нисходящий тренд подошел к концу. Кроме того, при формировании молота медведи попытались прорвать уровень поддержки, заданный в начале февраля, но не смогли удержать новые минимумы. Значит, пришло время покупать.

В понедельник 5 марта я предложил открыть длинную позицию по цене $21,38, а краткосрочной целью служила повторная проверка максимумов конца февраля на уровне $22. Поскольку цель была совсем близка, пропорционально близко располагался и стоп-приказ — ниже минимума молота, а именно на отметке $21,1. 5 и 6 марта рынок достиг максимумов, зафиксированных 28 февраля и 1 марта вблизи $21,75, однако не сумел подняться выше этой краткосрочной области сопротивления. Убедившись в слабости быков, я поднял стоп-приказ к безубыточному уровню, и по нему позиция была закрыта при откате 7 марта. А цены, прорвавшись ниже минимумов молота, в дальнейшем уже устойчиво шли вниз.

Заключение

千里の道も一歩より始まる

По лестнице поднимаются шаг за шагом.

Я надеюсь, что эта книга, ставшая результатом моих многолетних исследований и практической работы, поможет вам лучше анализировать рынок. Уверен, что, познакомившись с японскими свечами, вы — как и я — уже не сможете без них обходиться. Лично я постоянно пользуюсь свечными графиками, но это не значит, что я не слежу за индикаторами западного технического анализа, хотя и считаю свечи основой основ: в руках опытного аналитика инструменты Запада и Востока прекрасно дополняют друг друга.

Всегда проявляйте гибкость при чтении графиков, ведь оценка совокупности технических индикаторов может оказаться весомее любой отдельно взятой свечной модели. Например, на сильном медвежьем рынке не следует совершать покупку, руководствуясь бычьим сигналом свечей, в то время как в периоды роста тот же самый сигнал может служить руководством к действию, особенно если подкрепляется другими индикаторами.

Повторюсь, что использование свечей не лишено субъективности, и хотя многие из вас (я на это надеюсь) возьмут мою книгу на вооружение, это еще не значит, что каждый будет применять описанные в ней приемы точно так же, как применяю их я. Поэтому я не опасаюсь, что свечной анализ перестанет давать результаты, войдя в широкую практику. Двух трейдеров, пользующихся японскими свечами, можно сравнить с выпускниками одного и того же мединститута. Имея одинаковый набор знаний, они зачастую ставят разные диагнозы и по-разному лечат пациентов, обнаруживая у них одни и те же симптомы. Все зависит от опыта, мировоззрения и предпочтений конкретного врача. То же и в техническом анализе, если предположить, что вы — это врач, а рынок — пациент. Глядя на свечной график, вы можете сделать одно заключение о состоянии рынка и выработать соответствующие рекомендации, а другой трейдер — совсем иное. В конечном счете ваши действия будут зависеть от собственного стиля торговли, склонности к риску и темперамента, а все эти факторы являются сугубо индивидуальными.

Кроме того, индивидуален каждый рынок, не даром японцы говорят, что «модель рынка как лицо человека — двух абсолютно одинаковых не бывает». Так, если судить по моей практике, то завеса из темных облаков нередко встречается на дневных графиках нефти, а вот молот — особенно частый гость на недельных графиках меди. Изучая особенности того или иного конкретного рынка, вы поймете, какие свечные модели и их разновидности формируются на нем чаще всего и дают самые достоверные сигналы.

Есть такая пословица: «Налови мне рыбы — и я буду сыт сегодня; научи меня ловить рыбу — и я буду сыт до конца жизни». Надеюсь, эта книга научила вас азам рыбной ловли и помогла постичь некоторые секреты японских свечей. Свечной анализ с его многовековой историей не знает себе равных по тем возможностям, которые он дает при применении отдельно или в сочетании с другими техническими инструментами, а значит каждый из вас — от новичков до опытных трейдеров — сможет обратить его силу себе на пользу.

ГЛОССАРИЙ А

ТЕРМИНЫ СВЕЧНОГО АНАЛИЗА С ИЛЛЮСТРАЦИЯМИ

Приведенные ниже описания и иллюстрации свечей и свечных моделей относятся к их идеальным вариантам, которые на практике встречаются сравнительно редко. Воспринимайте их как ориентиры, а не четкое руководство к действию, и помните, что при работе со свечами неизбежна некоторая доля субъективности.

Башня, вершина и основание (Tower Top and Tower Bottom) — модели разворота при восходящей и нисходящей тенденциях соответственно. Вершина «башня» состоит из длинной белой свечи, после которой наблюдается консолидация цен, а затем возникают одна или несколько длинных черных свечей. Таким образом, по обе стороны от зоны консолидации как бы вырисовываются контуры башен. Основание «башня» состоит из длинной черной свечи, после которой некоторое время сохраняется горизонтальный диапазон, а затем возникают одна или несколько длинных белых свечей.

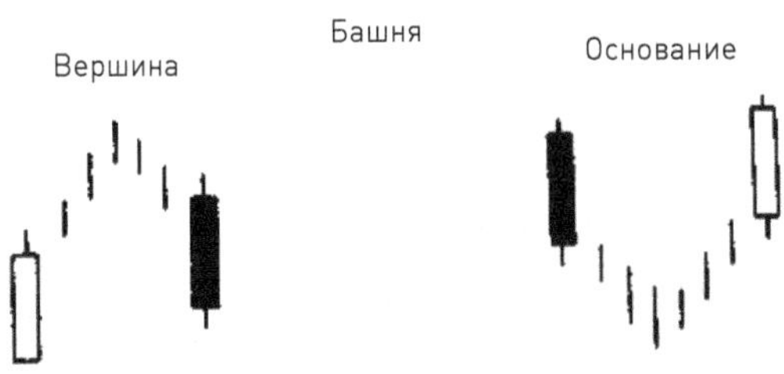

Брошенный младенец (Abandoned Baby) — очень редкая модель разворота на вершине или в основании, относится к числу важнейших сигналов разворота. Состоит из звезды дожи, отделенной гэпами (в том числе между тенями) от предыдущей и последующей свечей. Брошенный младенец является аналогом западных островной вершины и островного основания, в которых остров представляет собой дожи.

Брошенные младенцы

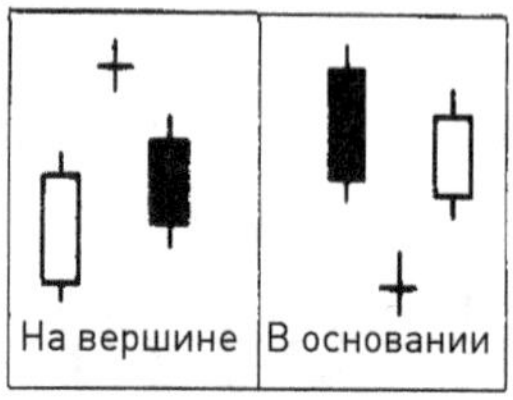

Вечерняя звезда (Evening Star) — важная модель разворота на вершине, состоящая из трех свечей. Первая имеет длинное белое тело, вторая появляется после гэпа вверх между телами и имеет маленькое тело черного или белого цвета (эта свеча является звездой), а третья — черное тело, перекрывающее значительную часть белого тела первой свечи.

Вечерняя звезда

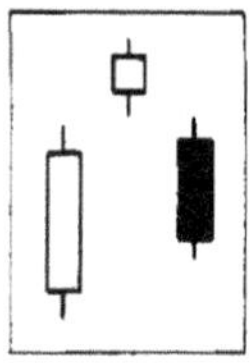

Вечерняя звезда дожи (Evening Doji Star) — модель, схожая с вечерней звездой, но отличающаяся от нее тем, что ее средняя свеча (т.е. звезда как таковая) представляет собой дожи. Из-за наличия дожи эта модель имеет более выраженный медвежий характер.

Вечерняя звезда дожи

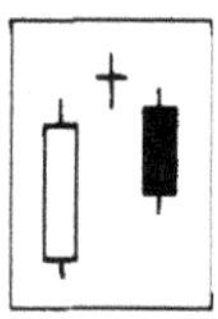

Волчок (Spinning Top) — свеча с маленьким телом.

Восемь или десять новых рекордов (eight or ten new records) — правило, согласно которому после восьми или десяти новых ценовых максимумов (минимумов) давление покупателей (продавцов) должно прекратиться. Если после этого появляется медвежий (бычий) свечной индикатор, то можно совершать продажу (покупку).

Высокая волна (High Wave) — свеча с очень длинной верхней или нижней тенью и маленьким телом. Группа из нескольких высоких волн может служить сигналом разворота.

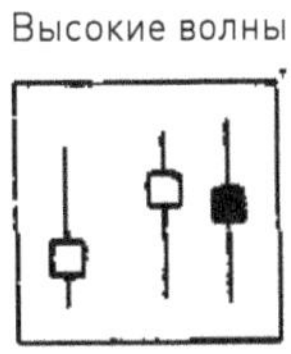

Гэп на максимумах и гэп на минимумах (High-Price Gapping Play and Low-Price Gapping Play). При образовании модели «гэп на максимумах» рынок консолидируется после резкого подъема, и формируется ряд малых тел вблизи недавних максимумов, а затем в момент, когда цена поднимается с гэпом вверх над областью консолидации, возникает сигнал к покупке. В модели «гэп на минимумах» консолидация происходит после резкого спада и ряд малых тел образуется вблизи недавних минимумов. Как только цена с гэпом опускается ниже области консолидации, возникает сигнал к продаже.

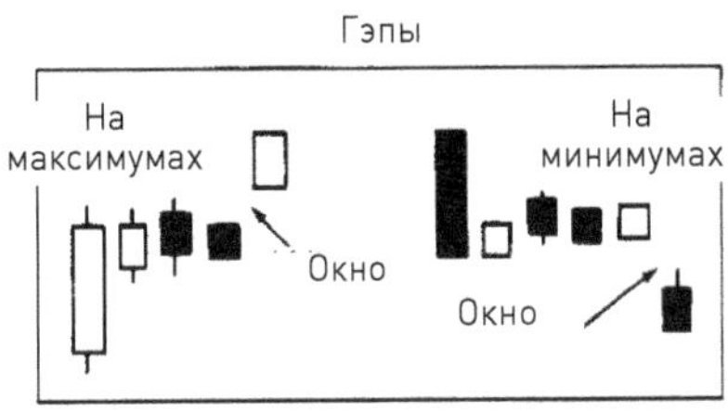

Гэп смежных белых свечей (Gapping Side-By-Side White Lines) — модель из двух белых свечей с одинаковой ценой открытия и телами почти одного размера. Если она возникает после гэпа вверх на растущем рынке (upgap side-by-side white lines), то считается бычьим сигналом продолжения тенденции, если же после гэпа вниз на падающем (downgap side-by-side white lines) — медвежьим, поскольку в этом случае является результатом временного закрытия коротких позиций. Оба варианта модели встречаются очень редко.

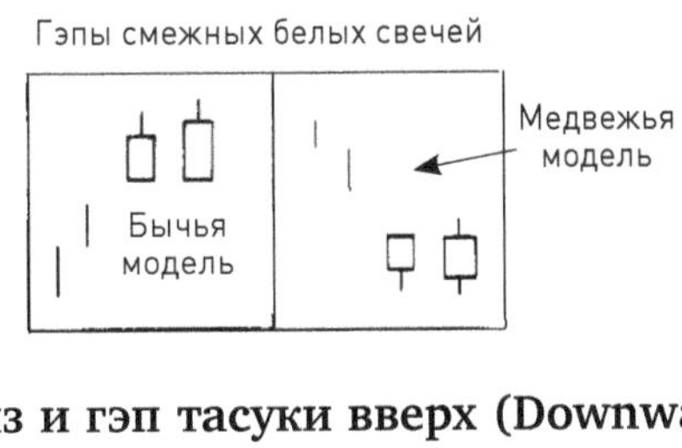

Гэп тасуки вниз и гэп тасуки вверх (Downward-Gap Tasuki And Upward-Gap Tasuki) — редко встречающиеся модели продолжения тенденции. Первая из них возникает на падающем рынке, когда после гэпа вниз формируется черная свеча, а за ней — белая примерно того же размера с ценой открытия в границах тела черной свечи и ценой закрытия выше него. Вторая из этих моделей образуется в период рыночного роста, когда после гэпа вверх формируется белая свеча, а за ней — черная примерно того же размера с ценой открытия в границах тела белой свечи и ценой закрытия ниже него.

Гэпы тасуки

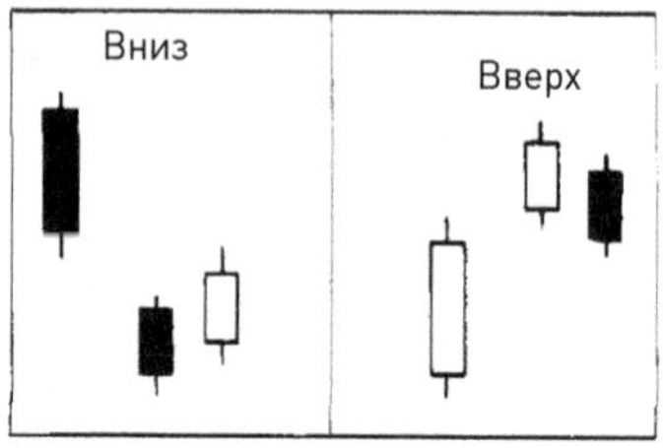

Две взлетевшие вороны (Upside Gap Two Crows) — модель из трех свечей, сигнал разворота на вершине. Черное тело второй свечи возникает после гэпа по отношению к длинному белому телу первой. У третьей свечи, черной, цена открытия должна быть выше, а цена закрытия — ниже, чем у второй.

Две взлетевшие вороны

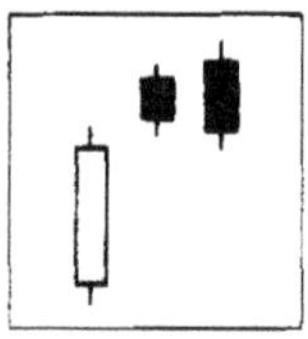

Длинноногая дожи (Long-Legged Doji) — разновидность дожи с очень длинными тенями, важный сигнал разворота (см. иллюстрацию к термину «Дожи»). Если цены открытия и закрытия длинноногой дожи находятся в середине ее ценового диапазона, то такая свеча называется «рикша» (rickshaw man).

Дожи (Doji) — свеча, у которой цены открытия и закрытия одинаковы или почти одинаковы. Различают разновидности дожи в зависимости от положения цен открытия и закрытия относительно торгового диапазона сессии — в частности, это длинноногая дожи и дожи-надгробие. Дожи относятся к числу наиболее значимых индикаторов и входят в состав ряда важных свечных моделей.

Дожи

Дожи-надгробие (Gravestone Doji) — разновидность дожи, у которой цены открытия и закрытия равны минимальной цене сессии (см. иллюстрацию к термину «Дожи»). Является сигналом разворота на вершине при восходящей тенденции, а также может служить сигналом разворота в основании при нисходящей, но только при наличии бычьего подтверждения в течение следующей сессии.

Завеса из темных облаков (Dark-Cloud Cover) — медвежий сигнал разворота, который заключается в том, что при восходящей тенденции за длинной белой свечой следует черная с ценой открытия выше максимума белой свечи и ценой закрытия ниже середины ее тела.

Завеса из темных облаков

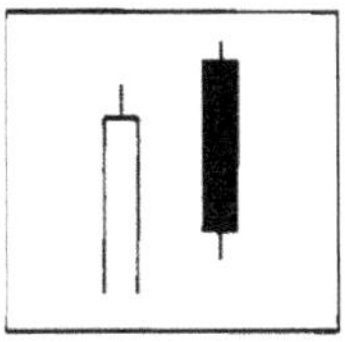

Захват за пояс (Belt-Hold Line), бычий и медвежий. Бычий захват за пояс, или белая свеча со срезанным основанием (white opening shaven bottom), — это длинная белая свеча с ценой открытия на уровне минимума. Она предупреждает о росте, если появляется в области низких цен. Медвежий захват за пояс, или черная свеча со срезанной вершиной (black opening shaven head), — это длинная черная свеча с ценой открытия на уровне максимума. Она считается медвежьим сигналом, если возникает в области высоких цен.

Захваты за пояс

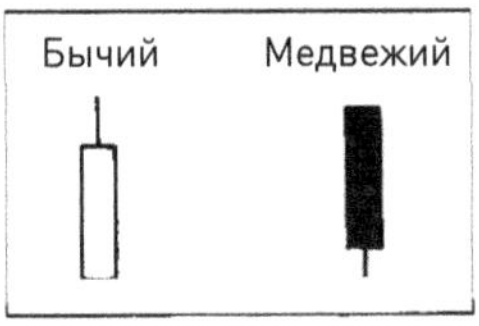

Звезда (Star) — свеча с коротким телом (т.е. волчок), которое образует гэп по отношению к длинному телу предыдущей свечи. Звезду, возникающую после черной свечи при падении рынка, иногда называют каплей дождя (rain drop). Звезды указывают на ослабление наблюдавшейся ранее тенденции.

Звезды

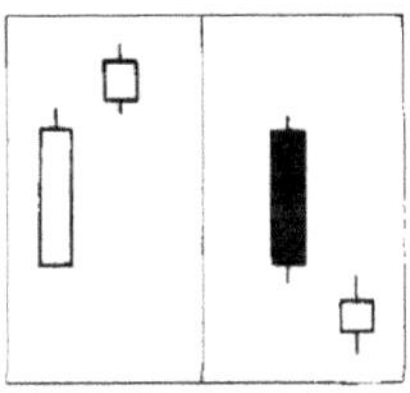

Звезда дожи (Doji Star) — дожи, тело которой образует гэп по отношению к длинному телу предыдущей белой или черной свечи. Такая свечная комбинация является важной моделью разворота при наличии подтверждающего сигнала в течение следующей сессии.

Звезды дожи

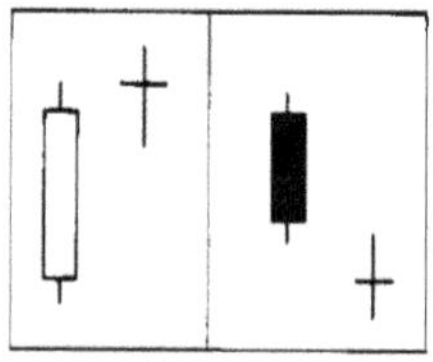

Золотой крест (Golden Cross) — бычий сигнал, возникающий, когда краткосрочная скользящая средняя пересекает долгосрочную снизу вверх.

Инъ и янъ (Yin and Yang) — китайские названия черной (инь) и белой (янь) свечей.

Контратака (Counterattack Lines), бычья и медвежья. Модель, при которой после черной (белой) свечи в период нисходящей (восходящей) тенденции рынок открывается со значительным гэпом вниз (вверх), но к завершению сессии возвращается к уровню предыдущей цены закрытия. Это свидетельствует о патовой ситуации в борьбе между быками и медведями.

Контратаки

Крест харами (Harami Cross) — разновидность модели «харами», в которой вторая свеча представляет собой дожи. Крест харами иногда называют моделью оцепенения (petrifying pattern), он является важным сигналом разворота на вершине (в основании), особенно если следует за высокой белой (черной) свечой.

Кресты харами

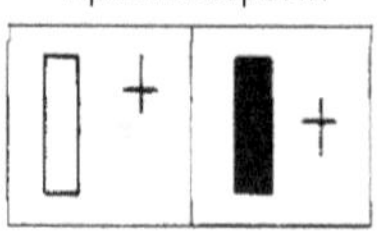

Мертвый крест (Dead Cross) — медвежий сигнал, возникающий, когда краткосрочная скользящая средняя пересекает долгосрочную сверху вниз.

Модель поглощения (Engulfing Pattern), бычья и медвежья. Бычья модель поглощения возникает при нисходящем тренде, служит важным сигналом разворота в основании и состоит из длинного белого тела, которое перекрывает собой короткое черное тело предыдущей свечи. Медвежья модель поглощения появляется при восходящем тренде и является важным сигналом разворота на вершине. Ее образование говорит о том, что давление продавцов превышает давление покупателей — графически это проявляется в виде длинного черного тела, которое как бы поглощает малое белое тело предыдущей свечи.

Модели поглощения

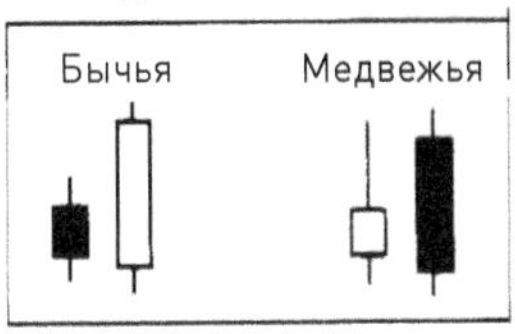

Молот (Hammer) — свеча с белым или черным маленьким телом, расположенным вблизи максимумов сессии, с очень длинной нижней тенью и короткой верхней (или без нее). Внешне молот похож на повешенного, но в отличие от него является важным сигналом разворота в основании, а не на вершине. Если эта свеча возникает при нисходящей тенденции, то она становится бычьим молотом. У ее идеального варианта нижняя тень должна по меньшей мере вдвое превосходить длину тела.

Молот

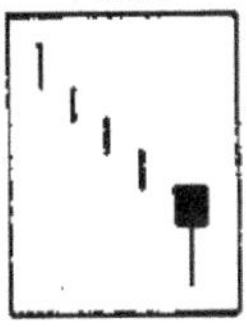

На шее (In-Neck Line) — модель, возникающая при нисходящей тенденции и состоящая из двух свечей, первая из которых черная, а вторая — белая с маленьким телом и ценой закрытия немного выше минимумов черной свечи. После прорыва минимальных отметок белой свечи падение должно продолжиться. Таким образом, «на шее» в отличие от внешне похожей на нее модели «просвет в облаках» является сигналом продолжения тенденции.

На шее

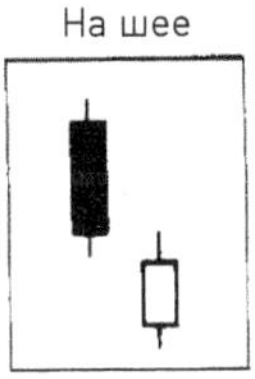

Ниже шеи (On-Neck Line) — модель, возникающая при нисходящей тенденции и состоящая из двух свечей, первая из которых черная, а вторая — белая с маленьким телом и ценой закрытия на уровне минимумов черной свечи. После прорыва минимальных отметок белой свечи падение должно продолжиться.

Ниже шеи

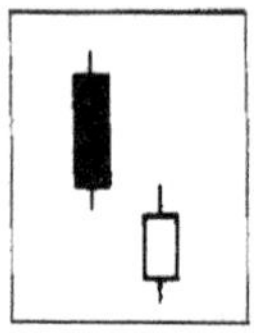

Ночная атака (Night Attack) — японское обозначение крупной заявки на покупку или продажу, которая выставляется перед закрытием торгов для того, чтобы существенно повлиять на цену.

Окно (Window) — то же, что гэп в западном техническом анализе, сигнал продолжения тенденции. Если рынок открывает окно при повышении, то в дальнейшем следует ожидать отката цены к его отметкам, т.е. оно может стать уровнем поддержки. Если же окно открывается при падении, то оно должно выступить в роли сопротивления — как говорят японцы, «рынок возвращается к окну».

Окна

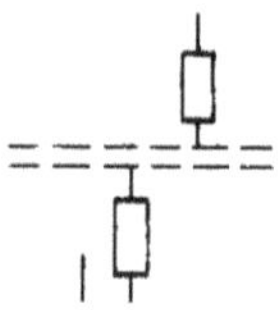

При восходящей тенденции

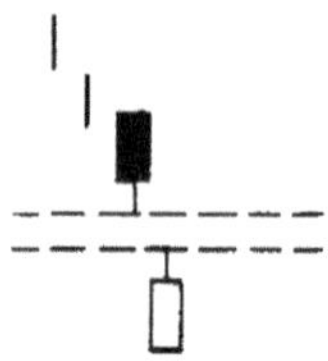

При нисходящей тенденции

Отбитое наступление (Advance Block) — вариант модели «три белых солдата», в которой два последних «солдата» (т.е. две последних свечи) указывают на ослабление восходящей тенденции, что может проявляться в виде длинных верхних теней или в уменьшении размеров тел. Модель свидетельствует о снижении силы покупателей или усилении давления продавцов.

Отбитое наступление

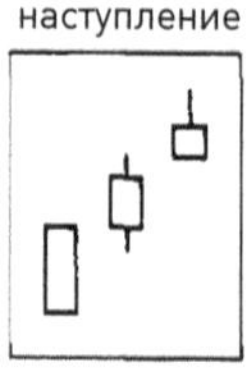

Падающая звезда (Shooting Star) — свеча с маленьким телом, расположенным вблизи минимумов сессии, с длинной верхней тенью и короткой нижней (или без нее). По форме падающая звезда напоминает перевернутый молот, но в отличие от него возникает при восходящей тенденции и является медвежьим сигналом.

Падающая звезда

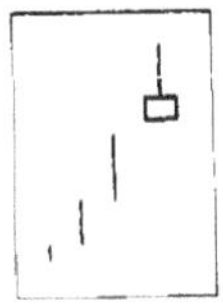

Перевернутая модель «три Будды» (Inverted Three Buddha Pattern) — см. «Три Будды, вершина».

Перевернутый молот (Inverted Hammer) — свеча с маленьким телом, расположенным вблизи минимумов сессии, с длинной верхней тенью и короткой нижней (или без нее). По форме перевернутый молот похож на падающую звезду, но в отличие от нее возникает при нисходящей тенденции и является сигналом разворота в основании. Перевернутый молот требует подтверждения в течение следующей сессии — например, в виде белой свечи с более высокой, чем у него, ценой открытия или закрытия.

Перевернутый молот

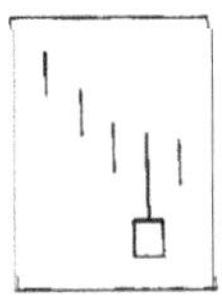

Пинцет, вершина и основание (Tweezers Top and Tweezers Bottom) — модели, при которых происходит повторная проверка локальных максимумов или минимумов в течение следующей сессии или через несколько сессий. Являются второстепенными сигналами разворота, но приобретают больший вес, если две составляющие их свечи образуют еще один свечной индикатор. Так, если свечи вершины «пинцет», имея одинаковые максимумы, представляют собой крест харами, то возникает важный сигнал разворота на вершине.

Пинцеты

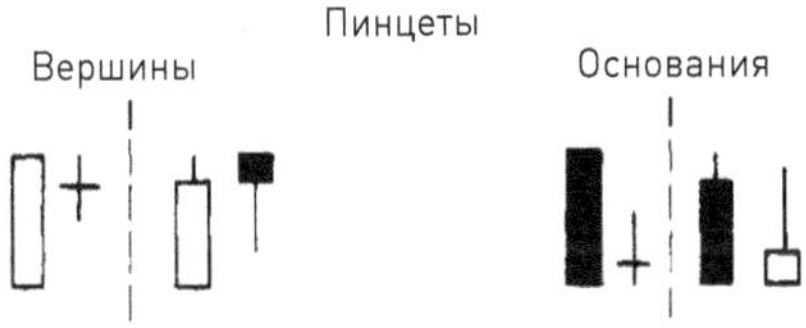

Повешенный (Hanging Man) — свеча с белым или черным маленьким телом, расположенным вблизи максимумов сессии, с очень длинной нижней тенью и короткой верхней (или без нее). Внешне повешенный похож на молот, но в отличие от него является важным сигналом разворота на вершине, а не в основании. Если эта свеча появляется при восходящей тенденции, то она становится медвежьим повешенным и сигнализирует об уязвимости рынка, однако требует подтверждения в течение следующей сессии — например, в виде черной свечи с более низкой ценой открытия или закрытия. В идеале нижняя тень повешенного должна вдвое-втрое превосходить длину его тела.

Повешенный

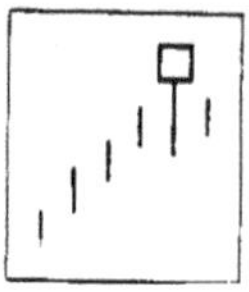

Пологая вершина (Dumpling Top) — модель, аналогичная западной закругленной вершине, с той разницей, что для ее завершения необходимо окно, открывшееся вниз.

Пологая верщина

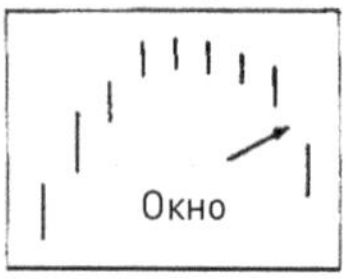

Просвет в облаках (Piercing Pattern) — модель, возникающая при нисходящей тенденции и состоящая из двух свечей, первая из которых имеет длинное черное тело, а вторая — длинное белое с ценой открытия ниже цены тела предыдущей свечи и ценой закрытия выше его середины. Просвет в облаках в отличие от внешне похожих на него моделей «ниже шеи», «на шее» и «толчок» является сигналом разворота в основании.

Просвет в облаках

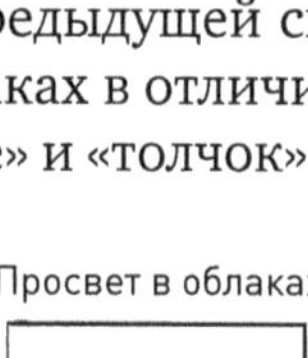

Разделение (Separating Lines), бычье и медвежье — модель, состоящая из двух контрастных по цвету свечей с одинаковыми ценами закрытия. Является сигналом продолжения тенденции.

Разделения

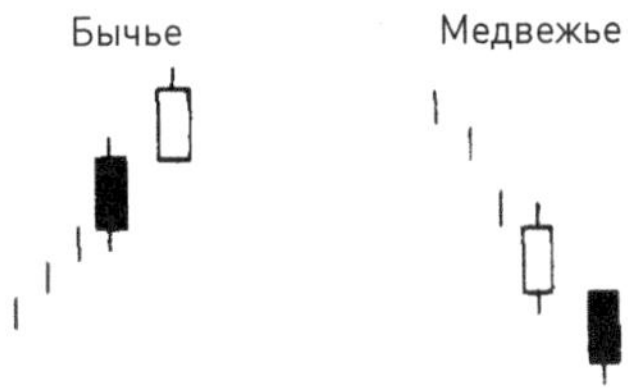

Рикша (Rickshaw Man) — см. «Длинноногая дожи».

Основание «сковорода» (Fry Pan Bottom) — модель, аналогичная западному закругленному основанию, с той разницей, что для ее завершения необходимо окно, открывшееся вверх.

Основание «сковорода»

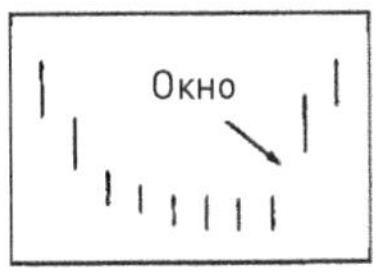

Свечи и свечные графики (Candlestick Lines and Charts) — традиционные японские графики, отдельные линии которых похожи на свечи — отсюда и их название. Каждая свеча состоит из тела и теней (см. «Тело» и«Тени»).

Свеча

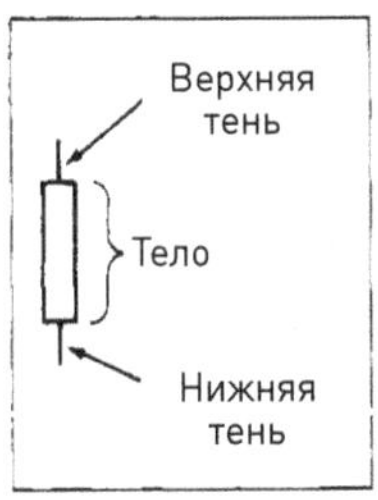

Срезанная вершина (Shaven Head) — свеча, у которой отсутствует верхняя тень.

Срезанное основание (Shaven Bottom) — свеча, у которой отсутствует нижняя тень.

Тело (Real Body) — широкая часть свечи, ограниченная сверху и снизу ценами открытия и закрытия. Если вторая из них выше первой, то тело будет иметь белый цвет, если ниже — черный (см. иллюстрацию к термину «Свечи и свечные графики»).

Тень, нижняя и верхняя (Lower Shadow and Upper Shadow) — тонкие линии выше и ниже тела свечи, передающие информацию об экстремальных ценах дня. Низшая точка нижней тени соответствует минимуму сессии, а высшая точка верхней — максимуму (см. иллюстрацию к термину «Свечи и свечные графики»).

Толчок (Thrusting Line) — модель, состоящая из двух свечей, первая из которых черная, а вторая — белая с ценой закрытия в границах тела черной свечи, но ниже его середины. Является более сильной, чем похожая на нее модель «на шее», но более слабой, чем просвет в облаках. На падающем рынке служит медвежьим сигналом, если только не возникает в течение нескольких дней дважды, а в периоды роста считается бычьим сигналом.

Толчок

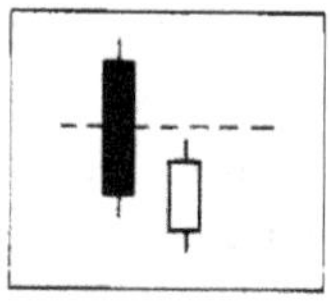

Торможение (Stalled Pattern) — модель из длинной белой свечи, за которой следует свеча с маленьким телом того же цвета, находящимся либо выше предыдущего тела, либо вблизи его вершины. Кроме того, иногда длинной белой свече предшествует короткая свеча такого же цвета. С появлением модели «торможение», или «размышление» (deliberation pattern), как ее еще иногда называют, рыночный подъем должен приостановиться.

Три белых солдата (Three White Soldiers) — модель из трех белых свечей с последовательно возрастающими ценами закрытия, в каждом случае находящимися вблизи максимумов сессии. Если эта модель образуется в зоне низких цен после периода стабилизации, она говорит о том, что рынок набирает силу. Полное название — три наступающих белых солдата (three advancing white soldiers).

Три белых солдата

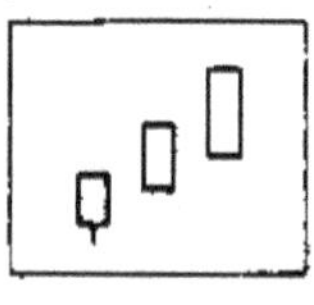

Три Будды, вершина (Three Buddha Top) — модель, аналогичная западной «голове и плечам». Считается разновидностью вершины «три горы», в которой средний пик возвышается над остальными. В свою очередь перевернутая модель «три Будды» (inverted three Buddha pattern) является аналогом перевернутой модели «голова и плечи» и считается разновидностью основания «три реки», в котором средняя река — самая глубокая.

Три вороны (Three Crows) — три относительно длинные черные свечи, следующие друг за другом, с ценами закрытия на минимумах или вблизи них. Модель служит сигналом разворота на вершине, если появляется в области высоких цен или после длительного подъема.

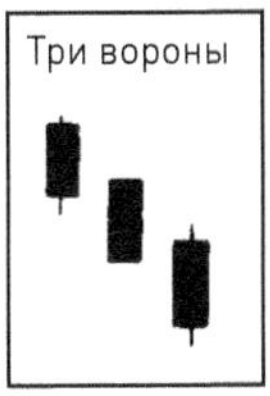

Три горы, вершина (Three Mountain Top) — долгосрочная модель разворота на вершине, в которой цены образуют три одинаковых или почти одинаковых пика. Иногда эту модель рассматривают как три восходящие волны (three waves up).

Три гэпа (Three Gaps) — правило, согласно которому при появлении медвежьего (бычьего) сигнала после трех гэпов вверх (вниз) давление покупателей (продавцов) должно ослабнуть.

Три звезды (Tri-Star) — три дожи в моделях «утренняя звезда» и «вечерняя звезда». Это крайне редкое сочетание свечей, являющееся важным сигналом разворота.

Три ступени, бычьи и медвежьи (Rising Three Methods or Falling Three Methods) — модель продолжения тенденции, состоящая из пяти свечей. В медвежьих трех ступенях за длинной черной свечой следуют три коротких, обычно белых, не выходящих за границы ценового диапазона первой свечи. Затем идет черная свеча с ценой закрытия на новом локальном минимуме. В бычьих трех ступенях за длинной белой свечой следуют три коротких, обычно черных, не выходящих за границы ценового диапазона первой свечи. Затем идет свеча длинным белым телом и ценой закрытия на новом локальном максимуме.

Три ступени

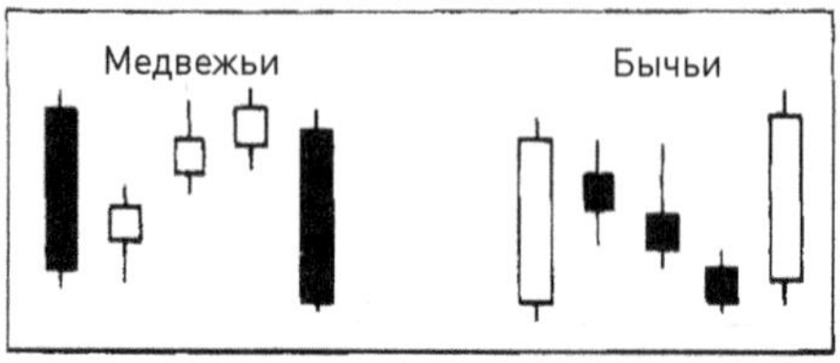

Три реки, основание (Three River Bottom) — долгосрочная модель разворота в основании, при которой на графике формируются как бы три впадины. Если цена поднимается над уровнями промежуточных пиков и при этом образуется белая свеча или гэп вверх, значит основание достигнуто (также см. «Три реки, особое основание»).

Основание «три реки»

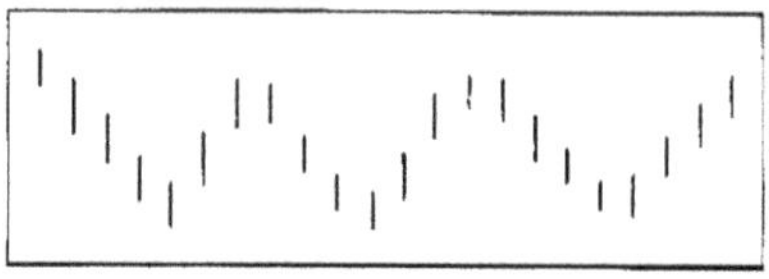

Три реки, особое основание (Unique Three River Bottom) — редкая модель разворота в основании, состоящая из трех свечей. Первая имеет длинное черное тело, вторая — молотообразное черное, а третья — очень маленькое белое. При формировании второй свечи цена опускается до нового локального минимума.

Особое основание
«три реки»

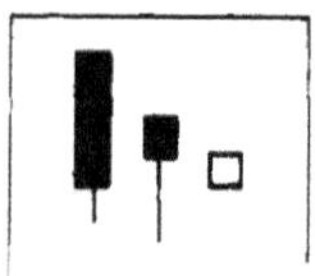

Удержание на татами (Mat-Hold Pattern) — бычья модель продолжения тенденции: за белой свечой после гэпа вверх следует свеча с маленьким черным телом, за ней — еще две черные маленькие свечи, а после них появляется белая свеча, либо имеющая длинное тело, либо тоже возникающая после гэпа вверх.

Удержание на татами

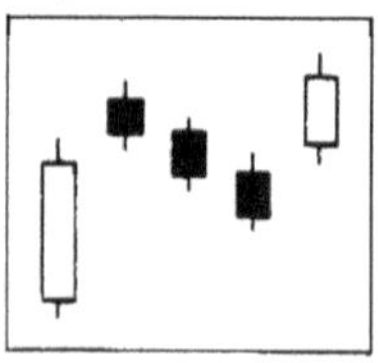

Утренняя атака (Morning Attack) — японское обозначение крупной заявки на покупку или продажу, которая выставляется при открытии торгов для того, чтобы существенно повлиять на цену.

Утренняя звезда (Morning Star) — важная модель разворота в основании, состоящая из трех свечей. Первая имеет длинное черное тело, вторая появляется после гэпа вниз между телами и имеет маленькое тело белого или черного цвета (эта свеча является звездой), а третья — белое тело, перекрывающее значительную часть черного тела первой свечи.

Утренняя звезда

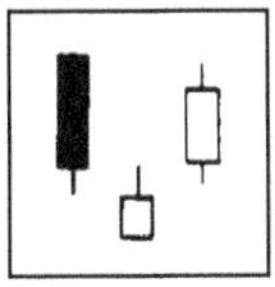

Утренняя звезда дожи (Morning Doji Star) — модель, схожая с утренней звездой, но отличающаяся от нее тем, что ее средняя свеча (т.е. звезда как таковая) представляет собой дожи. Из-за наличия дожи эта модель имеет более выраженный бычий характер.

Утренняя звезда дожи

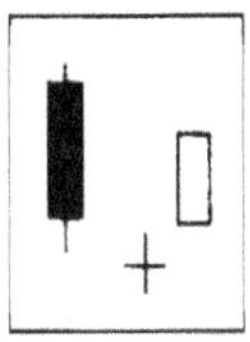

Харами (Harami) — модель, в которой маленькое тело второй свечи находится в границах необычно большого тела первой. Появление харами говорит о том, что наблюдавшаяся непосредственно перед этим тенденция завершена, и в схватке быков и медведей наступило перемирие. Цвет второго тела может быть любым, но чаще всего он противоположен цвету первого тела.

Харами

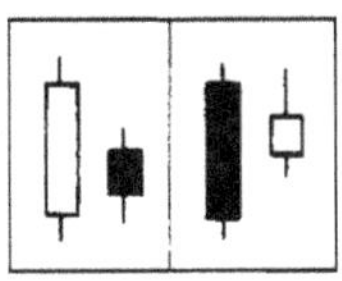

ГЛОССАРИЙ Б

ТЕРМИНЫ ЗАПАДНОГО ТЕХНИЧЕСКОГО АНАЛИЗА

Ниже раскрываются значения некоторых распространенных понятий технического анализа. Впрочем, этот глоссарий не претендует на полноту и подробность, поскольку основной темой книги являются японские свечи, а не западные технические инструменты.

Баровый график (Bar Chart) — одна из разновидностей графиков цены, широко применявшаяся трейдерами до того, как в обиход вошли свечные графики. Максимум и минимум каждого временного периода соответствуют верхней и нижней точкам соответствующей вертикальной линии, цена закрытия помечается короткой горизонтальной чертой по правую сторону от нее, а цена открытия — такой же чертой по левую сторону. Вертикальная ось графика является осью цены, а горизонтальная — осью времени.

Балансовый объем (On-Balance Volume, OBV) — индикатор, который рассчитывается следующим образом: если цена закрытия оказывается выше, чем накануне, то объем торгов за этот день прибавляется к кумулятивному (т.е. накопленному за предыдущие дни рассматриваемого периода) значению OBV, если ниже — вычитается. Дни, в которые цена закрытия остается неизменной, в расчет не принимаются.

Верхнее спружинивание (Upthrust) — медвежий сигнал, возникающий, когда цена после нахождения в горизонтальном торговом коридоре на короткое время прорывает уровень сопротивления и опускается ниже него.

Взвешенная скользящая средняя (Weighted Moving Average) — скользящая средняя, у которой ценам, используемым в расчетах, присваивается различный вес. Обычно наибольшим весом обладают последние по времени ценовые значения.

Внутридневный период (Intra-Day) — любой период короче дневного. Так, при построении 60-минутного внутридневного графика используются цены открытия, закрытия, максимума и минимума каждого часа торгов.

Волновая теория Эллиотта (Elliott Wave Theory) — система анализа и прогнозирования колебаний цены, основанная на трудах Ральфа Нельсона Эллиотта. Основное ее положение заключается в том, что каждое движение в направлении основной тенденции состоит из пяти импульсных волн, за которыми следуют три коррекционные волны.

Временной фильтр (Time Filter) — правило, согласно которому цена в течение определенного времени должна продержаться выше или ниже важной области для подтверждения ее прорыва. Например, для открытия длинной позиции может требоваться, чтобы рынок два дня подряд закрывался выше прорванного уровня сопротивления.

Вымпел (Pennant) — см. «Флаг».

Выпуск пара (Blow-Off) — разворот на вершине или в основании, происходящий после сильного и быстрого движения цены в направлении наблюдавшегося ранее тренда. Выпуск пара обычно сопровождается необычно высоким объемом торгов.

Гэп (Gap) — разрыв цены, отсутствие сделок на участке от одной ценовой области до другой. Встречаются гэпы вверх (upgaps) и гэпы вниз (downgaps).

Двойная вершина (Double Top) — фигура на графике, похожая на букву M, при формировании которой цена дважды поднимается до одинаковых или почти одинаковых максимумов.

Двойное основание (Double Bottom) — фигура на графике, похожая на букву W, при формировании которой цена дважды опускается до одинаковых или почти одинаковых минимумов.

День внутри дня (Inside Day) — торговая сессия, максимальная и минимальная цены которой не выходят за границы торгового диапазона предыдущей сессии.

День разворота (Reversal Day) — торговая сессия, в течение которой цена достигает нового максимума (минимума), однако завершает торги на отметках ниже (выше) предыдущей цены закрытия.

Дивергенция (Divergence) — ситуация, при которой тот или иной технический индикатор не подтверждает динамику цены. Например, если цена достигает нового максимума, а стохастический осциллятор — нет, то возникает отрицательная дивергенция, которая является медвежьим сигналом. Если же цена в отличие от этого осциллятора обновляет минимум, то это положительная дивергенция и бычий сигнал.

Заполнение гэпа (Filling in the Gap) — прохождение цены между верхней и нижней отметками ранее возникшего гэпа.

Защитный стоп-приказ (Protective Stop) — торговая заявка, выставляемая для ограничения убытков в случае, если рынок пойдет против вашей позиции. При достижении ценой уровня стоп-приказа позиция автоматически закрывается офсетной сделкой.

Изменение полярности (Change of polarity) — превращение старого уровня поддержки в новый уровень сопротивления или наоборот.

Историческая волатильность (Historical Volatility) — величина, характеризующая ожидаемый диапазон колебаний цены опциона за определенное время. Рассчитывается по данным о колебаниях цены базового актива в предыдущие периоды.

Консолидация (Consolidation) — то же, что и область застоя, только в данном случае предполагается продолжение предыдущей тенденции после завершения консолидации.

Коридор, торговый или боковой (Trading Range) — диапазон колебаний цены между горизонтальными уровнями поддержки и сопротивления.

Коррекция, или реакция (Reaction) — движение цены против господствующей тенденции.

Кульминация продаж (Selling Climax) — резкое падение цены на фоне большого объема торгов после периода длительного снижения, сменяющееся разворотом вверх.

Линия тренда (Trendline) — линия на ценовом графике, соединяющая ряд возрастающих максимумов или убывающих минимумов. Чем большее число проверок она выдерживает и чем выше объем торгов при таких проверках, тем сильнее ее значимость.

Линия шеи (Neckline) — линия, соединяющая промежуточные минимумы в модели «голова и плечи» либо промежуточные максимумы в перевернутой модели «голова и плечи». В первом случае ее прорыв вниз является медвежьим сигналом, во втором прорыв вверх — бычьим.

Локалы (Locals) — термин, которым раньше называли трейдеров в биржевом зале, торговавших фьючерсами за счет собственных средств.

Модели продолжения тенденции (Continuation Patterns) — графические модели, предвещающие продолжение предыдущего тренда. Такой моделью является, например, флаг.

Моментум (Momentum) — индикатор скорости изменения цены; рассчитывается как разность между последней ценой закрытия и ценой закрытия n дней назад.

Нижнее спружинивание (Spring) — бычий сигнал, возникающий, когда цена после нахождения в горизонтальном торговом коридоре на короткое время прорывает уровень поддержки, а затем поднимается выше него.

Область застоя, зона застоя (Congestion Band or Zone) — период движения цены в пределах относительно узкого бокового диапазона.

Объем торгов (Volume) — общее количество ценных бумаг или срочных контрактов, с которыми заключены сделки за определенный период.

Остров (Island) — модель разворота, возникающая, когда цена образует гэп в направлении наблюдаемой тенденции, задерживается на достигнутых отметках на один или несколько дней, а затем образует гэп в противоположном направлении. Участок графика, отделенный от остальной его части гэпами по обе стороны, напоминает остров.

Осциллятор (Oscillator) — индикатор изменения темпа; колеблется вокруг нулевого значения или между отметками 0% и 100%. Осцилляторы, в частности, позволяют оценивать степень перекупленности или перепроданности рынка и выявлять положительные и отрицательные дивергенции.

Открытый интерес (Open Interest) — сумма всех длинных либо всех коротких позиций по фьючерсу или опциону, которые на данный момент остаются открытыми. Эти суммы всегда равны.

Отрицательная дивергенция (Negative Divergence) — см. «Дивергенция».

Отрицательное пересечение (Negative Crossover) — см. «Пересечение».

Офсетная сделка (Offset) — выход из ранее открытой позиции. О длинных позициях зачастую говорят, что они ликвидируются (liquidate), а о коротких — что они закрываются (cover).

Перекупленность (Overbought) — состояние рынка после того, как цена возрастает слишком сильно и слишком быстро. При перекупленности возможна коррекция вниз.

Перепроданность (Oversold) — состояние рынка после того, как цена падает слишком сильно и слишком быстро. При перепроданности возможна коррекция вверх.

Пересечение (Crossover) — ситуация, при которой более быстрый индикатор пересекает более медленный снизу вверх (положительное, или бычье, пересечение) или сверху вниз (отрицательное, или медвежье, пересечение). Например, если пятидневная скользящая средняя пересекает 13-дневное сверху вниз, то это медвежье пересечение.

Подразумеваемая волатильность (Implied Volatility) — ожидаемая рынком волатильность цены опциона.

Подтверждение (Confirmation) — один или несколько технических индикаторов, которые подтверждают сигналы исходного технического индикатора.

Положительная дивергенция (Positive Divergence) — см. «Дивергенция».

Положительное пересечение (Positive Crossover) — см. «Пересечение».

Прорыв (Breakout) — пересечение ценой уровня поддержки или сопротивления.

Прорывающий гэп (Breakaway Gap) — гэп, образуемый при прорыве ценовой области, имеющей большое значение с технической точки зрения, например, линии тренда.

Простая скользящая средняя (Simple Moving Average) — индикатор, который представляет собой среднее арифметическое всех цен за определенный период. Слово «скользящая» используется потому, что по мере добавления к расчетам новых данных старые данные опускаются, и индикатор с течением времени как бы скользит по числовому ряду.

Ралли (Rally) — восходящее движение цены.

Распродажа (Selloff) — нисходящее движение цены.

Рыночный профиль (Market Profile) — метод анализа статистического распределения цен каждой сессии по определенным временным интервалам, обычно получасовым.

Сигнал разворота, или индикатор разворота тренда (Trend Reversal Indicator) — не совсем удачное обозначение для индикаторов, которые предвещают прекращение предыдущей тенденции, но необязательно разворот рынка как таковой.

Стохастический осциллятор, или стохастик (Stochastics) — индикатор, отражающий положение последней цены закрытия по отношению к диапазону ее изменений за определенный период. Обычно представлен быстрой линией %K и медленной линией %D.

Тиковый объем (Tick Volume) — число сделок за определенный внутридневный период.

Торговля на бумаге (Paper Trading) — заключение игровых сделок на основе рыночных данных без использования реальных денег — например, на демонстрационном счете брокера.

Тренд (Trend), или тенденция — преобладающее направление движения цены вверх или вниз. Соответственно, тренд бывает восходящим (uptrend) и нисходящим (downtrend).

Уровень коррекции (Retracement Level) — откат цен от предыдущего максимума или минимума на величину, выраженную в процентах. Чаще всего трейдеры ориентируются на уровни коррекции в 38%, 50% и 62%.

Уровень поддержки (Support Level) — ценовые отметки, на которых ожидается активизация покупателей.

Уровень сопротивления (Resistance Level) — ценовые отметки, на которых ожидается активизация продавцов.

Фибоначчи (Fibonacci) — итальянский математик, который открыл числовую последовательность, основанную на получении каждого нового числа путем сложения двух предшествующих чисел. Среди наиболее распространенных коэффициентов Фибоначчи, используемых техническими аналитиками, — 38%, 50%, 62% (числа округлены).

Флаг, или вымпел (Flag or Pennant) — модель продолжения тенденции, выражающаяся в резком росте (падении) цены с последующей краткосрочной консолидацией.

Экспоненциальная скользящая средняя (Exponential Moving Average) — разновидность взвешенной скользящей средней, при расчете которой влияние старых цен на итоговый результат экспоненциально убывает по мере их отдаления от текущей цены.

MACD (Moving Average Convergence Divergence, схождение/расхождение скользящих средних) — осциллятор из двух линий, одна из которых представляет собой разность между 12- и 26-периодными экспоненциальными скользящими средними, а вторая (ее называют сигнальной) является девятипериодной экспоненциальной скользящей средней от этой разности.

RSI (Relative Strength Index, индекс относительной силы) — осциллятор, разработанный Уэллсом Уайлдером и рассчитываемый путем сопоставления прироста цен в дни подъема с потерями в дни снижения за определенный период.

V-образная вершина или основание (V-Top or Bottom) — модель разворота, при которой направление движения цены резко меняется на противоположное. На графике это выглядит как буква V в случае наблюдавшейся до этого нисходящей тенденции и как перевернутая буква V в случае восходящей. Такие вершины и основания называют шипами.

Примечания

Введение

[1] Hill, Julie Skur. «That's Not What I Said», Business Tokyo, August 1990, pp. 46–47.

[2] Smith, Adam. The Money Game, New York, NY, 1986, p. 154.

[3] Tamarkin, Bob. The New Gatsbys, Chicago, IL, 1985, pp. 122–123.

ГЛАВА 2

[1] Его имя иногда произносится Сокю, а фамилия — Хонма. Это показывает, насколько сложен перевод с японского. От переводчика зависит, как трактовать одни и те же иероглифы, из которых состоит имя Хоммы: Сокю или Мунехиса. Я выбрал английский перевод этого имени, использующийся Японской ассоциацией технических аналитиков.

[2] Hirchmeier, Johannes and Yui, Tsunehiko, The Development of Japanese Business 1600-rl973, Cambridge, MA, 1975, p. 31.

ГЛАВА 9

[1] Sklarew, Arthur. Techniques of a Professional Chart Analyst, Chicago, IL, 1990.

[2] Полная анаграмма:

— Делайте игру по рыночным обстоятельствам (меняйте стиль в зависимости от новых условий).

— Используйте стоп-приказы во всех случаях.

— Система «если... то...» («если» рынок движется, как вы и ожидали, «то» продолжайте игру; «если» — нет, «то» выходите из игры).

— Цените внутридневную техническую информацию.

— Имейте в виду опционы.

— Помните о старых уровнях поддержки и сопротивления (старая поддержка становится новым сопротивлением, и наоборот).

— Локалы тоже в игре: не забывайте о них.

— Индикаторы: чем их больше — тем лучше (правило множественных технических приемов).

— Не торгуйте из убеждения, что рынок не прав.

— Анализируйте реакцию рынка на фундаментальные факторы.

[3] Sakata Goho Wa Furinkazan, Tokyo, Japan: Nihon Shoken Shimbunsha, 1969.

ГЛАВА 11

[1] Colby, Robert W. and Meyers, Thomas A. The Encyclopedia of Technical Market Indicators. Homewood, IL; 1988, p. 159.

[2] Kroll, Stanley. Kroll on Futures Trading, Homewood, IL; 1988, p. 20.

ГЛАВА 14

[1] Данный RSI отличен от понятия относительной силы, используемого техническими аналитиками фондового рынка. Они измеряют относительную силу одной акции или группы акции, сопоставляя ее динамику с динамикой более широкого рыночного индекса, такого как индекс Dow Jones или S&P 500.

Считывая круглосуточный режим работы мировых валютных рынков, некоторые японские аналитики наносят на свои графики две свечи: одна отражает токийскую торговую сессию, а другая — американскую. В итоге каждый суточный период представлен двумя свечами. Тем, кто работает на рынках валютных фьючерсов, могут помочь недельные свечные графики, которые частично снимают проблемы, связанные с ночной торговлей.

Библиография

Analysis of Stock Price in Japan, Tokyo, Japan: Nippon Technical Analysts Association, 1986.

Buchanen, Daniel Crump, Japanese Proverbs and Sayings, Oklahoma City: University of Oklahoma Press, 1965.

Colby, Robert W. and Thomas A. Meyers, The Encyclopedia of Technical Market Indicators, Homewood, IL: Dow Jones-Irwin, 1988.

Dilts, Marion May, The Pageant of Japanese History, New York: David McKay, 1963.

Drinka, Thomas P. and Robert L. McNutt, «Market Profile and Market Logic,» Technical Analysis of Stocks and Commodities, December 1987, pp. 15–18.

Edwards, Robert D. and John Magee, Technical Analysis of Stock Trends, 5th ed., Boston: John Magee, 1966.

Hill, Julie Skur, «That's Not What I Said,» Business Tokyo, August 1990, pp. 46–47.

Hirschmeier, Johannes and Tsunehiko Yui, Development of Japanese Business 1600–1973, Cambridge, MA: Harvard University Press 1975.

Hoshii, Kazutaka, Hajimete Kabuka Chato wo Yomu Hito no Hon (A Book for Those Reading Stock Charts for the First Time), Tokyo, Japan: Asukashuppansha, 1990.

Ikutaro, Gappo, Kabushikisouba no Technical Bunseki (Stock Market Technical Analysis), Tokyo, Japan: Nihon Keizai Shinbunsha, 1985.

Ishii, Katsutoshi, Kabuka Chato no Tashikana Yomikata (A Sure Way to Read Stock Charts), Tokyo, Japan: Jiyukokuminsha, 1990.

Kaufman, Perry J. The New Commodity Trading Systems and Methods, New York: John Wiley and Sons, 1987.

Keisen Kyoshitsu Part 1 (Chart Classroom Part I), Tokyo, Japan: Toshi Rader, 1989.

Kroll, Stanley, Kroll on Futures Trading, Homewood, lL: Dow Jones-Irwin, 1988.

Masuda, Koh, ed. Kenkyusha's New School Japanese-English Dictionary, Tokyo, Japan: Kenkyusha, 1968.

Murphy, John J., Technical Analysis of the Futures Markets, New York: New York Institute of Finance, 1986.

Nihon Keisenshi (The History of Japanese Charts), Chapter 2 by Kenji Oyama, pp. 90–102, Tokyo, Japan: Nihon Keisai Shimbunsha, 1979.

Okasan Keisai Kenkyusho, Shinpan Jissen Kabushiki Nyumon (Introduction to Stock Charts), Tokyo, Japan: Diamond-sha, 1987.

Sakata Goho Wa Furinkazan (Sakata's Five Rules are Wind, Forest, Fire and Mountain), Tokyo, Japan: Nihon Shoken Shimbunsha, 1969.

Schabacker, Richard W., Technical Analysis and Stock Market Profits, New York: The Schabacker Institute.

Seidensticker, Edward G., Even Monkeys Fall from Trees and Other Japanese Proverbs, Rutland, VA: Charles E. Tuttle, 1987.

Seward, Jack, Japanese in Action, New York: Weatherhill, 1983.

Shimizu, Seiki, The Japanese Chart of Charts, trans. Gregory S. Nicholson, Tokyo, Japan: Tokyo Futures Trading Publishing Co., 1986.

Sklarew, Arthur, Techniques of a Professional Commodity Chart Analyst, New York: Commodity Research Bureau, 1980.

Smith, Adam, The Money Game, New York: Random House, 1968.

Tamarkin, Robert, The New Gatsbys, Chicago, IL: Bob Tamarkin, 1985.

Taucher, Frank, Commodity Trader's Almanac, Tulsa: Market Movements, 1988.

Technical Traders Bulletin, January 1990, May 1990, June 1990, Rolling Hill Estates, CA: Island View Financial Group Inc., 1990.

Wilder, J. Welles, New Concepts in Technical Trading Systems, Greensboro, NC: Trend Research, 1978.

Yoshimi, Toshihiko, Yoshimi Toshihiko no Chato Kyoshitsu (Toshihiko Yoshimi's Chart Classroom), Tokyo, Japan: Nihon Chart, 1989.

Нисон Стив

Японские свечи

Графический анализ финансовых рынков

Руководитель проекта М. Султанова
Арт-директор Л. Беншуша
Корректор И. Астапкина
Компьютерная верстка Д. Беляков

Издано под редакцией Альпина PRO
Импринт издательства LIDER PUBLISHING LTD
Sheinkin 76, Гиватаим, Израиль
distribution@liderbooks.com
www.liderbooks.com

ISBN 978-5-6042882-0-7 (твердая обложка)
ISBN 978-5-206-00529-5 (мягкая обложка)
ISBN 978-5-9614-4054-6 (EPUB)

www.ingramcontent.com/pod-product-compliance
Lightning Source LLC
LaVergne TN
LVHW020450051026
849527LV00001B/343
* 9 7 8 5 6 0 4 2 8 8 2 0 7 *